UM GUIA PARA PRINCIPIANTES À KABBALAH VIVA

Um Guia para Principiantes à Kabbalah Viva

William G. Gray

THE SANGREAL SODALITY PRESS
Johannesburg, Gauteng, South Africa

Primeira edição, 2015
Primeira impressão, 2015

Publicado pela The Sangreal Sodality Press
74 Twelfth Street
Parkmore 2196
Gauteng
South Africa
Email: jacobsang@gmail.com

Copyright © Jacobus G. Swart
Tradução: José Júlio C. R. Santos

Todos os direitos reservados. Nenhuma parte desta publicação poderá ser reproduzida, ou transmitida em nenhuma forma ou por quaisquer meios, eletrónicos ou mecânicos, incluindo fotocópia sem a permissão escrita do editor. Revisores que desejem citar breves passagens em conexão com uma revisão escrita para inclusão numa revista, jornal ou transmissão não necessitam de pedir permissão.

ISBN : 978-0-620-64811-0

Índice

1. O Guia Simplificado para a Sagrada Árvore da Vida .. 1
- A. Introdução 1
- B. A Sagrada Árvore da Vida 4

2. Guia Simples para os Caminhos na Sagrada Árvore da Vida 37

3. Finalidade e Uso de Imagens Mágicas 61
- A. Prefácio por Jacobus G. Swart 61
- B. Imagens Mágicas 62

4. A Novena da Árvore da Vida 105
- A. Prefácio por Jacobus G. Swart 105
- B. Introdução 108
- C. As Orações 116
- D. Epílogo 124

5. O Ofício da Sagrada Árvore da Vida 127
- A. Introdução 127
- B. O Ofício da Sagrada Árvore da Vida 131
- C. Notas – Orações – Meditações 178
  1. As Bênçãos das Sephirot 178
  2. A Fórmula "Eu Sou" 179
  3. A Regra Qabalística 180
  4. O Credo Qabalístico 180
  5. Oração Qabalística 181
  6. Ação de Graças Qabalística 181
  7. Imagens e a Árvore da Vida 182
  8. As Estações da Árvore da Vida 185
  9. O Rosário Qabalístico 189

6. A Linguagem dos Deuses 193
- A. O Poder dos Nomes 193
- B. A Árvore da Vida Falante 211
- C. Thotols: Palavras-chave para a Árvore da Vida 222
- D. Vogais e Elementos da Vida 244
- E. O Alfabeto da Árvore, os Trunfos do Tarot 259
- F. Procurando por Objetivos Definidos 273
- G. Thotolês: Conversando com "Deuses" 319
- H. Terminais para a "Inteligência Interna" 338

Ilustrações

Página 20...Árvore da Vida
Página 40..................Caminhos Numerados da Árvore da Vida
Página 48..O Raio Relampagueante
Página 48...O Caminho da Serpente
Página 50...............................Pilares, *Paroketh* e *Kesheth*
Página 57................................A Árvore da Vida das Letras
Página 94.......................................*Kether*: Cabeça Santa
Página 95..*Chokmah*: Pai Fiel
Página 96...*Binah*: Mãe Madura
Página 97.....................................*Chesed*: Rei Bondoso
Página 98..................................*Geburah*: Soldado Severo
Página 99.......................*Tiphereth*: Mediador Magnificente
Página 100.............................*Netzach*: Senhora Adorável
Página 101......................................*Hod*: Pessoa Percetiva
Página 102..*Yesod*: Figura Fértil
Página 103..........................*Malkuth*: Companheiro Misterioso
Página 130...............................Árvore da Vida Completa
Página 179......................................A Árvore "Eu Sou"
Página 266...A Árvore do Tarot

Capítulo 1
O GUIA SIMPLIFICADO
À
SAGRADA ÁRVORE DA VIDA

A. Introdução

Há muitos anos atrás, um Texano abastado, Carr P Collins de Dallas teve interesse no meu trabalho Qabalístico, quando Israel Regardie lhe mostrou um texto que eu tinha escrito exclusivamente para leitura privada. Ele insistiu em ser autorizado a apoiar a sua publicação e ela fez-se devidamente sob o título "Escada de Luzes" e de facto continua em publicação sob o mesmo nome. Quando este assunto veio à discussão com ele, eu encontrei-o contudo quase incrivelmente desconhecedor da sua real natureza e significado estrutural.

O homem era um milionário, um graduado na Harvard Business School, tinha recebido uma educação muito boa, era um Cristão sincero de um tipo não conformista, um indivíduo altamente inteligente e sensível, e no entanto podia ser espantosamente ingénuo e surpreendentemente mal informado em áreas em que muitas pessoas poderiam abranger bastante confortavelmente. A sua indubitável atração pela Tradição Esotérica Interior era puramente instintiva, e ele não podia explicá-la de outra maneira senão dizendo que todo esse campo lhe exercia um fascínio peculiar que estava para além do seu entendimento.

Como companheiro e amigo, Carr era uma alma encantadora que eu nunca irei esquecer, mas como estudante ele era passível de ser extremamente desconcertante. Eu mencionava casualmente algo que considerava bastante normal ou comum, para logo ser interrompido pela sua interjeição "Mas o que foi que acabou de dizer? Pode colocar isso de uma forma mais simples, para que eu possa compreendê-lo, por favor?" Ele uma vez chocou-me ao perguntar-me: "Exatamente o que é uma nebulosa?" Para meu espanto aquela simples palavra era estranha no seu, sem dúvida adequado vocabulário. Eventualmente os seus repetidos pedidos de simplificação tornaram-se tão frequentes que eventualmente eu disse a brincar, "O que você precisa Carr é um 'Guia Simples para Crianças para a Árvore da Vida'" ao que ele entusiasticamente concordou "Eu preciso com certeza, e passa-se o mesmo com muitos de nós, então porque é que você não escreve um?" Posto desta maneira, o que mais poderia eu fazer senão aceitar o desafio? Não havia certamente em publicação nada dessa natureza que alguém tivesse ouvido falar. Iria ser positivamente, a primeira deste tipo, no meio.

    Na verdade o projeto provou ser muito mais difícil do que eu algum dia teria acreditado, mas eu aprendi muito com o empreendimento. Talvez a melhor coisa que eu aprendi foi que não há nenhuma virtude particular na obscuridade, e em tentar esconder princípios fundamentais atrás de uma barreira de confusas metáforas e de pura verbosidade. Ao lidar com matérias importantes o vital é comunicá-las entre mentes diferentes em termos mutuamente compreensíveis. Demasiadas vezes quando lidamos com temas esotéricos, descobrimos que isso está longe de ser o caso e, frequentemente, é por intenção deliberada. Há muitos clássicos escritos sobre o tema da "Sagrada Árvore da Vida" que são ricos em detalhes e cheios de comentários sofisticados, contudo quantos transmitem de forma simples e com clareza suficiente o facto central de que todo o Conceito é para uso prático ao se estabelecerem relações diretas com a própria divindade. Isso era o que eu tinha sido convidado para fazer de tal forma que uma criança inteligente fosse capaz de compreender a ideia. O que eu deveria dizer mais ou menos, deveria ser "Meu filho, esta é uma boa maneira de entrar em contacto com Deus e eis aqui como o trabalhar por si mesmo." Assim, foi isso o que tentei realizar.

    Ao olhar para trás, para este pequeno trabalho, quase vinte anos mais tarde [a introdução foi escrita em 1989], ele ainda parece ter uma frescura cativante e uma vitalidade tantas vezes ausente dos sábios tratados acadêmicos. Possivelmente por conta da sua absoluta simplicidade e sinceridade, e também porque foi motivado por uma amizade e sinceridade genuínas.

Carr Collins disse que o ajudou a compreender a árvore como nada mais o tinha feito, e é minha sincera esperança de que ele pode fazer o mesmo para outros em situação similar. Talvez ele possa preparar o terreno em algumas mentes que podem posteriormente ser preenchidas com a ajuda de livros muito mais avançados. Quem sabe? De qualquer forma, desejo que esta nova edição tenha um alcance e efeito ainda maior do que a primeira.

Wm. G. Gray
Reino Unido. Primavera 1989

B. A Sagrada Árvore da Vida

Quem é o indivíduo vivo mais importante? (Esta é uma pergunta "traiçoeira".) A verdadeira resposta é – Deus. Porquê? Por que Deus é na realidade a Vida Una em Quem todas as outras vidas, incluindo a nossa, existem... Não só aqui neste mundo, mas também em toda a parte. Deus está com o Sol, a Lua, as estrelas, e todo o vazio entre eles. Ninguém sabe, ou pode alguma vez saber exatamente o que Deus é, mas nós temos que usar palavras que entendemos se queremos falar ou pensar sobre Deus de todo. Frequentemente dizemos "Ele", como se Deus fosse um Pai. Algumas pessoas dizem "Ela", e fazem de Deus uma Mãe. Outras dizem "Isso" ou "Aquele", porque não gostam de pensar sobre Deus de uma maneira comum. A nossa palavra Inglesa "Deus"[1] já agora, significa "aquilo que é adorado como Divino", portanto não é realmente um nome, mas uma descrição, o que é bastante diferente. Tudo o que nós realmente sabemos sobre Deus é que Isso, Ele, Ela, Aquele, ou como você gostar de dizer, é o Espírito de toda a Vida para sempre. O qual faz um grande Ser de facto.

Agora vamos olhar o outro lado. Se tudo e todos são uma parte de Deus, então Deus também deve estar em todos os pequenos pedaços de Vida, como animais, plantas, pedras, qualquer coisa em que possa pensar. Olhe ao seu redor e pegue em alguma coisa pequena, não importa o quê. Segure-a nas suas mãos e examine-a cuidadosamente. Você pode ver alguns sinais de Deus nela? Não com os seus olhos normais, é claro, eles não lhe mostrarão nada mais além do exterior. Assim feche os seus olhos e tente *sentir* Deus com o seu "toque interior". Chegue dentro de si tão profundamente quanto consiga. Esqueça o que está a segurar, e tente encontrar Deus vivendo em *si*. Não só *em* si, mas *como* você, se conseguir ver a diferença.

Você terá que se manter muito calmo e quieto por algum tempo quando tentar isto. Não continue por muito tempo; um minuto mais ou menos chega para começar. Respire muito lenta e regularmente. Você pode falar com Deus na sua mente se quiser, é muito fácil. Diga simplesmente algo como "Deus, isto

---

[1] *God*, no original em inglês (N.T.).

sou eu." (Diga o seu próprio nome aqui ou uma "alcunha" se você tiver alguma). "Eu estou a chamar-Te, Deus. Eu sei que Tu estás aí em algum lugar. Tu sabes que eu estou aqui?" Não diga isso em voz alta é claro, mas diga-o como um segredo dentro de si. Em seguida, mantenha-se muito tranquilo e quieto. Faça como se estivesse a ouvir o mais pequeno sussurro. Mantenha isto por alguns segundos, depois simplesmente pare e volte a agir normalmente.

Não espere ouvir algumas respostas de Deus em palavras humanas, em inglês ou noutra língua qualquer. Deus não responde dessa forma diretamente. Se lhe acontecer ouvir algumas palavras reais dentro de si mesmo, há hipóteses de que seja você a produzi-las, tiradas daquilo que você seja, e pode facilmente ter cometido um erro. Então como é que você sabe algo sobre Deus? Ou sente Deus para si mesmo, ou não. O que sabe sobre o Sol? Você sente o seu calor, mas o Sol não fala. Sabe que uma flor é bela, mas a flor não disse uma palavra. A Natureza não tem que falar. Nem Deus o tem, que é toda a Natureza e *tudo* o resto. Houve um tempo quando você também não falava, contudo os seus pais sabiam o que você precisava, e davam-lho. Conversar por palavras é apenas uma maneira com que os seres humanos organizam os seus pensamentos. Existem outras formas, como irá aprender mais tarde, se não tiver já encontrado algumas delas por si.

De qualquer forma, você experimentou essa ideia de ir dentro de si mesmo para buscar Deus? O que é que descobriu? Não se preocupe se pensou que não encontrou nada. Deus pode viver de facto muito bem em Nada, o que é mais do que nós podemos. Por isso, se você teve quaisquer impressões de "Nada", isso era de facto Deus, Que é tudo, todos, e também Nada e Ninguém. Você não se pode afastar de Deus, no final, por mais longe que você andar Dele, ou Disso. A questão a perguntar-se é a seguinte: você quer saber sobre o seu relacionamento com Deus e fazer algo prático sobre isso, ou não se importa? Se você real e verdadeiramente não quer saber de Deus e não está interessado no seu relacionamento com Ele, Ela, Isso ou Aquele, então pode muito bem parar de ler isto. Se, por outro lado, você gostaria de ouvir falar de uma maneira de viver junto a Deus, que poucas pessoas sabem sobre isso, por favor continue a ler. Poderá ajudá-lo muito, mais tarde.

*
* *

Ora então, onde estávamos nós? Ah, sim. Se podemos concordar a respeito de Deus habitar em vós, e em tudo o mais, então tem que haver algum tipo de conexão a juntar tudo isso, por assim dizer. Então, se pudéssemos encontrar alguma maneira prática de descobrir exatamente como Deus se une a todos nós, e sobre o que a Vida é realmente, esta seria certamente uma grande ajuda para o resto das nossas vidas, não seria? Isso seria algo como as instruções que vêm com um *kit* de montagem de qualquer coisa, que nos permitem construir as várias partes no que quer que isso seja suposto ser. Basta parar para pensar o que é que um *kit* de montagem seria sem essas instruções preciosas! Desatino? Bem, isso é como a Vida sem quaisquer regras de orientação. De certa forma, a Vida é uma espécie de *kit* de montagem, feita de partes intermináveis e peças que temos que unir à medida que avançamos. O ponto é, colocamo-las juntas corretamente ou não? Se as colocarmos juntas corretamente podemos obter um modelo de trabalho bom, mas se não, então tudo o que iremos ter será uma confusão louca. E as confusões têm geralmente que ser arrumadas depois, não é? Se nós quisermos evitar essa triste tarefa de arrumar a confusão, devemo-nos lembrar da "Regra de Ouro" de todo o construtor "Ler e entender as instruções cuidadosamente *primeiro*. Depois segui-las fielmente." Leia e *entenda*, note bem. Então, onde é que vamos nós encontrar o nosso folheto de instruções e diagramas de trabalho dizendo-nos como colocar as partes das nossas vidas juntas e fazer delas algo de bom? Sim, essa é a pergunta para um milhão de dólares, não é?

Como seria de esperar, vários tipos de pessoas aparecem com todo o tipo de respostas. No final entretanto, toda a gente tem que descobrir por si próprio o que melhor lhe convém. Agora aqui nós vamos olhar para um esquema muito prático para relacionar Deus, Homem, e tudo o resto, pelo que foi chamado o sistema da "SAGRADA ÁRVORE DA VIDA".

Ficou estabelecido há algumas poucas centenas de anos por algumas pessoas que acreditavam que tinham encontrado um esquema simples para se relacionar com Deus por meio dos números ordinários e as letras do alfabeto, que eles juntaram em padrões da mesma forma como você faz com os modelos dos *kits* de montagem. Todos os números e letras representam diferentes coisas que supomos que nos conectam com Deus e uns aos outros. Qualidades como Bondade, Generosidade, Amor, Paciência, e assim por diante. O que quer que nos faça, mesmo que numa mínima parte, semelhantes a Deus tal como nós acreditamos que Ele ou Isso seja. Se Deus pode ser bondoso e generoso, também nós o podemos ser de uma forma muito menor. Se pensamos que Deus deve ser amoroso e misericordioso, então também devemos encontrar essas qualidades em nós mesmos. Realmente é bastante maravilhoso pensar que podemos ser um pouco como Deus em tudo. Pelo menos isso deverá dar-nos algum estímulo para descobrir mais sobre um sistema que sugere essa possibilidade.

    Em primeiro lugar, foi chamada a "Árvore da Vida", por muitas razões. As árvores reais são coisas vivas que crescem a partir da Terra em direção ao "Céu" ou aos espaços estrelados, onde todas as vidas fora deste mundo existem. É suposto que cresçamos a partir desta Terra em direção a um "Céu", onde iremos viver como espíritos num estado de perfeição para além de tudo o que possamos imaginar. De facto, as árvores, nós mesmos, e tudo o que nós associamos a Deus, são muito parecidos de muitas maneiras. Por exemplo, uma árvore cresce a partir de uma semente tal como nós, e as nossas noções de Deus crescem a partir de ideias originais que são plantadas na nossa mente, algo como as sementes que são plantadas em terra boa. Então, também, as árvores têm raízes, e nós falamos das nossas "raízes" quando nos queremos referir às conexões com as nossas famílias, nações, ou do que quer nós tenhamos crescido originalmente. Uma vez que toda a vida cresce a partir de Deus, podemos realmente dizer que as nossas raízes mais profundas chegaram tão longe quanto Deus, e elas não podem ir mais longe do que isso.

    As árvores também têm grandes troncos ou corpos, que conservam a maior parte das suas vidas. Assim também nós. É talvez interessante notar aqui que todas as coleções de crenças em Deus têm o que é chamado um "corpo principal" ou *"corpus"* em Latim, o qual é mais ou menos como um tronco de uma Árvore do qual todos os ramos laterais ou diferentes ideias crescem em várias direções. Também as árvores têm ramos ou membros saindo do seu tronco principal como os nossos membros saem dos nossos corpos. As nossas ideias sobre Deus e a Vida ramificam-se dos nossos caules de crença também. Numa árvore real, os ramos ficam cada vez mais finos até que eles se tornam galhos. Também as nossas ideias se tornam mais e mais definidas à medida que se multiplicam, até que estamos rodeados por um sem número de pequenas ideias saindo em torno de nós como os ramos e galhos de uma árvore no inverno. Quanto mais velhos ficamos, mais galhos estamos propensos a ter. Sim, desta forma nós somos muito parecidos com as árvores.

As árvores também têm folhas que caem e são substituídas de tempos a tempos. Aquelas são como os nossos pensamentos que nos cobrem do exterior, e no entanto nós temos que continuar a substituí-los um a um à medida que eles se desgastam. Tal como uma árvore se relaciona com o resto do mundo pelas suas folhas, assim também nós nos relacionamos com os outros através dos nossos pensamentos. Isto mostra que nós nos podemos juntar com Deus no exterior de nós mesmos pelo pensamento, assim que nós aprendamos como e sobre o que pensar. Além de tudo isto, as árvores produzem algum tipo de fruto que nós podemos quer comer para continuar as nossas vidas, ou guardar para plantar as sementes e plantar mais do mesmo tipo de árvore. Leva algum tempo para as árvores produzirem fruto, e mesmo depois pode não ter muitos deles. Tudo depende de quão bem a árvore foi cultivada e quão boa a sua condição natural era.

A vida é assim connosco também. Nós falamos em períodos "frutíferos". Onde tudo se parece desenvolver em algo que vale a pena ter, ou os chamados tempos "infrutíferos" quando vamos simplesmente crescendo calmamente e sem nada se notar muito. Assim é connosco e com Deus. Nós podemos continuar a crescer por um longo período de tempo juntos antes que algum tipo especial de "frutos" comece a aparecer na "árvore" que estamos a fazer entre nós. Não obstante, todo o tempo que estamos a crescer neste mundo entre outros seres humanos, assim também nós estamos a "crescer" num sentido diferente e espiritual com Deus num "mundo" secreto dentro de nós. Uma vez que este crescimento interior e desenvolvimento tem tanto em comum com o modo como uma árvore aparece, nós podemos com muita verdade chamar-lhe a nossa "Árvore da Vida", porque nós e Deus somos ambos seres vivos. Só para a fazer soar muito especial, nós podíamos chamá-la a *Sagrada Árvore da Vida*.

É claro, há outros tipos de "Árvores" além das que crescem nos jardins. "Árvores genealógicas" por exemplo. Essas são colecções de nomes de pessoas todos desenhados em padrões, começando com ancestrais muito remotos e continuando até aos tempos atuais. Elas mostram quem se casou com quem, os filhos que tiveram (ou ausência), e como cada geração estava relacionada com aqueles antes e depois dos seus tempos. Uma espécie de "mapa de pessoas" no papel, de modo que qualquer um possa ver como toda essa gente está conectada como uma família, não importando onde, como ou quando eles nasceram. Se ao menos nós pudéssemos fazer algo assim a partir do nosso próprio relacionamento com o Deus Vivo ou Espírito Vida, nós devíamos conseguir algumas ideias muito boas sobre como nós estamos em relação a Deus, e qual é o valor do nosso relacionamento especial.

Assim que começarmos a fazer padrões com as coisas, elas começam a fazer sentido para nós, porque as nossas mentes começam a andar à volta do padrão. Olhe para um puzzle quebra-cabeças todo misturado na caixa. Assim que começarmos a encaixar as peças para que algum padrão definido apareça, podemos ver que há um propósito e um significado a ligar as peças umas com as outras. Se somos guiados pela imagem na caixa que mostra todo o desenho, apenas precisamos de cuidado e paciência para montar o puzzle quebra-cabeças todo. Agora, suponha que nós tínhamos uma espécie de "imagem guia", que mostrava como devemos colocar as nossas vidas juntas de modo a fazer o melhor padrão possível? Isso não nos poderia ajudar a viver corretamente? Claro que podia. Bem, é isso que a imagem da "Sagrada Árvore da Vida" é suposto mostrar. Um padrão de vida adequado. Vamos então tentar e aprender como o fazer e colocá-los juntos.

Aqui vamos precisar de papel e uma caneta, lápis ou lápis de carvão. Um bloco de rascunho servirá perfeitamente. Já os tem? Comece por escrever "DEUS" na parte superior ao meio da folha, e "EU SOU... (qualquer que seja o seu nome)" na parte inferior. Em seguida, desenhe uma linha reta com régua ou sem ela, de cima para baixo no meio conectando-o com Deus. Isto pode não parecer muito, mas isto diz mais do que quaisquer outras palavras. Isto significa que você e Deus estão unidos entre si por algum tipo de ligação, mas não diz exatamente que tipo de ligação ou qualquer outra coisa sobre ela. Simplesmente que você e Deus estão de alguma forma ligados. Então o que é que o junta a si, em especial com Deus que ambos compartilham com todos os demais? A "VIDA" é claro! Estamos todos vivos, e Deus o mais vivo de todos. Então, nós chamamos esta linha média "VIDA". Nós podemos escrevê-la de baixo para cima, em sentido contrário, ou para os dois lados juntos de modo a podermos lê-la de qualquer forma em que olhemos para ela. Tal como a Figura 1.

Figura 1

Suponha que nós simplesmente continuamos a olhar para este modelo muito elementar e pensamos a respeito disso para ver o que ele sugere. Se continuarmos a fazer isso por algum tempo, é surpreendente que ideias aparecerão por si mesmas. Experimente-o. Em seguida, tente de novo, e desta vez tente colocar alguma coisa das ideias nas suas próprias palavras sejam elas faladas ou escritas. Você acha isso difícil? Bem, é claro, mas não valeu a pena o esforço? O que é que isso sugere afinal? Poderia ter sugerido que devemos viver em direção a Deus, enquanto Deus vive em direção a nós. Suponha que a linha central era na realidade a extremidade de um círculo ou arco virado de lado para nós? Se nós continuássemos a seguir ao redor disso, isso mostrar-nos-ia como a vida continua a partir de nós para Deus e de Deus de volta para nós novamente. Se isso continuasse por tanto tempo quanto Deus vive, isso seria a Eternidade, que geralmente é mostrada ou representada por um círculo simples, mas às vezes como um círculo com o seu lado dobrado numa figura em oito: ∞. Isto é porque um círculo não tem nenhum ponto especial de começo ou fim, e nem o tem Deus tanto quanto o saibamos. Nós começamos e terminamos. Deus começa-nos, e é suposto nós terminarmos em Deus como seres humanos em algum momento, e viver como espíritos com Ele, Isso ou Aquele para sempre. Então, quando nós desenhamos um círculo para representar as nossas próprias vidas, podemos imaginá-lo começando em Deus, vindo através de tudo o que nós somos agora e, finalmente, voltar para Deus para conexão com o seu início novamente. Isso pode até mesmo ser o significado do velho ditado: "Como foi no princípio, agora e sempre o será, para todo o sempre. *AMÉM*", significa um pouco mais do que para a maioria das pessoas. Todas estas são ideias que saem do desenho que acabámos de desenhar, e faltam muitas mais. Procure algumas delas por si próprio.

*
* *

Por esta altura, pode ter ocorrido a algumas mentes brilhantes que o nosso simples pequeno esboço é realmente uma Árvore da Vida primitiva. Deus em cima, estando um ser humano em baixo, e a Vida entre eles ramificando-se igualmente de cada lado. Isso é como as Árvores-Vida são feitas. Por mais complicadas que possam parecer, há sempre essa simples verdade por trás delas. Deus, Você (ou quem quer que seja), e qualquer padrão de Vida fica tecido entre você e Deus. Procure sempre este arranjo, e os tipos mais intrigantes de Árvores-Vida são obrigados a classificar-se por si mesmos mais cedo ou mais tarde.

Quando nós queremos pôr um pouco mais de significado no nosso presente padrão de Árvore, podemos tentar fazer com que as letras da palavra "VIDA"[2] originem outras palavras que signifiquem algum outro fator que também nos relaciona com Deus. Que tal:

---

[2] LIFE no original. William Gray utiliza aqui uma técnica Kabbalística conhecida como Notarikon (acrósticos) aplicando-a à língua Inglesa. A partir de cada letra da palavra original cria-se uma nova palavra (N.T.).

L (V)   para   LOVE (AMOR)
I (I)   para   INTELIGENCE (INTELIGÊNCIA)
F (D)   para   FAITH (FÉ)
E (A)   para   EFFORT (ESFORÇO)

Aquelas não são as únicas palavras que poderiam ter sido escolhidas, mas elas certamente acrescentam algo às nossas ideias sobre a Árvore que estamos a fazer. Nós necessitamos de Amor para nos juntarmos com Deus e todas as outras criaturas vivas. Nós devemos ter Inteligência para saber o que é que nós estamos a fazer e para onde é que estamos a ir. Sem algum tipo de Fé nós não podemos conseguir absolutamente nada, e se nós não fizermos Esforços não atingiremos nenhum lugar em particular, que importe muito. Então esta palavra "VIDA" deu-nos mais quatro que nos mostraram algo sobre como viver. Essas quatro palavras podem ser abertas novamente para obter novas ideias, e assim poderíamos continuar por tanto tempo quanto quiséssemos. É assim que as Árvores-Vida trabalham. Elas dão-nos umas quantas ideias de base a partir das quais todos os tipos imagináveis de consciência podem ser construídos. Essa é uma ideia em si que devemos examinar aqui.

Não há muitas ideias na existência realmente. Se tivermos que ser exatos, há apenas Uma Ideia no total, e que é Deus pensando tudo através de todos. No entanto, nós certamente não podemos trabalhar dessa forma, ou é pouco provável. Precisamos de juntar ideias, uma a uma, de modo a que elas façam outras nas nossas mentes. Ou melhor, temos que ter pequenos pedaços de Uma Grande Ideia, e ver o que podemos fazer com eles. As nossas mentes não são de todo grandes quando comparadas com Deus, de modo que nós temos que fazer o melhor que pudermos com o que temos. Ninguém pode fazer mais do que isso, e poucos parecem fazer tanto.

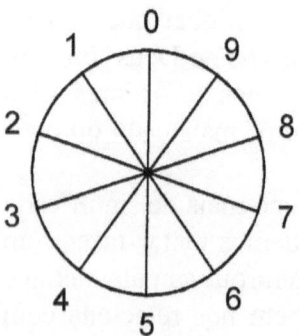

Figura 2

O que nós temos que descobrir é isto: Qual é o número mínimo de ideias distintas e diferentes com que nós podemos trabalhar e ainda fazer tudo o que queremos com elas? Além disso, quais são essas ideias em si mesmas? Dado esse conhecimento, podemos fazer muita coisa com ele. Pense nas coisas desta maneira. Com quantas letras do alfabeto está isto tudo a ser escrito? Apenas com 26. E os milhões e milhões de livros em todo o mundo que são escritos com nada mais do que vinte e seis letras de um alfabeto? Quase inacreditável, mas verdadeiro. Então, e com os números? Quantos há? Apenas dez na realidade, tudo o resto são apenas repetições e divisões. Dez números principais para contabilizar todos os valores em todos os lugares. Nós poderíamos escrevê-los desta forma num círculo como na Figura 2, e eles iriam continuar a andar em torno de si próprios para sempre.

Temos que nos lembrar sempre que 0, ou Zero, é o ponto de partida a partir do qual todos os números começam. Isto é muito importante, tal como iremos descobrir mais à frente. O Um (1) sai do Nada, (0), mas tem que haver um Nada em primeiro lugar para o Um sair dele. Assim o Zero é realmente do maior valor, porque sem ele, não haveria nenhuns números em absoluto. Estranho, não é? Experimente pensar sobre isso e veja onde chega.

Então aqui estamos nós. Apenas dez números que podem compor qualquer quantidade, organizando-os da maneira que queremos, e apenas vinte e seis letras com que se soletram todas as palavras que alguma vez iremos usar neste mundo. Agora, e quanto à música? Quantas notas distintas existem para tocar todas as músicas que alguma vez iremos ouvir? Em geral, aceitamos apenas oito notas reais, e tudo o mais constrói-se a partir das suas peças fracionárias e combinações superiores e inferiores. Todas as nossas músicas compostas de apenas oito notas verdadeiras usadas pelos compositores para atenderem às suas finalidades. É o mesmo com as cores. Há apenas três cores primárias: vermelho, amarelo e azul, além do branco para o claro e o preto para o escuro. A partir destas vêm todas as nossas imagens em todos os lugares. Tanto a partir de aparentemente tão pouco!

Por esta altura, você provavelmente já percebeu onde estamos a chegar. Se toda a matemática pode vir de dez números, toda a escrita e a literatura pode ser feita a partir de vinte e seis letras, a música ser composta a partir de oito notas e as imagens a partir de três cores, então, (isso é tão importante que terá que ser escrito em maiúsculas) PORQUE É QUE TODA A MAGIA DAS NOSSAS VIDAS NÃO PODE SAIR APENAS DE ALGUMAS IDEIAS ELEMENTARES? Bem, porque não? Na verdade, aqueles que aceitam o padrão da Sagrada Árvore da Vida acreditam que isto seja verdade. Além disso, eles reconheceram e identificaram essas ideias de modo a que possamos compreender e colocar em palavras humanas comuns. Como? Assim.

Eles fizeram-no de uma maneira muito simples, reduzindo as ideias a apenas dez, de modo a corresponderem com o nosso conjunto original ou "fundamental" dos números. Depois eles relacionaram estas dez ideias numeradas ligadas por junções representadas pelas letras do alfabeto. Havia apenas vinte e duas destas ligações, porque eles estavam a usar as letras do alfabeto hebraico, o qual não tem vogais reais, e desse modo tem apenas vinte e duas letras. Tudo isto junto, produziu um padrão que combina todos os elementos básicos da vida consciente conectados uns com os outros na forma de uma Árvore da Vida. Tudo em um, por assim dizer. Por meio de figuras, podemos descobrir as leis da Vida. Por meio de letras, nós podemo-nos comunicar inteligivelmente sobre o que aprendemos na Vida. Por meio das nossas mais profundas crenças e ideias, podemos relacionar-nos com o Espírito Vivo que chamamos Deus. Isso é o que a Árvore da Vida deve significar para nós, e é por isso que é chamada "Sagrada". É um padrão para nos aperfeiçoarmos.

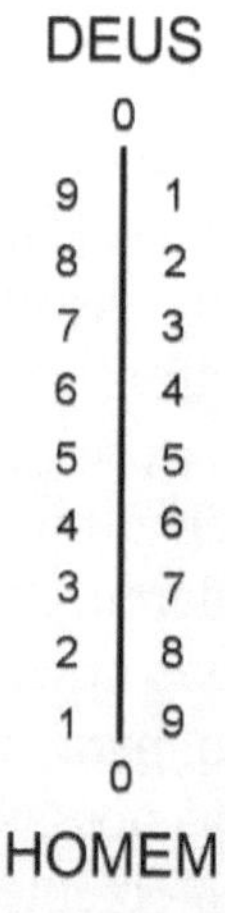

O padrão começa com suficiente facilidade, fazendo o que acabamos de fazer com Deus no topo, o Homem, (o que significa todos nós, incluindo as raparigas!), na parte inferior, e uma linha central que sobe e desce a ligar ambos. Desta vez contudo a linha fica dividida em dez espaços como a Figura 3.

Nota como começa e acaba com o Zero, de modo a

```
    DEUS
      0
   ┌─────┐
 9 │  1  │
 8 │  2  │
 7 │  3  │
 6 │  4  │
 5 │  5  │
 4 │  6  │
 3 │  7  │
 2 │  8  │
 1 │  9  │
   └─────┘
      0
   HOMEM
```

Figura 3

O Guia Simplificado à Sagrada Árvore da Vida / 15

que os números possam continuar em ciclo para sempre à medida que são adicionados até 10, depois 20, depois 30, ficando sempre cada vez maiores? Trabalhe isto no outro sentido, e eles irão ser cada vez menores e menores, é claro. Note como eles fazem um padrão. Tomados exatamente em pares, eles somados dão sempre 10. Vê como eles "estão articulados" no meio no número 5?

Podíamos tirar muitos significados disto, mas por agora temos que continuar em busca de padrões. Irá haver muito tempo para pensar nas coisas quando as virmos todas dispostas. Então para onde vamos nós a partir daqui?

Bem, uma vez que esta é suposta ser uma Árvore, como é que uma árvore comum cresce do solo? Primeiro que tudo, envia para cima um pequeno caule direito o qual depois se ramifica em duas pequenas folhas. Depois cresce o caule central um pouco mais e divide-se em outras duas folhas. Depois faz a mesma coisa de novo, e continua a repetir o mesmo padrão mais e mais em todas as direções ficando a cada ano cada vez maior. Porque não seguir a mesma ideia para a nossa Árvore da Vida? Um caule para cima, depois divide-se em dois, e assim por diante. Nós devemos obter algo como uma Árvore de Natal voltada do avesso na Figura 4:

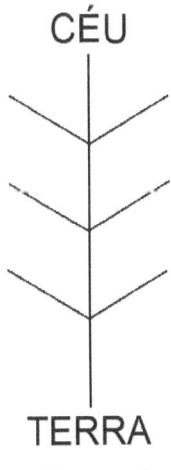

Figura 4

A única dificuldade com isto, é que se nós quisermos numerar os extremos dos ramos e onde eles cruzam a linha do meio, iremos obter onze pontos, mas queremos apenas dez. Deixando um de fora, podemos trabalhar muito bem os números, mas qual deles omitimos? Certamente não os extremos exteriores, porque eles iriam desequilibrar a Árvore irremediavelmente. Depois qual dos do meio têm menos a suportar? O do topo seguramente, porque só aí há um curto caule central. Deixemos que seja esse o que nós não numeramos. Se depois nós contarmos até dez a partir da base, (lembre-se de começar do Zero claro) iremos obter algo como a Figura 5.

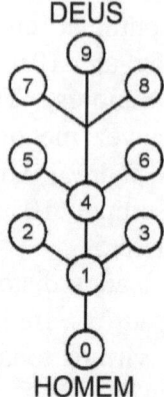

Figura 5

Esta é a Árvore, olhando da Terra ao Céu, portanto representa o Homem a olhar para Deus. Agora o que acontece se nós pensarmos no outro sentido, ou dispusermos os números para mostrar Deus a chegar até ao Homem? Iremos ter que imaginar a Árvore a crescer para baixo, do Céu para a Terra, e vê-la como na Figura 6.

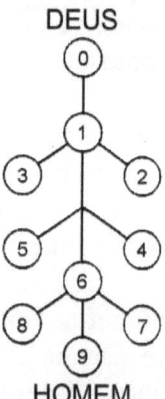

Figura 6

Se nós agora pusermos estas duas versões da nossa Árvore juntas, obteremos uma figura de facto muito interessante, como a Figura 7.

O Guia Simplificado à Sagrada Árvore da Vida / 17

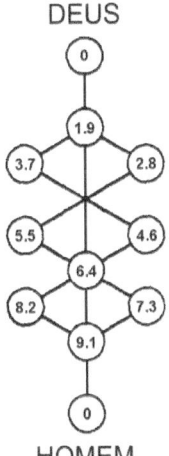

Figura 7

Aqui está ela. Tudo soma 10 em todo o lado. Ambos, Deus e o Homem se juntam para fazer um único número em cada estado. Assim, parece que o nosso esquema vai dar uma boa imagem de Deus e do Homem juntando-se como uma única Vida Una.

Agora, aí vem outro ponto muito importante. Como é que nos asseguramos que estamos a conseguir as proporções corretas da nossa figura? Quer façamos a nossa Árvore grande ou pequena para olharmos para ela, ela ainda tem que ter as mesmas proporções. O segredo é na realidade muito simples. Siga isto muito cuidadosamente. Desenhe uma linha reta de qualquer comprimento para representar a conexão entre Deus e o Homem. Divida-a a meio para mostra a disponibilidade para um encontro a meio caminho. Depois divida as metades para fazer quartos. Agora pegue num compasso com um lápis associado, e faça círculos em cada ponto da linha. Irão existir quatro círculos juntos. Onde os círculos se intersectam uns aos outros é onde os pontos exteriores da Árvore têm que ficar. Esta é a maneira correta de montar a Árvore da Vida. Não importa o quão grande ou pequena a façamos, a Árvore tem que estar sempre correta. Experimente em papel rascunho, como na Figura 8.

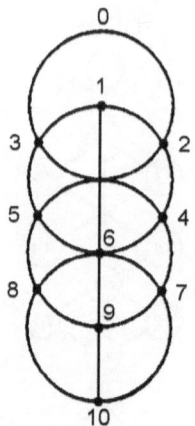

Figura 8

Com o objetivo de lhes chamarmos algo, os dez pontos da nossa Árvore da Vida são chamados "Esferas". Isto quer dizer algum tipo de área onde coisas concretas ou atividades da mesma classe pertençam juntas. Nós falamos de "a esfera da música", ou "a esfera do desporto". A "Esfera" de qualquer coisa, é quando nós queremos associar todas as coisas de uma espécie numa categoria comum. Uma "esfera" não tem que ser uma área física, pode ser nas nossas mentes ou almas, em qualquer outro sítio, porque não é uma *coisa*, mas uma *ideia* de dispor as coisas ou outras ideias juntas. Significa apenas que tipos de coisas similares, pessoas, pensamentos, de facto todos os semelhantes, tendem a ligar-se entre eles para de alguma maneira se acompanharem, e como o fazem, isso constitui a sua "esfera" particular.

Assim, isso é o que se quer dizer com "Esferas" na Árvore da Vida. Dez áreas especiais, onde dez diferentes tipos de assuntos que nos ligam de alguma maneira com Deus podem ser classificados. Elas têm números ligados a elas, de modo a que as possamos seguir facilmente como as páginas de uma enciclopédia. Tal como nós encontramos todos os diferentes assuntos de um livro pelas suas secções numeradas, assim também nós podemos considerar o que quer que pertença a cada esfera separada da Árvore-Vida, logo que tenhamos associado firmemente o seu número com aquelas coisas nas nossas mentes. Para o objetivo da simplicidade de novo, os números das Esferas são tomados como sendo os de "Deus olhando para o Homem".

Isto evita confusões e mal entendidos tanto quanto possível. Nós sabemos que os números ordenados a crescer de baixo para cima são igualmente bons, mas podemos considerar esta notação como a que é normalmente usada.

Para preencher o esquema, e dar algumas ideias de "Ramos" usualmente associados com as árvores, as Esferas são ligadas entre elas por vinte e duas linhas ou "Caminhos", um para cada letra do alfabeto hebraico. A maioria dos especialistas discorda sobre que letra exata deve ir para cada Caminho, mas a ideia geral é começar o alfabeto no topo e acabar na base. De qualquer modo não há discussão sobre as Esferas, e toda a gente concorda como as letras-linhas devem ser desenhadas na Árvore. Elas seguem-se como na Figura 9.

Aqui estamos nós por fim. Dez Esferas, e vinte e dois "Caminhos" entre as Esferas. Vinte e duas coisas sobre as quais pensar, assim que nós decidimos o que todas elas significam. Funciona de modo a que depois de contar as Esferas até dez, chamamos o primeiro Caminho onze, e continuamos a partir daí. Os Caminhos são numerados na sua maneira particular por esta razão. A primeira ligação é entre as Esferas 1 e 2, assim irá ser "Caminho dez mais um" ou Onze. A segunda ligação é entre as Esferas 1 e 3, ou "dez mais dois" fazendo o Caminho 12. O único Caminho que sobra da Esfera 1 agora liga-a com a Esfera 6 no meio, então este tem que ser o "Caminho dez mais três" 13. Depois nós temos que nos deslocar para a Esfera 2, e trabalhar os seus Caminhos por ordem. Desse modo nós continuamos a descer pela Árvore até chegarmos ao fim, que liga a Esfera 9 com a Esfera 10 pelo Caminho 32.

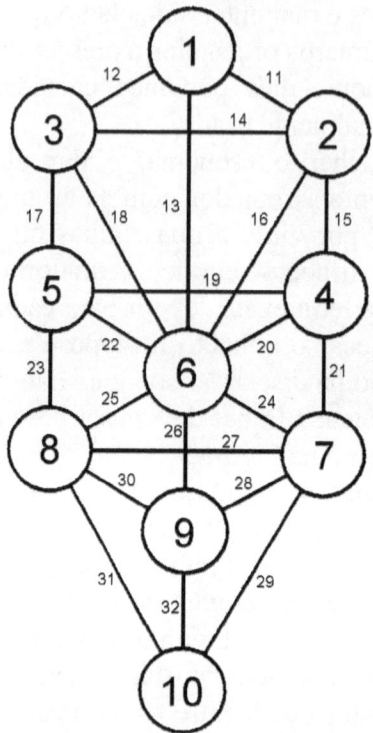

Figura 9

* * *

Agora nós temos que começar a pensar sobre o que as dez Esferas possam significar, além de apenas números com anéis à volta deles arranjados num padrão peculiar. Tudo o que sabemos por agora é que elas têm que significar dez ideias diferentes mas conectáveis que nos ligarão com Deus e a Vida em geral. Há muito tempo muitas pessoas pensaram muito e fizeram muito trabalho sobre estas linhas e certamente pediram a Deus, ou ao Espírito-Vida que as ajudasse a encontrar algum tipo de resposta. Foi assim que surgiu.

A própria vida ensinou-os que o que são chamadas "Qualidades" funcionam com as melhores ideias básicas na Árvore. Assim, foram escolhidas dez destas. "Qualidades" não é uma palavra com significado fácil de explicar. Uma "Qualidade" de alguma coisa ou alguém significa algo que está em si mesmo porque é da sua própria natureza. Por exemplo, alguém pode ser uma pessoa bondosa, e a "Bondade" é uma qualidade. Outra pessoa pode ser cruel e a "crueldade" também é uma qualidade...infelizmente. Há qualidades boas e más, mas nós apenas queremos o melhor na nossa Árvore da Vida.

Se tivermos algumas más qualidades, então temos que nos livrar delas ou mudá-las para outras melhores. Assim as Qualidades das Esferas na Árvore da Vida deverão ser as melhores que consigamos pensar e que nos conectam com a Vida e o Espírito Divino dela. Se nós pensarmos nas Esferas da Árvore como sendo como os frutos, enquanto os Caminhos são os ramos onde eles crescem, isto pode ajudar-nos um pouco.

No fundo da Árvore, tal como você podia esperar, está a Esfera de todos os assuntos comuns que nos acontecem neste mundo. Os antigos chamaram-na "*MALKUTH*"[3], uma palavra hebraica que significa "um Reino". Isso significa muita gente e as suas famílias associando-se juntas, que necessitavam de algum tipo de regras para as ajudar a viver corretamente. Nesses dias um Rei era suposto ser alguém especial que era capaz de fazer regras para o benefício das pessoas, e também assegurar-se de que elas viviam realmente segundo essas regras, tanto quanto possível. Foi por isso que ele foi chamado "regente". Nós sabemos que poucos, se é que alguns, Reis foram tão bons quanto isso, mas era uma ideia que ao mesmo tempo valia a pena tentar.

---

[3] Esta tradução conserva a grafia das palavras hebraicas tal como foi utilizada por William Gray. Como esta grafia é adaptada à língua inglesa, convém notar que em português:
-em Malkuth e Chokmah, o "k" corresponde à letra hebraica "kaph", cuja pronúncia em português corresponde a um "r" raspando a garganta (como o "j" em castelhano).
-em Netzach, Chesed e Chokmah, o "ch" corresponde à letra hebraica "hêth", cuja pronúncia em português corresponde a um "h" fortemente aspirado.
-em Tiphareth, "ph" corresponde à letra hebraica "pê", cuja pronúncia em português é, neste caso, "f".
-em Kether, Tiphareth e Atziluth, o "th" corresponde à letra hebraica "tau" cuja pronúncia em português é, neste caso, "t". (N.T.)

Se um Reino realmente perfeito for alguma vez possível nesta Terra, nele todos seriam o seu próprio Rei. Todos nós devemo-nos fazer submeter às regras que sabemos serem boas e verdadeiras, de forma a que todos vivam felizes e maravilhosamente juntos. Mesmo que nós não tenhamos nada de semelhante por agora, podemos igualmente ter esperança nisso. Um dia pode-se realizar. Assim a Esfera 10 na nossa Árvore da Vida representa o tipo de Reino que nós devemos querer que aconteça se for possível. Lembra-se do dito: "O Teu Reino vem"? Bem, esse é o tipo de Reino a que nos referimos. Todos governando-se a si mesmos adequadamente, com Deus como o "Rei dos Reis" acima de tudo. Quem sabe. Ainda pode vir a nós humanos, ainda que não seja para breve.

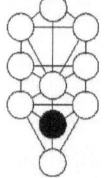

A Esfera seguinte acima na Árvore, número 9 na nossa lista, foi chamada "*YESOD*", significando "uma Fundação", ou algo construído sobre. Agora uma grande dificuldade, como com tantas palavras hebraicas, é que elas tinham muitos significados diversos, um dentro do outro por assim dizer. Isto torna muito difícil decidir qual significado pode ser o correto. Por outro lado, dá-nos um grande leque de escolha para encontrar significados que nós devemos compreender e dos quais seremos capazes de tirar algo com sentido. É por isto que os nomes que descrevem as Esferas da Árvore têm a mais vasta gama possível de significados. O que é que podemos fazer significar a palavra "Fundação"? Uma Fundação é primeiramente uma base na qual qualquer coisa é construída. Uma casa tem fundações, e também num certo sentido também um carro, rádio, ou o que quer que construamos. Uma vez que a Vida pode ser considerada como uma estrutura, e nós estamos a falar da Árvore da Vida, parece óbvio que o que nós entendemos aqui é uma boa Fundação para viver. O que é que pode ser isto?

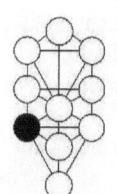

Ouvimos pessoas "fundar" famílias, "fundar" Reinos; Nações, Sociedades, ou quase tudo. Há também por todo o lado "Fundações" de caridade e outras. Isso significava que algumas pessoas basearam todas as suas ideias e esperanças em qualquer tipo de organização que elas construíram juntas, e chamaram a isso uma "Fundação". Isto é o tipo de pensamento

que devemos associar a esta Esfera particular. No que quer em que baseemos as nossas crenças na Vida. Assuntos realmente profundos. Tão sólidos e dependentes que podemos construir estruturas e ideias altas o suficiente para alcançar Deus. Não importa o que façamos na Vida, é melhor começar com uma base tão boa quanto possamos. Nesta Esfera esperamos encontrar a melhor base para tudo. Daí o seu nome. Não nos vamos deter aqui para indagar o que é que todas essas bases possam ser, mas lembre-se apenas onde procurar por elas quando as quiser. Agora vamos ver o que se lhe segue.
Aqui o tronco da Árvore divide-se em dois, e aí há uma Esfera tal como fosse um fruto no fim de cada ramo. Se nós considerarmos primeiro a marcada com o 8, o seu nome correto é *"HOD"*, significando "Glória, Esplendor ou Honra". Estes são incentivos para viver que são comuns à maioria de nós. Todos gostamos de nos sentir esplêndidos, estando gloriosamente felizes, ou sendo honrados de algum modo. Isso é simplesmente natural. Por outro lado, escolhemos glorificar Deus, e ser pessoas honradas que estão felizes por estar bem nos pensamentos de Deus e dos nossos irmãos humanos. Nós queremos ser apreciados e que nos digam o quão bons somos. É uma qualidade muito humana, embora não exatamente a mais fina ou a melhor que temos.

Na Árvore da Vida, iremos encontrar as qualidades mais semelhantes a Deus no topo, enquanto as mais humanas estão perto do fundo, o fim da Árvore tal como ela é. Aqui nesta Esfera 8, a nossa necessidade de honras gloriosas e esplendor pode não ser muito alta no que diz respeito às qualidades, mas faz pelo menos uma coisa por nós. Tira-nos "do solo" e começa a fazer-nos sentido fazer algo melhor de nós a todo o momento. Contanto que estejamos a ser guiados ainda por qualidades superiores, isto pode ser bastante bom para nós, então vejamos a que se segue.

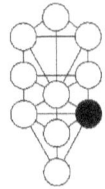
Esta é a Esfera 7, chamada *"NETZACH"* ou "Vitória" no sentido de alcançar algo. Não uma vitória onde alguém é derrotado, ou mesmo completamente deitado a baixo. Simplesmente a realização de algo feito com sucesso. Como, por exemplo, alguém pode ser vitorioso em aprender uma lição, ou conquistar

uma falha em si mesmo. Significa na realidade, atingir ou fazer o que Deus quer fazer em você. A sua própria "coisa" especial que você está destinado a fazer em particular. Isso seria realmente uma realização. A vida está cheia de problemas e dificuldades a serem solucionadas com sucesso, e aqui é a Esfera de todas essas conquistas. Uma vitória na Vida pode ser tão pequena como lembrar-se de limpar as unhas, ou tão grande como o Prémio Nobel da Paz, ou qualquer coisa em que possa pensar. O seu lugar na Árvore é aqui mesmo na Esfera 7. Pode não ser muito bom ou nobre, não querer senão vitórias na Vida, mas é bom estar no lado vencedor às vezes, e isso encoraja-nos a olhar um pouco mais alto na Árvore.

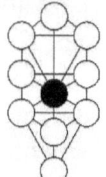

Isso traz-nos à Esfera 6, outra vez no meio. É chamada "*TIPHARETH*" ou "Beleza Harmoniosa". Não é exatamente um significado fácil de explicar, uma vez que Beleza significa coisas diferentes para cada pessoa. Aqui ela significa realmente um ponto onde tudo está tão perfeitamente equilibrado e ponderado que simplesmente tem que ser bonito porque não pode ser nada mais. Pode não aparecer muito frequentemente na Vida, mas quando vem, você não se pode enganar. Tudo e todos parecem tal como eles deviam estar em relação a você. Nada se sente demais ou de menos, e tudo parece de algum modo igual e harmoniosamente *equilibrado*. Isto é porque você se sente exatamente no meio de tudo, e assim pode equilibrar tudo à sua volta. Isso é mais ou menos o que "*TIPHARETH*" significa na Esfera 6. A qualidade de estar belamente equilibrado.

Dizemos de pessoas realmente capazes: "Como se comportam com beleza". Aqui, na Esfera 6 da Árvore da Vida, está essa magnífica qualidade que nós podemos partilhar com Deus, de estar em harmonia equilibrada com a Vida. Não admira que esta Esfera esteja exatamente no meio da Árvore. Não poderia estar em nenhum outro lugar. Podemos não a atingir

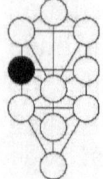

muito frequentemente nas nossas vidas, mas pelo menos sabemos das suas possibilidades, e isso ajudar-nos-á a aproximarmo-nos eventualmente do topo. Além disso, nós podemos conseguir algumas boas imitações dela de uma maneira ou outra, e isso pode ser bastante útil para nós.

O Guia Simplificado à Sagrada Árvore da Vida / 25

Continuando a subir novamente pela Árvore, separamo-nos mais uma vez para os lados em duas Esferas da Vida muito importantes de facto. A seguinte numericamente é a Esfera 5, chamada *"GEVURAH"* que significa "Severidade" ou "Disciplina". Agora, quer nos agrade a ideia quer não, nós teremos que admitir, se formos realmente honestos connosco mesmos, que a disciplina e o autocontrolo são algo que nós realmente necessitamos na Vida. Ninguém vai fingir que são agradáveis, mas todos sabem que são necessários. Sem nenhuma disciplina ou autocontrolo, a Vida iria ser um puro Inferno para todos nós. Sim seria!

Imagine todos a comportarem-se sem o menor sentimento por ninguém, ou nunca se importando com o que se tornavam. Pense como iria ser em qualquer autoestrada se todos conduzissem os seus carros como quisessem sem qualquer atenção ao código da estrada. A maioria das pessoas cedo iriam ser mortas ou terrivelmente feridas. É um completo sentido de disciplina e autocontrolo que faz as pessoas guiarem correctamente. O mesmo sentido, tirado da Esfera 5 na Árvore da Vida pode fazê-las *viver* correctamente, e é por isso que tem tanta importância. Atingindo esta Esfera, iremos ter algo realmente de valor da Árvore. Qualquer pessoa pode conduzir e controlar um carro, mas conduzir e controlarmo-nos na Vida é muito maior e muito mais difícil do que controlar um mero motor. Muitas pessoas parecem nunca aprender os segredos da Esfera 5. Contudo todos iremos ter que descobrir e praticar pelo menos algo disso antes de poder tocar na Esfera seguinte.

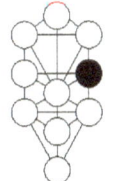
Esta Esfera é a Número 4, chamada *"CHESED"*, significando "Misericórdia" ou "Compaixão". Se é que alguma Misericórdia às pessoas, nós humanos, vivendo neste planeta, fazemos! Mas que direito temos nós de esperar Misericórdia de Deus se nós não somos misericordiosos uns para com os outros? Contudo, se Deus não fosse Misericordioso, nenhum de nós seria deixado vivo sobre a Terra, comportando-nos do modo como nos comportamos. Em todo o caso o que é a misericórdia? É principalmente um perdão amoroso das faltas das pessoas, e um desejo sincero de as ajudar a tornarem-se melhores pelos

seus próprios esforços. Também indica as qualidades de tolerância, simpatia e generosidade.

Há uma coisa muito importante a recordar sobre a Misericórdia. É uma qualidade que só pode ser mostrada àqueles mais fracos do que quem é Misericordioso. Por exemplo, nenhum humano tem a possibilidade de ser misericordioso com Deus. Deus é mais poderoso do que todos nós alguma vez seremos como humanos. Contudo Deus pode ser misericordioso connosco, e nós devemos ser misericordiosos com os outros em nome de Deus. É necessária uma alma realmente forte para ser verdadeiramente misericordiosa, e nós devemo-nos fazer fortes pela autodisciplina da Esfera 5. É por isso que nós a necessitamos antes da Esfera 4. Pessoas fortes devem sempre ser misericordiosas com as fracas, ajudando-as a corrigir as suas faltas e a tornarem-se melhores a cada dia. É por isso que nós dizemos no Pai-Nosso: "Perdoa as nossas faltas assim como nós perdoamos as dos outros". Desse modo nós estaremos a passar o perdão de Deus e a Misericórdia através de nós aos nossos companheiros humanos, o que é bom para todos os semelhantes. A verdadeira misericórdia nunca é uma fraqueza, mas sempre uma grande força espiritual que nós temos que ganhar desta Esfera 4 na nossa Árvore da Vida. Quanto mais misericordiosos nos tornamos com aqueles que são mais fracos do que nós, mais perto podemos subir em direção a Deus. Vejamos então até onde chegámos.

Nós chegámos na realidade a um lugar muito interessante. O cruzamento central da Árvore que nós decidimos não numerar no início. Lembra-se? Podemos fazer com que signifique algo especial? Sim, de facto podemos. Podemos fazê-lo significar o espaço ou falha entre nós e toda a perfeição que alguma vez esperámos ganhar de Deus pelos nossos próprios esforços. Nenhum de nós está nem tão bem ou desenvolvido o suficiente para chegar muito próximo de Deus. Nós simplesmente ainda não somos assim tão perfeitos por agora. Em algum momento no futuro, iremos querer atingir um tal estado, mas entretanto temos muitas "Pontes a atravessar". Então deixemos este lugar na Árvore ficar para o que quer que nos separa de um contacto próximo com Deus. De facto ele já tem sido chamado "O Abismo" por essa mesma razão. Um

Abismo é uma fissura muito funda na Terra. Tão profunda, que nós não lhe vemos o fundo, no entanto não muito larga. Talvez apenas algumas jardas ou pés. Pense no Grande Canyon com os seus lados muito mais próximos, e isso talvez lhe dê uma ideia.

    Um Abismo pode ser atravessado por uma ponte é claro. A Ponte imaginada aqui acredita-se que seja tão estreita que nós temos que ser muito cautelosos de facto enquanto a atravessamos. Isso significa o cuidado que nós temos que ter na Vida à medida que tentamos andar em segurança entre os seus muitos perigos. Isto não é suposto ser assustador, mas apenas uma advertência. Tal como atravessar a estrada apenas nos semáforos, e esperar pelo sinal correto para seguir. Não há nenhum perigo a não ser que sejamos tontos o suficiente para ignorar as regras de segurança. Esta Ponte na nossa Árvore tem um nome. Porque um Abismo representa a Ignorância entre outras coisas, a Ponte é chamada "*DAATH*" (pronunciada quase como "DOTH") que significa Conhecimento ou Experiência.

    Quando nós pensamos nisso, Conhecimento e experiência da Vida ou de qualquer coisa a ver com a vida, é de longe a única coisa da qual nos atrevemos a depender para nos levar com segurança através de todas as dificuldades e problemas, com os que temos que lidar. Para viver corretamente, nós temos que saber como. Para ganhar conhecimento de qualquer tipo, nós temos que ter experiência. Dados o conhecimento correto e a experiência, nós podemos fazer quase tudo, tal como chegar à Lua por exemplo. No entanto nós fizemos isso, e isso é justamente o começo de aventuras muito maiores a vir.

    Quanto conhecimento e experiência iremos nós necessitar para alcançar Deus? Ninguém na Terra pode responder a esta questão, mas nós podemos continuar a tentar. Aqui na Árvore da Vida, é onde nós temos que fazer essas Pontes Mágicas de Conhecimento que nos irão levar com segurança através das profundezas abismais da nossa ignorância em direção a níveis mais altos e firmes da Vida ainda mais próximos de Deus. À medida que vivemos, assim também nós devemos *aprender*.

    Para representar o Abismo, um par de linhas onduladas é por vezes desenhado levemente atravessando a Árvore aqui, e ocasionalmente *DAATH* é mostrada como um círculo cortado ou ponteado no meio. *DAATH*, ou Conhecimento, não é uma Esfera separada de todo na realidade, mas um espaço que irá fazer um lugar perfeito para o nosso mundo se nós apenas tivéssemos o suficiente Conhecimento e Experiência da Vida para chegar assim tão próximo a Deus. Supondo que nós realmente cruzamos o Abismo com segurança, o que devemos encontrar no outro lado?

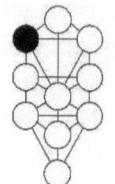

O nosso contacto imediato iria ser com a Esfera 3, chamada *"BINAH"* ou "Entendimento". Que palavra tão difícil de explicar. Significa conhecer tudo sobre as coisas e as pessoas por causa de uma capacidade para partilhar as suas vidas tão completa que podemos ver a Vida dos seus pontos de vista, e consequentemente compreender o que isso significa para eles em particular. Você pode dizer que Deus o compreende, porque só Deus conhece exatamente que Vida e tudo o mais parecem estar em acordo com a sua própria experiência dela. Você pode nunca estar certo sobre nada, mas Deus continua a saber como é que você lida com a Vida à sua maneira individual. Assim Deus compreende-o. Isso dá a Deus uma vantagem, porque você não é capaz de compreender Deus. Mesmo tentar compreender outros seres humanos já é o suficientemente difícil neste mundo.

Para compreender a menor das coisas sobre alguém ou algo, nós temos que de alguma maneira "nos metermos dentro" dela ou dele tanto quanto possamos, e assim ganhar uma experiência partilhada da Vida juntos. As pessoas apenas se compreendem umas às outras na medida em que elas são capazes de apreciar e experimentar os modos de vida umas das outras. Esta capacidade de Compreensão é uma das melhores qualidades que podemos atingir. É por isso que está tão alta na Árvore. Tentar e realmente compreender a Vida e as suas pessoas corretamente, leva-nos tão próximos de Deus quanto um ser humano pode chegar neste mundo. Ainda assim, podemos subir a nossa Árvore ainda mais e explorar o seu ramo oposto.

Isto leva-nos à Esfera 2, no nível da nossa anterior Esfera 3, e é chamada *"CHOKMAH"* significando "Sabedoria". Quase tão difícil de explicar como

"Compreensão". A Sabedoria é uma qualidade, de facto, muito especial. Não é simplesmente ser esperto, ou saber uma grande quantidade de informação, ou ser mais esperto do que outra pessoa. A Sabedoria Real é uma capacidade de lidar com a Vida da melhor maneira possível em tudo o concernido. O que significa todos, de você a Deus. Podemos dizer que seria a capacidade de viver como se Deus estivesse a viver através de nós individualmente e aconselhando todas as nossas ações.

Isso é o que torna a Sabedoria essencialmente boa. Uma pessoa má ou cruel pode ser muito esperta e inteligente de facto, e frequentemente é. Mas nunca é Sábia. Se o fosse, não seria má. A Sabedoria é algo que nos mantém em contacto muito próximo com Deus, mas nós temos que "crescer nela" por assim dizer. A Sabedoria é usualmente a última qualidade que desenvolvemos na Vida, e assim é mostrada aqui quase no topo da Árvore. Como regra tendemos a ganhar Sabedoria lentamente à medida que avançamos. Nós *tornamo-nos* Sábios, com firmeza, se realmente nos importarmos com o que Deus quer fazer e ser através de nós. Tal como a Árvore mostra, o caminho para ambas, Compreensão e Sabedoria, é através da Ponte do Conhecimento.

Temos que estar preparados para esperar e trabalhar por Sabedoria genuína. Tal como todas as outras qualidades da Árvore, ela chega por graus, se nós sinceramente a procurarmos com vista a crescer perto de Deus. As Árvores levam tempo a crescer, e uma Árvore-Vida irá levar toda uma vida. Nós não podemos ser completamente Sábios de uma vez só, mas apenas gradualmente. Não obstante se nós não cultivamos a Sabedoria enquanto ainda estamos no fundo da Árvore, ela não estará lá para nos ajudar a subir ao topo. Se alguma vez chegarmos aqui, o que é que podemos esperar encontrar?

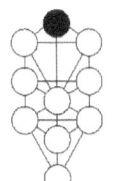

O topo ou ápice da Árvore-Vida, é chamado simplesmente "*KETHER*", que significa uma "Coroa" no sentido de ser o cume ou topo absoluto de qualquer coisa. Tal como podemos dizer "a coroa da sua cabeça", por exemplo. Do nosso ponto de vista, isto significa o mais próximo que nós alguma vez podemos chegar de Deus e ainda continuarmos a ser nós próprios. É muito pouco provável que nós atinjamos esta Esfera

1 enquanto ainda formos apenas seres humanos, mas devemos pensar e aprender sobre isso se tivermos a intenção de lá chegar.

O que quer que esta "Coroa da Vida" possa ser, é certamente o ponto mais elevado e mais refinado que qualquer ser vivo alguma vez poderá atingir. Ninguém pode dizer com certeza a que corresponde, porque nenhum de nós neste mundo é bom o suficiente para existir num tal estado. Contudo, todos nós podemos escalar tão alto quanto consigamos as nossas Árvores individuais, e podemos chamar, de certo modo, o que atingimos, a Coroa de uma vida. Nesse grau, *Kether*, a Coroa significa chegar tão próximo de Deus quanto conseguirmos durante as nossas vidas. O que realmente interessa é que nós devemos tentar e chegar lá com bastante firmeza e naturalidade, tal como uma árvore cresce. As árvores não saltam descontroladamente às voltas. Elas simplesmente vão-se estendendo e desdobrando a partir do interior calma e normalmente. Tal como nós devemos também fazer.

Se alguma vez chegarmos ao topo da Árvore-Vida de facto, nós devemos ser tal como Deus originalmente queria que nos tornássemos. Não podemos dizer com certeza exatamente quão magnífico isto iria ser, mas com toda a certeza irá ser muito acima de qualquer coisa que nós sejamos capazes de imaginar aqui e agora. À medida que progredimos através da Vida, nós continuamos a superar e sobreviver a todos os tipos de coisas. Nós abandonamos brinquedos de criança e roupas, os nossos gostos mudam, os aspetos alteram-se, e assim vamos indo. Agora tente imaginar, se conseguir, sobreviver e superar a tudo na Vida exceto Deus, a Quem ninguém pode alguma vez superar. Você consegue imaginar isto? Bem, não importa, também ninguém consegue.

*
* *

Atingir o topo real da Árvore-Vida, significaria que não há nada mais na Vida para esse indivíduo altamente colocado, viver. Não haverá mais nenhuma necessidade de aprender a Vida de maneira difícil como um ser humano. Ninguém no seu juízo perfeito iria achar que a vida humana é o melhor que podia ser, e quem quer que diga que este mundo é perfeito deve ser completamente maluco. *Tem* simplesmente que existir alguma maneira melhor de viver do que como seres humanos em corpos que morrem, entre todas as confusões que a Humanidade faz com este mundo. Não obstante, nós não nos podemos afastar de ser humanos até que tenhamos trabalhado a nossa subida até ao topo mais alto da Sagrada Árvore da Vida. Quando, e se alguma vez chegarmos tão alto, nós necessitamos *Nada*, o que quer que seja, a não ser Deus, então, e só então, teremos atingido o verdadeiro topo da Árvore-Vida. O que é que, se é que alguma coisa, acontece depois disso?

Nós simplesmente não podemos saber. Tudo o que pode ser dito é que se nós alguma vez atingirmos o topo da Árvore, podemos ir daí diretos para Deus e viver para sempre como Deus faz. Porque não sabemos Nada disto de todo, o signo do Nada, ou zero é tomado para significar o passo final de toda a Árvore para Deus. Apenas Deus sabe o que Nada é, porque Deus vive no que parece ser Nada para nós. Fora desse Nada, Deus é tudo. Isto é usualmente mostrado na Árvore desenhando um Círculo-zero (0) e adicionando algumas linhas para representar os raios de Luz.

Porquê raios de luz? Porque no Universo podemos ver à nossa volta. A Luz é aquilo que nós chamamos uma "Constante", ou a única coisa que permanece imutável, inalterada enquanto tudo o mais se altera. Estritamente falando é na realidade a velocidade da Luz que o é, como você pode ou não já ter aprendido. Num Universo como o nosso, onde tudo está num perpétuo estado de mudança, é bom conhecer a única coisa em que podemos confiar que permanece como é constantemente. O que a Luz faz no Universo nós sabemos, também o que Deus faz no estado oculto da vida atrás de tudo o que nós às vezes chamamos "Espírito", Deus, ser Perfeito, não muda, e assim é a Constante do que nós podemos pensar como o "Universo Espiritual". Assim nós aceitamos a Luz como sendo um bom símbolo para Deus.

Os que conceberam nos tempos antigos a Árvore que temos estado a considerar, deram-se conta da dificuldade de imaginar o Nada. Assim eles tentaram atingi-lo por três estágios. Imediatamente após deixar o topo da Árvore, havia Luz. Nada mais. E ela simplesmente brilhou de lugar Nenhum. Luz em hebraico é *"AUR"*. Por trás desta Luz misteriosa vem uma condição que eles chamaram simplesmente "O Fim" (*"SOPH"* em hebraico). O que significa: "O Fim onde Nada Começa." Como se nós tivéssemos chegado ao fim de algo e estivéssemos num espaço vazio. Após isso é claro havia apenas Nada. *"AIN"* em hebraico. Juntando estas três palavras, obtemos *AIN-SOPH-AUR*, ou "Luz acabando em Nada".

É bastante interessante pensar o que acontece se nós passarmos por isto de outro modo. Começando do "Nada", chegamos a "O Fim" depois a "Luz" e depois disso "Algo". Tente uma espécie de pequena experiência para obter um sentimento sobre isto. Pegue numa lanterna elétrica na sua mão esquerda, tire-lhe todas as lâmpadas, ou entre numa sala já escura com a lanterna apagada. Ande à volta várias vezes de modo a que você não esteja seguro do que tem à sua frente. Aponte com cuidado com o seu dedo indicador da mão direita na escuridão. Se você não atingir nada, isso irá simbolizar o zero da Árvore. Puxe para a frente com cuidado como o seu dedo a mover-se lentamente até que você toque algo muito suavemente. Não tente nem reconheça o que tocou. Apenas dê-se conta de que chegou ao fim do Nada, e começou a conhecer sobre o Algo. Agora ligue a sua lanterna e descubra o que você tocou. Se isso não lhe der algumas ideias sobre o AIN-SOPH-AUR acima da Árvore da Vida, então devia ter dado. Tente isso outra vez e veja o que pode aprender.

*
* *

Bem, é isto. Eis aqui toda a estrutura principal da famosa "Sagrada Árvore da Vida" para você olhar e pensar sobre ela. É claro há um número maior de coisas sobre a Árvore do que as que estivemos aqui a falar. À parte das Qualidades, cada Esfera tem outras ligações em relação à sua natureza. Diferentes Nomes de Deus, por exemplo, para mostrar como Deus se relaciona de modo especial com cada Esfera. Depois cada Esfera tem o seu próprio Arcanjo, ou "assistente de Deus" para de alguma maneira supervisionar o trabalho feito pelos Anjos comuns, ou "agentes" que são, como "especialistas espirituais" em qualquer atividade que seja especial a essa Esfera. Não apenas isso, mas cada Esfera tem sido ligada com algum planeta do nosso Sistema Solar que parece encaixar-se nas suas peculiaridades. Tudo isto é claro, necessita de muito estudo e trabalho o que é muito mais do que um pequeno texto como este pode razoavelmente abordar. Contudo, pode também ser mencionado aqui com a finalidade de despertar o interesse.

Adicionalmente também, há todos os Caminhos para estudar, se você alguma vez quiser entrar mais profundamente na Árvore. Como você agora sabe, cada Caminho tem uma letra do alfabeto, e juntando as letras fazem-se palavras, e as palavras eventualmente fazem sentido. Os Caminhos irão contar a sua própria história, assim que você se torne apto a combiná-los corretamente. Originalmente é claro as letras eram hebraicas, mas foi desenvolvida uma versão muito mais moderna utilizando as letras inglesas. Também cada Caminho é capaz de ser traduzido num desenho de uma carta daquele que é conhecido como o baralho de Tarot. Este é como um baralho comum de cartas de alguma maneira, mas têm vinte e duas imagens extra, chamadas "Trunfos" que se pode fazer com que signifiquem todos os tipos de coisas sobre a Vida em geral. Há várias maneiras pelas quais estas cartas fascinantes podem ser dispostas pelos Caminhos ou "ramos" da Árvore. Depois combinando os significados de diferentes cartas, uma grande variedade de imagens mentais pode ser feita de modo a contarem-nos muito sobre a vida e como lidar com Deus e os outros humanos. Naturalmente leva muito tempo e esforço aprender coisas sobre isto mas algumas poucas pessoas pensam que vale a pena.

Antes de deixarmos a Árvore no fim desta viagem, pode ser uma ideia mencionar os assim chamados "Quatro Mundos", os quais certamente o confundirão se você der com eles pela primeira vez em algum dos livros "clássicos" sobre a Sagrada Árvore da Vida. Eles são realmente bastante simples, assim que você souber o que eles significam, o que leva a isto: Nós tomamos como certo que Deus faz coisas a partir do Nada, mas mesmo então, deve haver uma maneira mais simples de olhar para isto do nosso extremo. Algo como a maneira como nós vimos no problema do *AIN-SOPH-AUR*. Se o tentarmos por estágios, pode soar mais razoável. Assim, primeiro que tudo iremos supor que Deus *origina* qualquer coisa, ou *começa* a fazer o que quer que seja. Tem que haver um começo de tudo em algum sítio. Os hebreus chamaram a esse estado dos procedimentos da Criação "*ATZILUTH*", isto é o que a palavra significa quando a encontra. Depois vem a construção criativa de alguma coisa, ou fazê-la em qualquer material no qual está destinada a ser feita. Pedra, metal, madeira, Ar, Fogo, Água, Terra, qualquer que seja. Nada mais do que isso por agora. A essa parte do processo eles chamaram "*BRIAH*", assim agora você sabe o que significa.

Depois na lista vem a formação de tudo em formas e tamanhos definitivos. Tudo tem que ser moldado em formas próprias de modo a que difira de outras coisas de acordo com as suas naturezas. Esta Formação necessária foi chamada "*YETZIRAH*", assim não deixe que esta palavra o incomode outra vez. Agora, tudo isto Originado, Criado, e Formado toma lugar puramente na mente de Deus como uma espécie de "pensar espiritual". Ainda tem que se "materializar", ou ser transformado nos nossos tipos de sólidos se isto é o que Deus quer fazer com eles. Isto é o último estágio, quando aquilo sobre o que Deus tem estado a pensar se "torna realidade" no nosso mundo. Fazendo os produtos da Sua mente no nosso tipo de matéria, Deus projeta-os nas nossas dimensões físicas. A última parte do processo é chamada "*ASSIAH*".

Cada um destes assim chamados "Mundos" (um título mais confuso) é na realidade apenas um quarto do mesmo sistema que converte a consciência pura em alguma coisa concreta ("Concreto" significa algo sólido e substancial). Em todo o caso, foi assim que aqueles que conceberam a Árvore da Vida contaram como Deus faz sólidos a partir do Espírito Puro. A ideia ajuda as pessoas a captar como as coisas vieram do pensamento, e o pensamento pode ser sugerido pelas coisas. O que se torna muito útil na prática Mágica.

Isto é tão longe quanto podemos ir com um livro tão pequeno. Não o subvalorize apesar disso. Se você foi acompanhando a Sagrada Árvore da Vida à medida que a subimos, agora você já deve saber muito mais sobre ela do que muitas pessoas que ela tem intrigado e deixado perplexas por muitos anos. Numerosas pessoas ficam muito interessadas na Sagrada Árvore da Vida, mas muito poucas são capazes de a trabalhar por si mesmas tão profundamente como nós aqui o fizemos. É preciso um tipo especial de pessoas para perceber o que a Árvore significa, e fazer realmente algo sobre isso por conta própria. Se você é uma dessas pessoas, então vai querer saber mais sobre esta Árvore, e descobrir por si mesmo a partir de todas as informações que encontre disponíveis noutros lugares. Se você não for, então não vai querer. As coisas são tão simples como isso. O que quer que aconteça, e se você continuar a estudar a Árvore e os seus temas associados ou não, agora que você sabe algo sobre isso, muito mais conhecimento é obrigado a vir ao seu caminho. Uma Magia faz outra magia em todos os lugares na vida.

Aqueles que tentam e vivem de acordo com o sistema da Árvore, esperam que eles e você também cheguem em algum momento ao topo. Então todos nós podemos viver em Deus juntos perfeitamente. Ninguém sabe o que esse tipo de vida possa ser, mas nós podemos com segurança supor três coisas sobre ele. Vai ser PERFEITO, vai ser PACÍFICO, e é certo que seja muito, muito PROFUNDO, de facto. Assim, poderíamos resumir tudo como *PERFEITA PAZ PROFUNDA*. Essa é a saudação tradicional que aqueles que lidam com esta Árvore desejam eles mesmos e todos os demais. Significa a maior bênção possível em tudo o que vive. Então, possa você também viver para se tornar tão abençoado na *PERFEITA PAZ PROFUNDA*. Foi bom tê-lo a si a subir a Árvore da Vida connosco por algum tempo. Talvez nos possamos encontrar de novo algum dia e oscilar em torno dos seus interessantes ramos um pouco mais. Até lá... Deus o abençoe quem quer que você seja!

Capítulo 2
GUIA SIMPLES PARA OS CAMINHOS NA SAGRADA ÁRVORE DA VIDA

Os Caminhos ou Canais, tal como eles são por vezes chamados na Sagrada Árvore, podem ser muito intrigantes para muitas pessoas, e capazes de as afastar do estudo do assunto talvez por muitos anos. O que é uma pena, porque há muito a aprender e a ganhar deles por experienciar esses misteriosos modos de Vida em primeira mão. O que nós necessitamos saber desde já é como esses Caminhos chegaram a estar onde estão, e para este propósito, além de lápis e papel, vamos precisar de um compasso, que representa o trabalho de Deus, uma vez que ele produz círculos, e um esquadro ou régua, porque com a sua ajuda o trabalho do Homem pode ser mostrado. De facto você quase pode dizer que Deus fez as Esferas da Árvore, enquanto o Homem tem que progredir pelos seus Caminhos. Se você quiser estudar este processo por si próprio, pegue no compasso e trace um círculo comum. Assim:

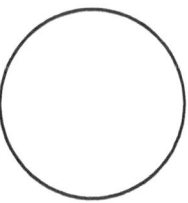

Figura 1

Após o qual você reverte o compasso, coloca o seu ponto no perímetro do círculo e traça outro círculo do mesmo tamanho (Fig.2), depois utiliza cada intersecção como um ponto central e faz outros dois círculos, um para a direita e outro para a esquerda, ou Figura 3.

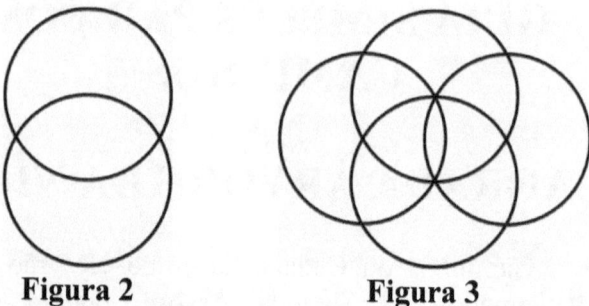

Figura 2   **Figura 3**

Agora você apercebe-se do que fez? Com quatro círculos interligados você representou o Grande Nome de Deus – *YHVH*, e iremos necessitar de mais seis para produzir os dez requeridos para o "Padrão da Criação". Assim, repita os círculos das intersecções e iremos obter a Figura 4, na qual se os centros forem todos juntos iremos obter o padrão como na Figura 5, o qual parece demasiado perfeito para ser verdade.

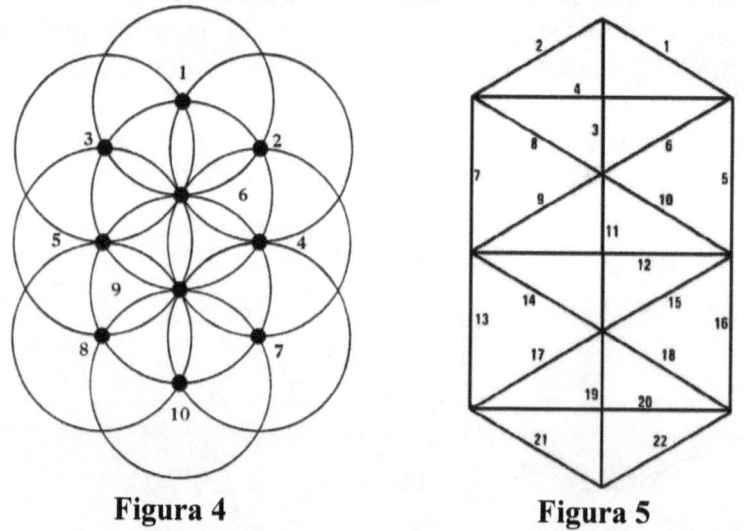

Figura 4   **Figura 5**

Incidentalmente, a razão pela qual estamos a numerar da direita para a esquerda, é porque os hebreus originais que projetaram a nossa Árvore inicialmente, sempre trabalharam desse modo, assim nós também iremos proceder da mesma forma em memória deles. Nós temos aqui que ter em mente a famosa

"Queda" do Céu pela qual nos tornámos mortais, e uma vez que isto pede igualmente representação, nós mostramo-la movendo os três círculos mais baixos no centro, o comprimento de um meio círculo completo para baixo, o que agora apresenta um padrão ligeiramente diferente que deve ser de longe muito mais familiar para nós, e se ligarmos todos os centros juntos por linhas direitas as quais podem agora ser chamadas mais correctamente "Caminhos", podemos ver a figura tomar a forma pela qual nós a conhecemos.

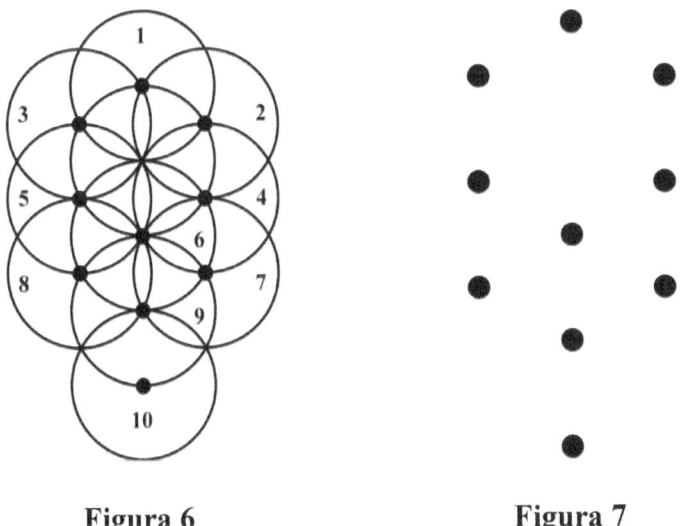

Figura 6   **Figura 7**

Isto deve ser muito mais evidente nas Figuras 6, 7 acima e 8 abaixo. Tal como você irá ver, se tomarmos as Esferas como base, e depois as juntarmos em ordem numérica, iremos depois obter as seguintes ligações:

>Esfera 1 junta-se à Esfera 2, fazendo o Caminho 11
>Esfera 1 junta-se à Esfera 3, fazendo o Caminho 12
>Esfera 1 junta-se à Esfera 6, fazendo o Caminho 13
>Esfera 2 junta-se à Esfera 3, fazendo o Caminho 14
>Esfera 2 junta-se à Esfera 4, fazendo o Caminho 15
>Esfera 2 junta-se à Esfera 5, fazendo o Caminho 16
>Esfera 3 junta-se à Esfera 5, fazendo o Caminho 17
>Esfera 3 junta-se à Esfera 6, fazendo o Caminho 18
>Esfera 4 junta-se à Esfera 5, fazendo o Caminho 19

Esfera 4 junta-se à Esfera 6, fazendo o Caminho 20
Esfera 4 junta-se à Esfera 7, fazendo o Caminho 21
Esfera 5 junta-se à Esfera 6, fazendo o Caminho 22
Esfera 5 junta-se à Esfera 8, fazendo o Caminho 23
Esfera 6 junta-se à Esfera 7, fazendo o Caminho 24
Esfera 6 junta-se à Esfera 8, fazendo o Caminho 25
Esfera 6 junta-se à Esfera 9, fazendo o Caminho 26
Esfera 7 junta-se à Esfera 8, fazendo o Caminho 27
Esfera 7 junta-se à Esfera 9, fazendo o Caminho 28
Esfera 7 junta-se à Esfera 10, fazendo o Caminho 29
Esfera 8 junta-se à Esfera 9, fazendo o Caminho 30
Esfera 8 junta-se à Esfera 10, fazendo o Caminho 31
Esfera 9 junta-se à Esfera 10, fazendo o Caminho 32

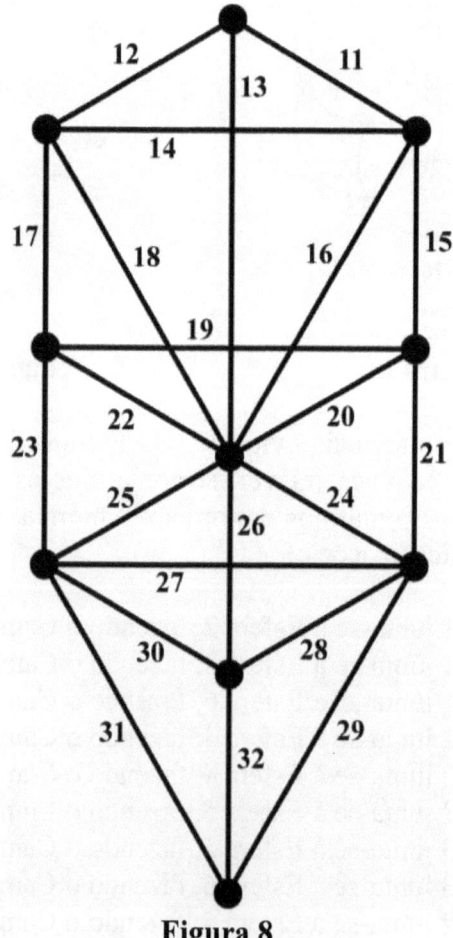

Figura 8

Assim, aqui estamos nós. Os vinte e dois Caminhos da Sagrada Árvore da Vida que, junto com as dez Esferas, fazem trinta e dois no total. Assim que nós tivermos claro o que as Esferas significam, não deve ser muito difícil calcular o que os vários Caminhos esboçam, se considerarmos o efeito de uma Esfera sobre a outra e pensarmos nisto como sendo um processo em dois sentidos, cada um modificando e de alguma maneira alterando o outro. Se nós quisermos imaginar os Caminhos como sendo similares a uma faixa de rodagem dupla com os fluxos de tráfego ou força indo em direções opostas ao mesmo tempo, isso iria ser perfeitamente permissível. Contanto que nos lembremos sempre de três divisões do alto ao fundo da nossa Sagrada Árvore, tal como com muitas coisas, Esquerda, Direita e Centro. Neste caso estamos a chamar às Esferas da nossa esquerda o Pilar Feminino e Negro, as três da direita o nosso Masculino e Branco, enquanto as quatro Centrais são o Pilar Neutro ou Dourado conectando-nos a todos com Deus. Agora vamos olhar para a natureza dos Caminhos começando do seu início, ou no Caminho 11.

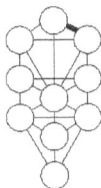
Caminho 11: A Coroa [1] encontra a Sabedoria [2]. Aqui podemos esperar encontrar o melhor e o mais refinado tipo de consciência em toda a Criação de um ponto de vista Masculino. O positivo e dominante exibindo uma faculdade de consciência ativa e envolvimento intencional.

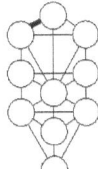
Caminho 12: A Coroa [1] encontra o Entendimento [3], este é o tipo de consciência complementar desde o ângulo Feminino. Aqui está o negativo e passivo realizando-se a si próprio através da intuição e pura absorção das energias apresentadas.

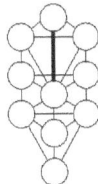
Caminho 13: A Coroa [1] encontra a Beleza [6]. O Equilíbrio e a Ponderação são ambos representados pela Esfera 6. Aqui nós temos a via mais refinada de atravessar o Abismo da Ignorância que divide o resto das Esferas, das três do topo indicando o tipo de

consciência mais elevado, e assim chamadas as Supernais para mostrar a sua superioridade. Este Caminho em particular mostra a conexão direta entre Deus e o Homem, enquanto enfatiza as dificuldades e perigos que aí poderemos esperar.

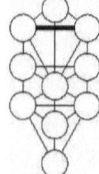
Caminho 14: A Pura Sabedoria [2] encontra o Puro Entendimento [3]. Isto mostra uma mistura ideal de Consciência Masculina e Feminina no seu melhor. Uma vez que é acima do Abismo, é superior e livre para fluir da melhor maneira possível de modo a obter os melhores resultados.

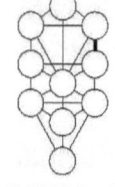
Caminho 15: A Sabedoria [2] encontra a Misericórdia [4]. Este é um dos que atravessa o Abismo e mostra o que acontece quando nós somos guiados por um instinto superior para sermos inteligentemente tolerantes e bem-intencionados em relação às criaturas nossas companheiras. De outro modo fazendo concessões a outros que possam ser diferentes de nós mesmos, assim evitando discussões e dissensões.

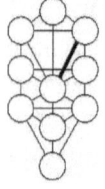
Caminho 16: A Sabedoria [2] encontra a Harmonia [6]. Outro que cruza o Abismo mostrando-nos o tipo de qualidades que devemos desenvolver quando somos sábios o suficiente para procurar um balanço ideal entre tudo o que encontramos durante as nossas vidas. Isso requer muita experiência e aprendizagem, usualmente resultando em Conhecimento o qual eventualmente atravessa todas as separações na consciência.

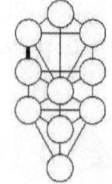
Caminho 17: O Entendimento [3] encontra a Severidade [5]. Aqui é onde nós podemos ver a necessidade de disciplina e aprender como a aplicar corretamente, de modo a que possamos ser espertos sem sermos cruéis. O cruzar o Abismo mostra como a mãe deve controlar a sua criança habilmente, ou como Deus nos ensina por e através da necessária experiência.

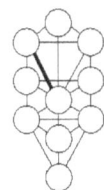 **Caminho 18:** O Entendimento [3] encontra a Harmonia [6]. O último cruzador do Abismo mostrando o que acontece quando a Intuição Feminina encontra o melhor de uma vida bela balanceada e corretamente ponderada. Mostra a orientação direta por Deus para procurar harmonia e beleza em toda a experiência, mesmo que no início possa parecer o oposto.

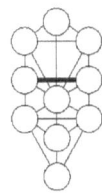 **Caminho 19:** A Misericórdia [4] encontra a Severidade [5]. Aqui nós temos dois opostos temperando-se um ao outro para um ajustamento ideal. Isto mostra a mensagem principal da Sagrada Árvore como sendo a de buscar o "Meio feliz" em todas as coisas. Nem demasiado nem de menos de nada, mas sempre "o justo".

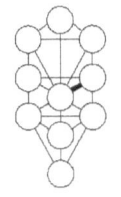 **Caminho 20:** A Misericórdia [4] encontra a Harmonia [6]. Têm que haver tempos na vida quando tudo parece maravilhosamente feliz, ou como nós dizemos "Demasiado bons para serem verdade". De outro modo nós nunca saberíamos que há algo pelo qual vale a pena viver. Este é um desses Caminhos no Plano. Um encorajador, ou a cenoura à frente do burro.

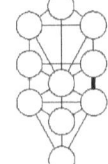 **Caminho 21:** A Misericórdia [4] encontra a Vitória [7]. Este deve ensinar-nos como ter sucesso ou vencer o que quer que ganhemos na vida com graciosidade e nobreza, com generosidade em relação a quem quer que perca. Também como aplicar os nossos ganhos para o benefício de todos os envolvidos.

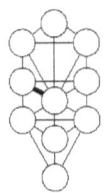 **Caminho 22:** A Severidade [5] encontra a Beleza [6]. Tal como sabemos, há muitos aborrecimentos e dificuldades a lidar na vida, e aqui é onde nós os encontramos, mas também descobrimos a razão para eles e como tirar algum bem se possível dessas situações.

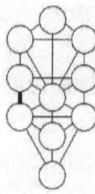
Caminho 23: A Severidade [5] encontra a Glória [8]. A vida pode ser por vezes um assunto vergonhoso e inglório, então aqui é onde nós encontramos essas experiências desagradáveis, mas também aprendemos não apenas como cooperar com elas, mas também as melhores maneiras de as transformar em vantagem e benefício.

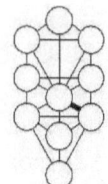
Caminho 24: A Beleza [6] encontra a Vitória [7]. Aqui é onde nós aprendemos como fazer o máximo daquilo que ganhamos, da melhor e mais equilibrada maneira possível, para o nosso progresso espiritual. Esse pode nem sempre ser o mais feliz dos fados a seguir, mas irá certamente trazer-nos o lado melhor das nossas naturezas.

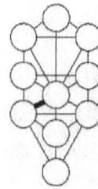
Caminho 25: A Harmonia [6] encontra a Glória (às vezes chamada Honra) [8]. Aqui é onde e como nós temos que experienciar a mistura de uma natureza nobre com o melhor e mais bonito lado dos nossos carácteres. Também como apreciar e valorizar tais boas qualidades noutras pessoas.

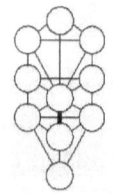
Caminho 26: A Beleza [6] encontra a Fundação (também chamada Base de Crença) [9]. Aqui é onde e como nós coletamos todas as nossas ideias básicas e crenças a partir das quais construímos o mundo da consciência no qual vivemos, e as conectamos com o sentido espiritual central de Harmonia e Beleza o que dá ao todo das nossas vidas qualquer significado e propósito real.

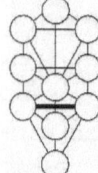
Caminho 27: A Vitória [7] encontra a Glória e Honra [8]. Aqui é onde nós temos experiências que ensinam como ganhar com honra e justeza através da vida, de modo a garantir o mérito que os outros também merecem.

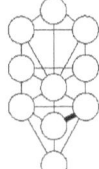**Caminho 28:** A Vitória [7] encontra a Fundação [9]. Aqui nós devemos aprender como e o que selecionar para as melhores ideias na vida, e o que irá permitir-nos encontrar o que nós necessitamos para termos sucesso nos nossos empreendimentos, colocando os nossos sonhos em prática.

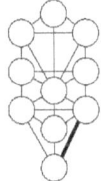**Caminho 29:** A Vitória [7] encontra o Reino [10]. Aqui nós temos que aplicar todas as nossas capacidades interiores para o mundo exterior com vista a viver com sucesso razoável, e também aplicar as nossas experiências exteriores aos nossos Seres interiores de modo a obter os melhores resultados com os nossos carácteres.

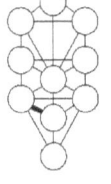**Caminho 30:** A Glória [8] encontra a Fundação [9]. Neste Caminho nós temos que encontrar quais são as crenças mais honráveis e as ideias a escolher das que nós mantemos na mente, de modo a que as possamos seguir fielmente através da Vida com satisfação espiritual.

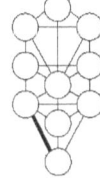**Caminho 31:** A Glória [8] encontra o Reino [10]. As ideias e querenças que nós escolhemos têm que ser aplicadas à Vida como sabemos, e as ideias que aprendemos neste mundo têm que ter "feedback" para dentro dos nossos seres interiores, de modo a encorajar as características e qualidades que nós mais necessitamos de desenvolver.

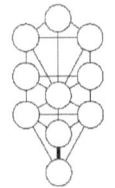**Caminho 32:** A Fundação [9] encontra o Reino [10]. Aqui é onde todas as possíveis ideias conectadas com os seres espirituais têm que ser introduzidas no nosso mundo, de modo a podermos aprender deles e descobrir que campos, nós gostaríamos de explorar. Ideias concernindo religião, filosofia, psicologia, metafísica e afins. Qualquer coisa em que seja provável fornecer aventura e experiência, trocas e ideologia, ou construção de carácter.

*
* *

Então isto é o que os Caminhos são. Todas as diferentes áreas de experiência, ou tipos de consciência, sobre as quais devemos não apenas saber, mas na realidade pôr em prática por nós mesmos, de modo a que possamos eventualmente evoluir para algo melhor que seres humanos comuns. Noutras palavras, cada Caminho separado é uma via da vida que é calculada para melhorar as nossas individualidades e nos levar para mais próximo de Deus. Se as Esferas representam Qualidades puras, então os Caminhos são uma mistura das duas e isso irá ser sempre a história da Sagrada Árvore. Procurando sempre combinar ambos os extremos de tudo, e depois tentar seguir a linha controlo entre elas. É por isto que as Esferas são arranjadas da maneira que estão, em grupos de três, Direita, Esquerda e Centro. É como nós próprios fomos construídos.

 Num sentido a nossa Sagrada Árvore não é diferente da árvore de Natal na qual as pessoas penduram presentes e prendas, de modo a que os amigos e a família os possam tirar à vontade. Os antigos filósofos outrora ligaram uma série de significados a todos os Caminhos separados onde se presumisse que correspondessem e se ligassem entre si, de modo a fazer uma combinação de ideias nas mentes dos que entendessem a linguagem. Isto quer dizer que, se uma letra do alfabeto hebraico foi atribuída a cada Caminho e você soubesse como pronunciá-la, então tudo o que teria que fazer era combinar os Caminhos para fazer palavras que depois pudesse interpretar ao longo de linhas inteiramente diferentes. Isto fez uma espécie de "código mental" muito difícil de compreender a menos você soubesse o segredo. Contudo, num certo sentido não é mais difícil do que se familiarizar com o código de Morse e conhecendo-o, se você ouvisse três curtos sons seguidos de três longos e depois três curtos de novo, você teria ouvido o sinal de socorro internacional do bem conhecido S.O.S. querendo dizer "Save Our Ship" (salvem o nosso barco) ou "Save Our Souls" (salvem as nossas almas), qualquer que seja a interpretação que você prefira.

Similarmente se você ouvir o Nome de Deus em hebraico *YHVH*, você reconhecê-lo-á como Beleza-Misericórdia, Beleza-Sabedoria, Misericórdia-Sabedoria e Beleza-Sabedoria, porque as letras hebraicas foram colocadas nesses Caminhos em concreto. Para um verdadeiro especialista havia um segredo extra também. A forma física da primeira letra *Yod* [י] era como uma semente masculina, e a da segunda letra *Heh* [ה] como um útero vazio. A terceira letra *Vav* [ו] representa um falo ereto, enquanto que a *Heh* final, com o pequeno ponto ou *dagesh* no meio [הּ], representa um útero humano com uma semente masculina dentro dele, ou uma fêmea grávida. Por outras palavras, quando olha para o Santo Nome de Deus em hebraico está a olhar para um símbolo sagrado do ato sexual. Não espanta que os antigos Judeus respeitassem o nome do seu Deus e o mantivessem santo, dizendo "Não tomarás o Nome do Senhor teu Deus em vão".

Assim a Sagrada Árvore completa, Esferas, Caminhos, e símbolos todos juntos, era suposta ser uma estrutura básica e universal na qual podiam ser pendurados todos os fatores necessários conectados com a nossa "salvação" espiritual, no sentido de nos fazer indivíduos com valor e bem integrados. Tal como numa dada altura os planetas e signos do Zodíaco tinham todos, coisas particulares atribuídas a cada, de modo que eles formavam uma espécie de quadro de referência pelo qual as pessoas se podem classificar, a Sagrada Árvore da Vida pode ser considerada como um tipo mais avançado de sistema de arquivamento espiritual. O que quer que não possa ser associado com nenhuma das Esferas, poderia provavelmente ajustar-se bastante bem sob algum encabeçamento dos Caminhos, ou com um dos símbolos especiais.

Por exemplo, há duas vias especiais para conectar o topo celestial mais alto da Árvore com o seu fundo mais baixo e básico. Um é o rápido flash do raio como a Figura 9, que se diz que representa a "Queda" de Lúcifer como Arcanjo do céu à terra numa fração de segundo, e o outro acredita-se ser o seu lento e serpentino rastejar, atravessando todo e cada Caminho da Árvore como na Figura 10. Aqui estão eles:

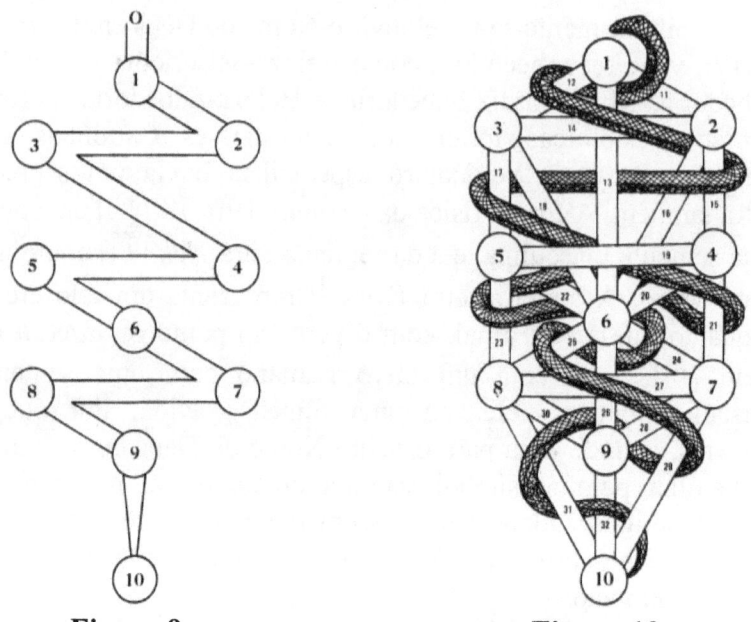

Figura 9   Figura 10

Nós podíamos é claro tomá-los como significado da nossa própria chegada à Terra como a semente do *homo sapiens*, e o nosso subsequente rastejar pela Escada da Vida passo a passo através da dura e longa escalada da Evolução. Nós temos contudo uma opção de escolha entre o que são chamados os "Três Caminhos do Progresso". O Caminho emocional do sentimento à direita, o Caminho do pensamento e intelecto à esquerda, e o Caminho Deísta e devocional no centro. Estes são chamados o "Caminho Órfico", por causa da música e dança e a alegria do primeiro; o "Caminho Hermético", por causa do ritualismo, inteligência e ciência necessários para o segundo, e o "Místico" para o Caminho central contando para a sua ascensão só com a prece e a meditação. Este Caminho do Meio ideal é visto como o mais difícil de seguir dos três. Estes três caminhos correspondem aos princípios da Mente (Hermético), Alma (Órfico), e Espírito (Místico), embora é claro, seja possível combiná-los, mas é reputado que a melhor via para o Ocidental médio seguir é geralmente o Hermético, uma vez que inclui elementos dos outros dois.

Usualmente esta divisão tripla vertical da Árvore é conhecida como os Três Pilares, o Negro à esquerda sendo chamado "Pilar da Severidade", o Branco à direita chamado o "Pilar da Misericórdia", e é claro o "Pilar do Meio da Moderação" tem que ser Dourado. Estes podem ser revestidos com prata para o Pilar Branco, cobre para o Preto, e de novo dourado para o Pilar Médio. Se necessário for, estes podem ser considerados em termos dos valores do nosso antigo dinheiro para decidir a ordem de importância. Contudo em adição a estes três pilares verticais, há também três fatores transversais ou horizontais a estimar igualmente.

O primeiro destes é o "Abismo da Ignorância" e tudo o que nos separa da natureza de Deus, assim aparecendo logo abaixo das Três Supernais no topo da Árvore. Também forma uma "Lacuna Espacial" muito conveniente através da qual Deus pode ver-se livre de todo o lixo que ele não quer a atravancar a sua consciência. Como se fosse um tipo de esgoto espiritual. A segunda divisão é chamada *Paroketh*[4], ou cortina de véu normalmente à frente de um santuário. É usualmente mostrada como estando logo depois das Esferas 4 e 5, mas na realidade representa os limites de perceção para cima da Árvore que factualmente podem estar em qualquer lugar entre o topo e o fundo, assim a posição do *Paroketh*, depende inteiramente dos indivíduos. A terceira e última divisão é mostrada como um Arco (*Qesheth*[5] em hebraico) e uma flecha (*Chetz*)[6], que normalmente são colocados logo abaixo das Esferas 7 e 8.

---

[4] Ver nota 3 (N.T.).
[5] Em Qesheth o "Q" corresponde à letra hebraica "qôph" cuja pronúncia em português é "q" enfático e "sh" corresponde à letra "shin", lida neste caso como "ch" (N.T.).
[6] Ver nota 3 (N.T.).

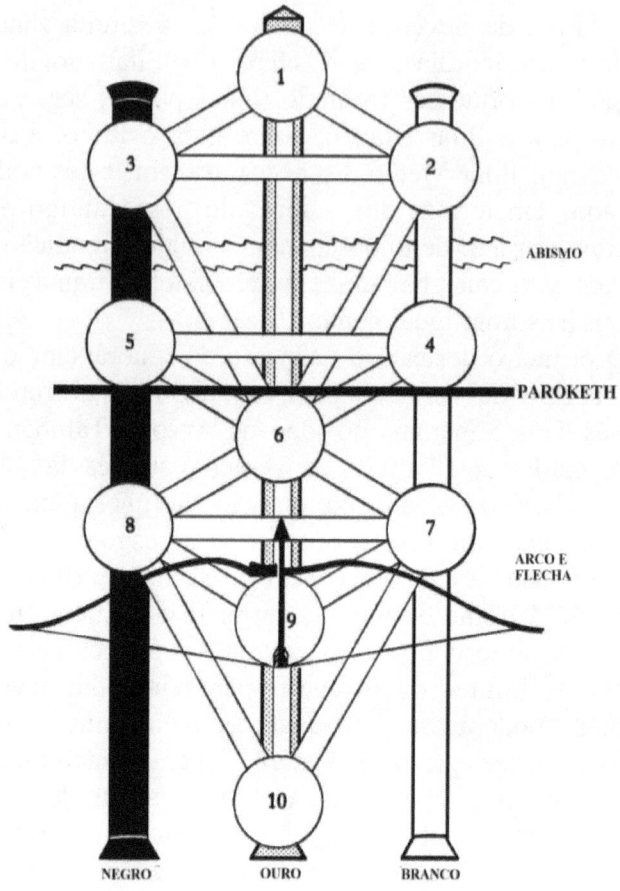

Figura 11

Isto significa o objetivo e a intenção de quem quer que esteja a lidar com a Árvore. Tendo como dadas a precisão de objetivo e suficiente força de vontade, tudo o que está disponível pode ser atingido. Pode ser de interesse notar que a impudência colossal de um pedinte judeu é chamada *Chutzpah*[7], e falhar em atingir um alvo é denominado *"hamartia"* em Grego, normalmente traduzido como "pecado" ou uma ofensa contra Deus porque se falhou o seu alvo. O significado original parece mais apto que a interpretação usual, não é? De qualquer forma a Sagrada Árvore da Vida parece-se com isto.

---

[7] Ver nota 3 (N.T.).

Deve-se ter sempre em mente contudo, que o nosso objetivo ideal na vida deverá ser a restauração da Árvore de volta ao seu padrão original ou posição pré-Queda, o que iria significar "elevar" os níveis do nosso viver inteiramente para longe da Matéria, e repô-la no seu ponto original de importância no nosso Esquema Sagrado. Talvez você possa ter notado que este Pilar Médio, que parece necessitar ser puxado ou elevado para o seu próprio nível com os dois exteriores, possa ser chamado "Pilar da Luz" uma vez que as suas atribuições planetárias são o Sol na Esfera 6, a Lua na Esfera 9, e as Estrelas na Esfera 1. Isto significa que quando nós formos suficientemente "iluminados" (ou esclarecidos como se diz nos círculos místicos), deveremos ser capazes de "atravessar a separação" do Abismo através da Esfera restaurada, intitulada agora "Conhecimento" ou *Daath* em hebraico. A tradição diz que isto irá ser feito por meio de uma Espada-ponte, tão estreito e fino é o caminho entre as extremidades. Também significa o cuidado excepcional e a precaução que serão necessários para o atravessar com sucesso. Por outras palavras, assim que tenhamos ganho suficiente conhecimento e experiência da própria Vida, devemos ser capazes de atravessar a falha entre Deus e nós próprios. Que seja especialmente notado que embora a derradeira Esfera da Coroa pudesse ser aproximada pelos conscienciosos Caminhos do Entendimento num extremo do Abismo e da Sabedoria no outro, o único Poder suficientemente forte para atravessar o golfo vital a meio pelo Caminho Místico, é o AMOR puro, o qual está pronto a sacrificar-se a si mesmo com vista a ganhar o Deus-Grail que ele procura. Assim isto também tem que ser igualmente sinónimo de uma Fé e Esperança derradeiras, assim fazendo a famosa triplicidade da FÉ, ESPERANÇA E CARIDADE, o último termo vindo do latim "caritas" ou amor, e assim significando a conclusão de uma autoconquista final.

Tal como era suposto as Esferas da Sagrada Árvore dizerem-nos as qualidades de carácter que necessitamos com vista a atingir eventualmente o seu topo, assim também os Caminhos estão lá para nos informarem sobre os tipos e condições de vida com que nos precisamos de enfrentar para viver mais efetivamente. Por esta razão os Tarots foram frequentemente ligados aos caminhos da Árvore como significadores simbólicos. Contudo, há na realidade três tipos de cartas do Tarot. Primeiro o baralho comum com os quatro naipes, as cartas da Corte, quatro por cada naipe, e finalmente os Trunfos ou "Triunfos" únicos, sendo um conjunto de vinte e dois Conceitos ou Ideias relacionados com o viver neste mundo.

Dificilmente pode haver algum argumento sobre as cartas numéricas, uma vez que estas obviamente se atribuem às Esferas numeradas, quatro para cada uma. As cartas da Corte obviamente de igual modo significam os tipos de pessoas com quem se lida, masculino ou feminino, novo ou velho de acordo com o naipe. No que respeita aos Trunfos contudo há diferenças de opinião em todas as direções. No final, parece melhor ignorar as suas numerações, que podem ter vindo de qualquer parte, e colocar as cartas onde elas parecem mais apropriadas do ponto de vista idealista. Supondo que construímos primeiro um plano de trabalho que nos parece o mais provável. Começando do nosso mundo, o contacto Cósmico mais próximo iria ser a *LUA*, entre as Esferas 10 e 9, Caminho 32, seguido pelo *SOL* no caminho 26, depois a *ESTRELA* Caminho 13 entre as Esferas 6 e 1.

Este dá-nos o nosso Pilar da Luz, e liga o nosso sistema solar com outros neste universo. Agora nós temos que os atravessar também três vezes. O *JULGAMENTO* vai melhor entre a Sabedoria e o Entendimento, Esferas 2 e 3, Caminho 13, Neptuno-Saturno. A *JUSTIÇA* parece bem entre a Misericórdia e a Severidade, Esferas 4 e 5, Júpiter-Marte, Caminho 16, enquanto a *RODA DA FORTUNA* (ou simplesmente "sorte") vai bem no Caminho 27 entre as Esferas 7 e 8, Vitória e Glória, Vénus-Mercúrio. Isto dá-nos as barras cruzadas da Árvore em três níveis de ação Fatal. Agora nós temos que fazer o circuito à volta delas. Começando de novo do topo, iniciamos com:

O *HIEROFANTE* entre as Esferas 1 e 2, Coroa e Sabedoria, Caminho 11, Úrano-Neptuno, depois o *EREMITA* no Caminho 12, Úrano-Saturno, Esferas 1 e 3. Isto simboliza a consciência externalizada e internalizada, ou os tipos masculino e feminino de consciência.

A *MORTE* entre o Entendimento e a Severidade no Caminho 17, Esferas 3 e 5, Saturno-Marte. Este é um dos que atravessa o Abismo. Depois o *DIABO* ou Tentador entre as Esferas 5 e 8, Severidade e Glória, Caminho 23, Marte-Mercúrio. Este é o Enganador.

O *PENDURADO* entre as Esferas 3 e 6, Entendimento e Beleza, Dever e dívidas Cármicas aceitadas, Caminho 18, Saturno-Sol. Depois a *TEMPERANÇA*, ou Caminho 16 entre as Esferas 2 e 6, Sabedoria e Beleza, Neptuno-Sol. Lidar inteligente com todas as energias apresentadas.

O *IMPERADOR*. Regente benevolente da consciência, entre as Esferas 2 e 4, Sabedoria e Misericórdia, Caminho 15, Neptuno-Júpiter. Depois a *IMPERATRIZ*, ou benevolente governo dos sentimentos, no Caminho 21 entre as Esferas 4 e 7, Misericórdia e Vitória, Júpiter-Vénus.

A *TORRE*. Quebra energética ou catálise, Esferas 5 e 6, Caminho 22, Severidade e Beleza, Marte-Sol. FORÇA. Construção energética ou análise, Esferas 4 e 6, Misericórdia e Beleza, Caminho 20, Júpiter-Sol.

O *CARRO*. Viajar e descobrir. Aventuras entre as Esferas 6 e 8, Beleza e Glória, Caminho 25, Sol-Mercúrio. Depois os AMANTES, atração, o impulso Vida, e encontrar a verdade nos outros, entre Beleza e Vitória, Esferas 6 e 7, Caminho 24, Sol-Vénus.

O *MAGO* (ou Sacerdote). Tipo hermético de iniciado e de trabalho. Racionalismo e ciência. Caminho 30 entre as Esferas 8 e 9, Mercúrio-Lua, SACERDOTISA, tipo Órfico de iniciado. Emoção e arte no Caminho 28 entre as Esferas 7 e 9, Vitória e Fundação, Vénus-Lua.

O *LOUCO* (ou Inocente). No fundo da Árvore o "homem comum" ou no topo do Ego Emancipado. Esta carta pode mudar de lugar com *O MUNDO*, ou condições de vida em geral aqui entre os humanos. Respetivamente entre as Esferas 8 e 10 e entre 7 e 10, Mercúrio-Terra e Vénus-Terra, Caminhos 29 e 31.

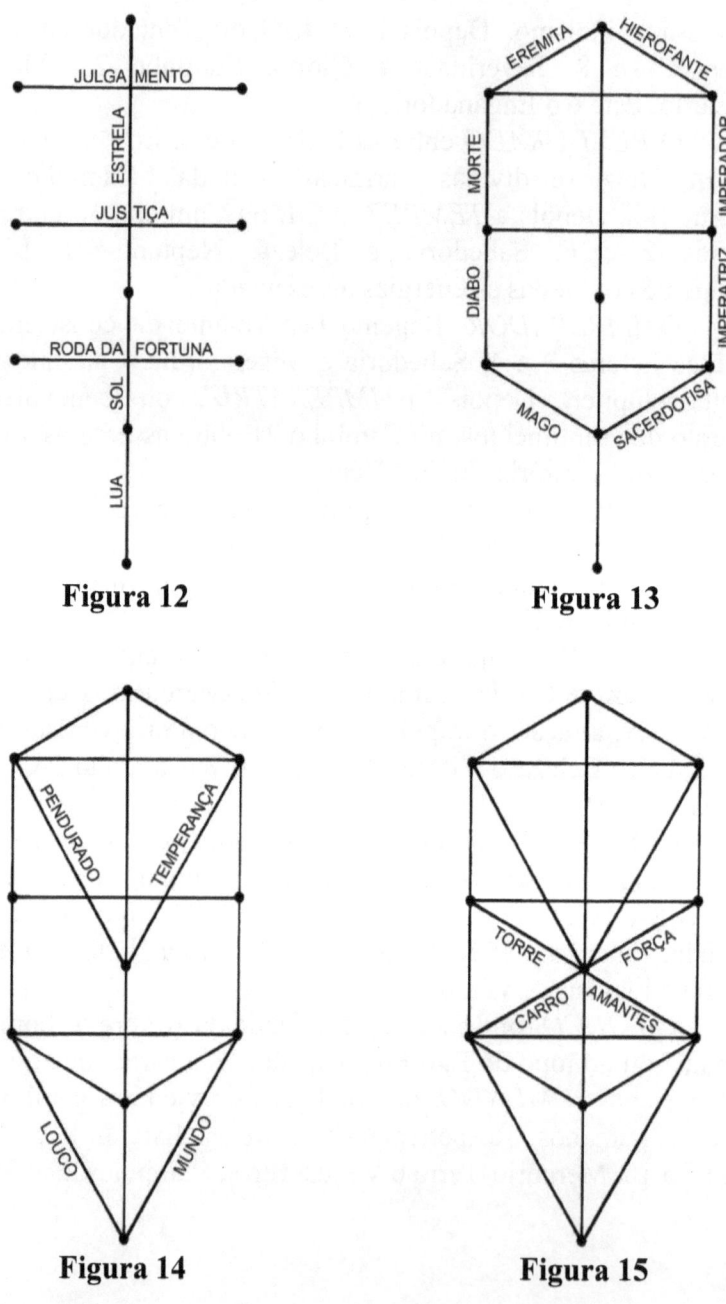

Figura 12 Figura 13

Figura 14 Figura 15

Você notou como as cartas ficaram emparelhadas para corresponder entre elas após o esquema de trabalho inicial da cruz tripla ter sido estabelecido? Reparou também que existiam três tipos de luz: Lunar, Solar, e Estrelar divididas em três classes de controlo da consciência, sendo o mais alto a Faculdade de Julgamento no topo. O central ou equilibrador sendo o Princípio da Justiça o qual procura equalizar tudo, enquanto a mais baixa é a da Sorte, ou o caminho em que as coisas funcionam circunstancialmente ou de acordo com a Fortuna. Não obstante, apesar desta atribuição muito razoável dos Trunfos do Tarot aos Caminhos mais prováveis da Sagrada Árvore, é necessária considerável destreza e experiência para os ler corretamente nas mãos de pessoas profissionais, que desenvolveram tais capacidades pela requerida quantidade de prática.

É uma prática comum entre aqueles que seguem este "Processo dos Caminhos" de perto, levarem-se através de experiências meditacionais confinadas a cada Caminho particular quer sequencialmente quer por seleção. Isto ficou conhecido como "Trabalho de Caminho" (Pathwork) e lida exclusivamente com quaisquer tipos de pessoas, lugares, coisas ou pensamentos, que possamos esperar encontrar unicamente ou especialmente apenas nesse Caminho. Às vezes o Trunfo do Tarot associado é tomado como um guia e a sua Figura fortemente imaginada, conversando-se com ela, ou experienciada de qualquer maneira que pareça agradar ao pensador. Ou então podem existir listas feitas das circunstâncias mais prováveis a encontrar em cada Caminho, e uma vez que uma escolha de qualquer caminho tenha sido feita, toda a atenção consciente é confinada inteiramente a esses tópicos. Toda a ideia de tais exercícios, é claro, é ganhar controlo consciente do pensar e das disposições, dois integrantes vitais da Mente e Magia. Sem quaisquer habilidades nestas duas áreas vitais, não muito pode alguma vez ser realizado. Uma citação importante de "*Conceitos de Qabalah*" (Weiser 1984 – reeditado como "*Conceitos Qabalísticos*") não estará fora do lugar aqui:

"Tenha sempre em mente o objetivo deste trabalho que você está a fazer com a Árvore: alinhar cada parte da sua consciência, quer objetiva quer de outro tipo, focar-se na sua derradeira identidade em união com a Divindade. Não apenas um pensamento disperso aqui e ali, mas *tudo* de você em todo o nível de existência. Pense na analogia do grande avião com várias centenas de passageiros e tripulação a bordo. Quando a pequena bússola de autocontrolo é levada a um rumo, todo o avião com cada alma nele é apontado na mesma direção relativa deste mundo, independentemente de qual caminho eles possam estar a olhar a bordo. Assim você deve estabelecer a sua árvore de modo a que cada parte de si esteja a apontar para a mesma via interior não importa o quanto você esteja inclinado de outra forma. A Árvore *é* uma bússola num sentido importante. Onde quer que você esteja neste mundo, irá sempre indicar a mesma direção – a linha mais direta entre você e a Deidade."

Portanto compreender o propósito e prática dos Caminhos é tão importante como apreciar o significado das Esferas. Para esse fim um completo *"Ofício da Sagrada Árvore"*, foi compilado pelo autor desta espécie de "Guia Simples". É recomendado lê-lo para quem quer que necessite de trabalhar um pouco mais profundamente no tema da Árvore para uma melhor compreensão das suas complexidades. Este "Ofício", previamente publicado como um texto separado e mais tarde reeditado em *"Cerimónias e Rituais do Sangreal"* (Weiser 1986), foi incorporado como Capítulo 5 deste livro. À parte de ser uma sessão de oração completa em si mesmo, é uma capitulação métrica de todas as várias atribuições e ideologias associadas como as Esferas e Caminhos da Árvore completa. Como tal, sozinho ele é quer inspirador quer informativo.

O alfabeto hebraico de vinte e duas letras pode ser distribuído ao longo dos Caminhos da Árvore de modo a que elas possam ser combinadas de forma a fazer mensagens sensíveis, assim também o pode o nosso alfabeto latino com uma pequena adaptação. Tudo o que necessitamos fazer é omitir as vogais, tal como com o hebraico, e adicionar uma simples letra do alfabeto anglo-saxónico – *Eth* ou *Th*. As vogais irão todas juntas para as Esferas 1 e 10, onde elas podem ser chamadas à medida que sejam necessárias para fazer palavras compreensíveis das combinações de consoantes. Nós iremos então obter uma Árvore das letras como esta:

Guia Simples para os Caminhos na Sagrada Árvore da Vida / 57

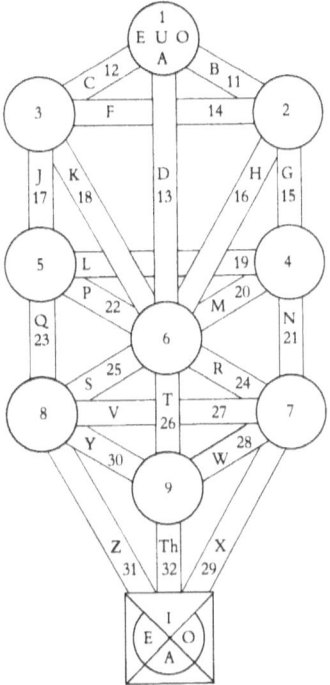

Figura 16

Esta Árvore é capaz de transmitir mensagens em Inglês em vez de hebraico, quer através dos símbolos do Tarot ou das suas letras equivalentes. Por exemplo, se as letras *D-H-P-S* aparecem numa tiragem aleatória, elas podem ser convertidas num número surpreendente de palavras pela adição de vogais. Aqui está uma pequena lista, a qual pode muito facilmente ser aumentada, pela adição de *S* para as pluralizar ou com a terminação *ED*[8]. Também, não nos devemos esquecer de que uma vez que as vogais podem ser usadas sem restrição, estas também podem começar uma palavra. Assim usando essas quatro letras sozinhas, acopladas com, ou presumivelmente por, vogais, nós iríamos obter pelo menos a seguinte lista:

aPe, aPSe, aDD, aSH, DaD, DaSH, DeeD, DeaD, DeeP, DieD, DiP, Did, Do, DoeS, Dope, DuD, DuDe, DueS, DuPeS, eaSeS, HaD, HaS, HaSP, Ha, HeaD, HeeD, HiD, HiDeS, HiP,

---

[8] Correspondente ao passado (past simple) nos verbos regulares em inglês (N.T.)

Ho, HoD, HoP, HoPe, HoeD, HooDeD, HooDooeD, iDeaS, iS, oH, oDDS, PaSSeD, PaiD, PaDDeD, PaSHa, PaP, PeaS, PePPeD, PeeP, PiSS, PiPe, PiP, PiPPeD, PoP, PoPe, PooPeD, PoD, PoSSeSSeSS, PuPS, PuPae, PuSheS, SaiD, SaD, SaP, Sea, SeeS, ShaPe, SHaDeS, SheSD, She, SHiPPeD, SiPPeD, SiDeS, SHoeD, SHoeS, SoDS, SoaP, SoPPeD, SouP, Sue, So, SuDS, SHoP, uP, uS[9]

Seguramente de todas estas palavras alguma mensagem inteligente pode ser extraída. Tal como "SHOP HAS HOPES" (loja tem esperanças) ou "DO HOPE SO" (espero que sim), ou "ODD IDEAS PAID", (Ideias originais pagas) ou talvez "HOPES HOODOOED, SAD" (Esperanças desafortunadas, triste). Qualquer que ela possa ser, o importante é que tem que vir das impressões que se fazem na mente de quem quer que veja as letras simples, e obviamente alguma experiência de trabalhar com anagramas será muito útil aqui. Irá ser certamente melhor manter as cartas em números mais pequenos, de outro modo haverá risco de considerável confusão. A mensagem deve ser dada como a mais provável que vem à mente de quem vê e classificada como favorável ou desfavorável. A prática nisto pode ser ganha pelo estudo de associações aleatórias de letras e intervalos, lembrando-se de usar consoantes apenas e ajustar as vogais com a nossa própria mente.

Assim no final, podemos olhar os Caminhos da Árvore quer como conectando linhas entre as Esferas, quer como

---

[9] Uma das traduções possíveis: "macaco, abside, acrescentar, cinzas, pai, travessão, escritura, morto, profundo, morreu, mergulho, fez, faz, faz, lubrificante, boato, tipo, dívidas, ingénuos, facilita, teve, tem, ferrolho, ha, cabeça, atenção, escondido, couros, anca, ho, cocho, salto, esperança, cavada, encapuçados, desafortunado, ideias, é, oh, probabilidades, passou, pago, acolchoado, paxá, papa, ervilhas, vigorado, piou, mijo, tubo, canalizado, pop, papa, cansado, vagem, possui, filhotes, pupas, empurra, dito, triste, seiva, mar, vê, forma, sombras, telheiros, ela, enviado, sorveu, lados, tornar visíveis, sapatos, relvados, sabonete, absorvido, sopa, Sue, assim, espuma de sabão, loja, até, nós".

Note-se que algumas palavras têm mais do que um significado. William Gray realizou aqui um exercício que envolveu a escolha de um conjunto de letras latinas atribuídas à Árvore (selecionadas aleatoriamente), em seguida, adicionando vogais chegou a um conjunto de possíveis "palavras", entre os quais algumas podem ser significativas, enquanto as restantes são descartadas. (N.T.)

extensões das próprias Esferas em direção a elas, o efeito é exatamente o mesmo em qualquer caso. Fundamentalmente eles são trocas de energia ou encontros e fusões entre distintos Princípios de Poder. São muito semelhantes a como se duas notas fossem tocadas primeiro simples e depois juntas em harmonia, ou duas cores fossem primeiro vistas separadas e depois misturadas para formar uma mistura a qual depois é olhada em si mesma. Ou para esse assunto, se dois humanos fossem primeiro pensados como indivíduos separados, e depois juntos como outra pessoa que eles pusessem entre eles. O princípio da triplicidade na prática. Isso irá sempre ser a Sagrada Árvore da Vida, e o Grande Nome de Deus pronunciado.

Foi-nos dito é claro que esta é uma palavra de quatro letras impronunciável. *IHVH* – a primeira letra sendo masculina, a segunda feminina, a terceira de novo masculina e a última a mãe grávida, mas há ainda um fator adicional a considerar. A criança potencial dentro dessa mãe, mais as suas crianças pelo restante do nosso tempo na terra e além dele. As sementes dentro das sementes dentro das sementes por assim dizer. É por isso que o Grande Nome foi verdadeiramente dito como sendo impronunciável – porque nós devemos necessitar de toda a eternidade para o pronunciar, e nenhum único ser humano pode viver tanto tempo numa forma. A vida é e sempre foi um fenómeno indefinidamente repetível, ou teoricamente assim em qualquer grau. Quer nós atualmente nos reproduzamos ou não, está além da questão, é o nosso potencial para fazer isso que interessa, e o que pode ser atingido por cada geração. É por isso que a Árvore da Vida irá sempre continuar a ser Santa e o Grande Nome de Deus nunca completamente pronunciado.

            QUE ASSIM SEJA,
            ÁMEN.

Capítulo 3
FINALIDADE E USO DE IMAGENS MÁGICAS

A. Prefácio
por
Jacobus G. Swart

Este texto foi comissionado por Carr Collins, o patrocinador Americano dos textos de William Gray. No início de 1970 ele conseguiu que um artista americano chamado Bruce C. Griffen criasse um conjunto de "Imagens Mágicas" para alinhar com os conceitos associados como as dez esferas da Árvore Kabbalística da Vida. Questionando William Gray sobre as imagens, ele declarou enfaticamente que desgostava delas com paixão, e fez ouvir a sua consternação em termos não incertos. De facto, eu acho o seu relato do desenvolvimento do seu pequeno trabalho bastante divertido. William Gray informou-me que enquanto ele fez o melhor que pôde com "aquele artista, a verdade por trás delas é que Carr Collins teve esta ideia de apresentar os seus amigos e parentes como imagens da Árvore. O primeiro conjunto que eu vi foi tão revoltante num sentido '*Icchhh*'[10] que eu quase explodi". Ele continuou a dizer que estava tão horrorizado, que arranjou um jovem amigo com alguns talentos para o desenho "para delinear duas das minhas ideias para Imagens de *Kether* e *Malkuth*. Carr pediu ao seu próprio artista para as desenhar e empurrou as outras para mim através do Atlântico."

---

[10] Interjeição que transmite a ideia de desagrado, repulsa. (N.T.)

Aparentemente um movimento de vai e vem, ocorreu por um par de anos, com o artista lentamente "cortando um pouco de cada vez", até que em pura resignação e total exasperação William Gray exclamou "Oh publique as malditas coisas como elas estão". Eu atrevo-me a confessar que ele não era o indivíduo mais paciente na terra, para dizer o mínimo. Contudo, ele de facto concordou que "elas estavam bastante toleráveis".

Discutindo com ele a possibilidade de reedição deste trabalho, William Gray sugeriu a possibilidade de arranjar um artista que pudesse fazer "algumas *verdadeiras* imagens". Contudo, no presente momento eu coloquei o conjunto original de "Imagens Mágicas" uma vez que elas têm "valor histórico" no que diz respeito às personalidades desenhadas e ao trabalho de William Gray, e ele concordou que o texto escrito se "aplica a *qualquer* imagem vista nas *Sephiroth*"

Assim as "Imagens Mágicas" de Carr Collins são:

Kether: Conceito de William Gray copiado pelo artista;
Chokmah: Israel Regardie com cabelo comprido e barba;
Binah: A mãe de Carr Collins;
Chesed: O filho mais velho de Carr Collins;
Gevurah: William Gray com uma barba, e tirado de uma fotografia dele como personagem numa peça;
Tiphereth: Carr Collins como um homem novo;
Netzach: Yvonne, esposa de Carr Collins;
Hod: Carr Collins como um homem velho;
Yesod: James Hall, um psicólogo junguiano; e
Malkuth: Conceito de William Gray interpretado pelo artista.

B. Imagens Mágicas

Este ponto podia também ter sido intitulado "O Uso Mágico de Imagens" porque todas as imagens são mágicas num certo sentido. O uso específico de quase qualquer imagem de acordo com métodos tradicionalmente chamados mágicos, faz com que essa imagem ou símbolo, tenha um significado espiritual especial para o utilizador. É o uso interior de uma imagem que constitui a magia, mais do que a própria imagem, por mais esotérico que isso possa parecer para o não iniciado.

A constatação de que nós podemos tomar absolutamente qualquer tipo de símbolo ou imagem e fazê-los mágicos é uma constatação de muito elevada importância para a consciência do iniciado. Significa que nós podemos usar todos os tipos de lugares muito comuns e coisas ordinárias à nossa volta, como símbolos e imagens que irão conectar a nossa consciência com níveis muito mais altos de inteligência-vida que lidam com áreas interiores, conduzindo a estados espirituais aproximando-se da própria divindade.

Isto foi (e ainda deve ser) um dos princípios fundamentais do ofício Maçónico. O ofício do mistério, tal como costumava ser chamado, ensinava a homens relativamente não sofisticados que eram artesãos hábeis, como lidar com as ferramentas normais do seu ofício, assim elas tornaram-se ajudas simbólicas para o seu melhor desenvolvimento espiritual. Embora as ferramentas e materiais neste caso fossem limitadas ao ofício da construção, os princípios envolvidos são universais e têm apenas que ser aplicados em qualquer campo de acordo com as suas características.

É realmente uma questão do famoso "sinal exterior e visível da graça interior e espiritual" definição de um sacramento. Isto de facto aumenta muito o significado das imagens mágicas. Na prática Maçónica por exemplo, cada grau ou degrau do ofício tinha as suas próprias imagens mágicas apropriadas para o tipo específico de trabalho interior. Com o primeiro antigo grau do Aprendiz, as imagens eram as de uma medida de dois pés ou régua e um malhete comum. Nas palavras do ritual, era dito aos candidatos:

"A régua de 24 polegadas é um instrumento usado pelo maçom operativo para medir e dispor, mas nós como Maçons livres e aceites, somos ensinados a fazer uso dela para o mais nobre e glorioso propósito de dividir o nosso tempo. Oito horas para o serviço de Deus e da nossa irmandade, oito para a nossa vocação usual e oito para a recuperação e sono. O malhete comum usado para partir os cantos das pedras brutas, para que melhor servissem para o uso dos construtores, mas nós como Maçons Livres e aceites somos ensinados a empregá-lo para despojar os nossos corações e consciências, dos vícios e superficialidades da vida; ajustando assim as nossas mentes como pedras vivas para a construção espiritual não feita com mãos, a qual é eterna nos céus."

Despojado de telas verbais, isto significa simplesmente que o que pode ser feito com ferramentas manuais fisicamente, na Terra pode também ser feito com os equivalentes espirituais dessas mesmas ferramentas e atividade em níveis puramente espirituais da vida. O que era de importância vital era ter este facto fundamental tão profundamente na consciência de um candidato à iniciação de modo a que ele na realidade começasse a fazer algo com isso por sua conta. Isso era e ainda continua a ser o problema com as imagens mágicas; como convencer as pessoas do seu valor interior e persuadi-las a pôr essas imagens e símbolos orientados para algum propósito benéfico e prático.

Por exemplo, vamos supor que entra na mente de um novo Aprendiz Maçónico que uma régua comum e um pesado malhete têm um significado metafísico importante para ele. Ao mesmo tempo parece-lhe que o ritual Maçónico mostra ser principalmente uma série de questões e respostas. Se ele aplica um procedimento similar à vida em geral, é provável que o ajude? Tendo perguntado nas suas profundezas, fazendo essa questão de uma forma inteligente, ele imediatamente recebe a sua resposta: "Sim, essa é uma maneira muito boa de enfrentar a vida". Continue a fazer questões até que a resposta apareça em si. O ritual ensinou-o como fazer isto, e as imagens têm muito mais a dizer se ele as questiona.

Uma régua de dois pés. Porquê dois pés? Significa isso que é suposto ele ficar apoiado nos seus dois pés enquanto enfrenta o seu trabalho-vida? Ele pensa em todas as várias numerosas associações com as 24 polegadas. As horas do dia. Dois anos. Três como o único número ímpar pelo qual é divisível. Muitas ideias intrigantes sugerem-se a si mesmas. Depois vem a ideia do principal objetivo da régua. Liga quaisquer dois pontos da maneira mais direta, e age como um padrão para medir e estimar proporções espaciais relativamente aos conceitos comummente aceites. Isto deve dizer-lhe que aja da mesma maneira nas dimensões internas da sua vida? Isto é, deve ele aceitar os padrões comuns de medição mental e espiritual com os quais estimar as suas próprias linhas de vida e aplicá-las a situações espirituais, muito como ele usa uma régua em circunstâncias físicas? A régua diz-lhe para ser direito e cautelosamente comedido em tudo o que faz nas 24 horas do dia? Isto também sugere que ele deve calcular e medir tudo o que ele tenta na vida muito cuidadosamente antes de aplicar qualquer destas formas de força nisso? Seguramente uma combinação de régua e malhete diz algo como, "Pense primeiro, aja depois".

Depois o malhete. É uma ferramenta pesada e bastante grosseira para a aplicação de uma força bruta em qualquer ponto de um trabalho em curso. Como diz o ritual, ele bate nos cantos das pedras brutas de modo a prepará-las para processos mais refinados.

Não é o mesmo procedimento aplicável aos seres humanos brutos, batendo as projeções estranhas para fora de cada um, neste mundo tão grosseiro, de modo a que estejamos prontos para um tratamento muito melhor pelo Mestre Artesão que quer a nossa perfeição? Nós também, temos que dirigir peso e esforço suficiente em direção a todos os vários pontos sobre nós e a nossa vida, de modo a preparar esses mesmos seres para um degrau mais elevado de objetivos mais polidos e refinados. Depois também, um malhete pede atenção com as suas tradicionais três batidas. Disseram-nos, "Batei e será aberto". Se nós queremos uma resposta às nossas perguntas sobre a vida, Deus, ou qualquer enigma eterno, então nós temos que aprender a dar sinais que irão atrair a atenção de inteligências internas capazes de nos responder. Uma vez feita uma pergunta direta com uma regra definida apontado na direção certa e a questão é orientada ao sítio com esforço suficiente, no lugar adequado, a nossa resposta positiva é obrigada a vir mais cedo ou mais tarde. Os símbolos de uma régua comum e malhete devem-nos dar esse tipo de respostas se nós os utilizarmos de uma maneira mágica. Eles irão dizer consideravelmente mais do que isso se nós desenvolvermos perícia no seu emprego, como um verdadeiro artífice Maçónico deve fazer. Os fundamentos deste grau importante de Aprendiz correspondem a aprender as possibilidades de aplicar símbolos materiais para fins espirituais, e dar-se conta de que tais símbolos podem ser combinados para decifrar um completo programa de significado interno, tal como as letras do alfabeto podem ser postas juntas de modo a fazer um sentido intelectual que todos possam partilhar juntos. Este é outro uso mágico das imagens.

É claro, não apenas os Maçons usaram imagens-símbolo para a magia. Qualquer operativo ou iniciado dos mistérios internos fez a mesma coisa à sua própria maneira. Eventualmente, acabou por se descobrir que existiam conjuntos definitivos de símbolos que podiam ser combinados a partir de um número mínimo de base com vista a atingir um máximo de resultados de arranjos e entendimentos conscientes; de novo com uns poucos símbolos alfabéticos a fazer todas as linguagens deste mundo. Assim que é reunida experiência interior suficiente, segundo estas linhas, torna-se óbvio que pode ser arranjado um conjunto padrão conveniente de símbolos de consciência, isto irá servir como arquétipo a partir do qual todas as outras possibilidades de consciência para os seus possíveis usos emergem. Os qabalístas acreditam que um tal conjunto ideal de símbolos mágicos existe nas Imagens ligadas às Esferas da Árvore da Vida. Estas assim chamadas Esferas são realmente áreas interiores distintas e discretas de consciência categórica, distinguidas entre si por características muito definidas e pelos seus títulos.

Outros sistemas de abordagem à identidade imortal tinham os seus próprios conjuntos simbólicos de imagens que geralmente mantinham como segredos sagrados ou linhas confidenciais de abordagem, levando-os às suas mais elevadas crenças num espírito-vida universal. Eles observaram tal segredo, não por nenhum motivo menor ou ignóbil, mas simplesmente por um amor instintivo e respeito por algo que eles deram conta ser demasiado bonito e verdadeiro para merecer mau tratamento ou mau cuidado, por companheiros humanos insuficientemente evoluídos para apreciarem tais assuntos. O simples senso comum disse às almas avançadas para manter bom conselho sobre o que quer que as ligasse com as suas mais altas linhas da luz interior. Se alguma interferência indevida as cortasse desta perceção ou perfeição, iria ser de facto uma grande perda para elas. Assim elas aprenderam a arte do silêncio e discrição com estes assuntos interiores. Elas ainda os devem manter.

Finalidade e Uso de Imagens Mágicas / 67

Alguns dos cultos pagãos e sobrevivências de fés primitivas principalmente em distritos rurais ou mesmo nos nossos tempos modernos fizeram uso de imagens-símbolos mágicas de facto muito humildes (no entanto muito adequadas). A completa pobreza destas pessoas contribuiu para isso. As suas ferramentas de trabalho, que elas converteram ao uso mágico, consistiam em utensílios rudimentares caseiros e usados no campo. Varas, pedaços de corda, ossos, vassouras, facas, tesouras, pedras com buracos, pedaços de madeira com desenhos gravados sobre eles com peças de metal quentes, todas estas pequenas possessões patéticas eram usadas sistemática e simbolicamente para ligar conscientemente o até mesmo o mais pobre humano com o próprio espírito-vida todo-consciente. Quantos modernos com as suas incríveis coleções dos mais caros objetos imagináveis têm uma fração dessa fé fundamental no espírito atrás de cada símbolo? Será que as pessoas conseguem fazer uso dos seus Cadillacs e outros símbolos de *status* para estabelecer o mesmo tipo de relação de trabalho com o infinito? Podem, mas é mais do que duvidoso se realmente o fazem.

*
* *

Embora seja bastante possível pegar em qualquer tipo de imagem e fazer magia com ela, a experiência mostrou que imagens-símbolos selecionadas e adequadamente classificadas, escolhidas com um cuidado consciente para cobrir de extremo a extremo as nossas entidades-vida em evolução, são as melhores para propósitos mágicos. Isto é exatamente o que acontece com as Imagens Mágicas da Árvore da Vida Qabalística. Uma escala teórica com divisões decimais foi desenhada entre o homem num extremo e Deus no outro. Foi designada uma imagem-símbolo específica para ilustrar cada ponto. A escala tem dez divisões, dez imagens distintivas e descritivas, cada uma tipificando um estado espiritual da vida, indo da experiência terrena ordinária até à condição de identidade cósmica mais elevada possível que seja imaginável. Isto realmente leva-nos ao que nós podemos ser, como estados mínimos ou máximos da individualidade viva. Nós podemos por outro lado dizer que era o limite alto e um baixo no esquema de vida do Universo inteiro.

As Imagens Mágicas da Árvore em princípio são simples o suficiente, como conceitos de consciência comum a tudo o que vive com o fim da sua própria perfeição espiritual. Elas são:

1. O estado mais Antigo de Individualidade Espiritual.
2. Um Pai de Sabedoria absoluto.
3. Uma Mãe eterna de Entendimento.
4. Uma Misericórdia Majestosa
5. Um Disciplinador Dedicado.
6. Um composto de Simplicidade, Sacrifício e Sobrevivência.
7. Vitória Graciosa
8. Curiosidade Inteligente.
9. Vitalidade Vigorosa.
10. Normalidade Natural.

Estas são simbólicas dos vários estados de ser que nós devíamos assumir individual, sequencial e simultaneamente, em parte ou totalmente, com vista a fazer de nós mesmos pessoas espiritualmente desenvolvidas, capazes de serem consideradas verdadeiras Crianças da Luz, Companheiros do Cosmos, ou qualquer outra descrição de humanos em busca da divindade. Se nós fizermos o uso mágico correto destas Imagens particulares, elas irão levá-los da base das nossas árvores-vida até aos seus mais altos topos.

Os valores destes conceitos é que eles contêm todas as energias comuns da consciência dirigida para eles, por aqueles que os empregam, qualquer que seja o *status* na vida que tais seres possam ter. Não apenas as mentes humanas fazem uso delas. Elas são correntes também entre ordens-vida mais elevadas que humanas e são aceites como um meio de troca de energias mentais e espirituais – mais ou menos através de todo o Cosmos – atingível pela consciência em qualquer nível-vida. Assim, aqueles que as usam magicamente estão espiritualmente a falar a linguagem da própria vida. Nós podemos realmente usá-las para nos comunicarmos com níveis de vida mais elevados, refinados e mais avançados do que os que encontramos durante a existência comum na Terra. É verdade, aprender a falar internamente em tais termos pode levar muito tempo e esforço, mas quantos anos leva a um humano médio dominar a arte da eloquência fluente em qualquer língua? Alguns nunca atingem isto numa vida e muitos podem necessitar bastantes anos. Se nós apenas descobríssemos como falar espiritualmente em relativa "conversa de bebé" durante toda a vida humana, já estaríamos bem. Aqui, as imagens-símbolo são como o ponto mais importante da vida que os bebés têm que alcançar primeiro, de modo a que possam aprender mais tarde como ligar significados entre eles e conversar com outros companheiros de vida nos seus próprios níveis.

Este assunto é importante. Quando os bebés estão inicialmente a ajustar-se à vida na terra eles têm que aceitar grandes e inclusivos "pedaços" dela como áreas completas de consciência, permitindo-lhes distinguir "isto" de "aquilo". Primeiro é claro, há um sentido de "Eu vivo" dentro do qual tudo o mais se soma. Isto é *Kether* na Árvore da Vida. Depois segue-se o dar-se conta de um pai e uma mãe ligados à comida, calor e segurança. Estes são *Chokmah* e *Binah*, as próximas duas Esferas da vida. Depois vem o "Eu gosto disto" em relação como os tipos de acontecimentos confortáveis opostos a "eu detesto isto", relativamente a experiências dolorosas e perigosas – as Esferas de *Chesed* e *Geburah*.

Assumindo que tudo equivale a condições de vida harmoniosas e igualmente satisfatórias, os bebés sentem-se bem em relação a eles e aos outros. Isto é *Tiphereth*. Depois vem uma atitude mais ambígua. "Como é que eu posso ter a minha própria maneira de adulação?" A Vitória de *Netzach*. Depois disso, "como é que eu consigo o que eu quero pela astúcia?" A Glória do ganho em *Hod*. Tendo coberto todos estes assuntos, os bebés percebem, "Se esta é a vida, como é que eu consigo mais dela?" Da mesma forma que eu consegui o meu sexo e vitalidade. Eu sou um rapaz (ou rapariga), "Olha para a Vida! Aqui estou eu, e eu mal posso esperar para crescer!" *Yesod* na Árvore.

Por fim a esperta e pequena criatura, desperta para o facto de que se algumas destas ideias são para se materializar, ela terá que as adaptar a condições vivas de consciência e circunstâncias, mas rápido. Toda a assistência proporcionada pela Natureza tem que ser aceite, tal como se o Homem fosse casado com a Matéria. O bebé é geralmente apenas demasiado ansioso para estabelecer uma relação de parceria com a Natureza como *Malkuth* ou a Árvore-Vida. Assim, com apenas uns poucos princípios de consciência, nós começamos o nosso atual processo de viver através das nossas projeções físicas nestas dimensões.

A não ser que nós aprendamos realmente tais conceitos-vivos tão importantes no início, nós nunca seremos capazes de estender e refinar as nossas realizações em subsequentes sofisticações de coerente, consciente comunhão com o Cosmos. Esses conceitos de imagens simbólicas são as fontes de abastecimento a partir das quais todas as nossas mais tardias definições e distinções de consciência são derivadas. Nós fazemos o todo dos nossos processos mentais de e através do conjunto original de símbolos-vida que adotámos à medida que começámos os nossos seres. Eles são tão importantes como isso. Afortunadamente podemos modificá-los e desenvolvê-los em transformadores de energia muito eficientes mais tarde na vida se nós realmente quisermos. Muitas pessoas raramente se importam em fazer tal tentativa ou mesmo supor que isto é possível.

É por meio das Imagens Mágicas que mudanças benéficas de carácter podem ser levadas a cabo. Esse é o seu melhor emprego nos Santos Mistérios e o seu principal uso para serem colocadas como elas estão no próprio plano da Árvore da Vida, a imagem de uma identidade ideal.

Como é que devem ser utilizadas? Fácil de dizer em poucas palavras, mas é possível levar muito mais do que uma vida para serem postas em prática. Nós temos que lidar com as Imagens pelas três mudanças progressivas de consciência que lhes concernem.

    Primeiro. Nós temos que ser conscientes delas.
    Segundo. Nós temos que ser conscientes com elas.
    Terceiro. Nós temos que ser conscientes como elas.

O todo deste processo forma um círculo mágico de consciência contendo as nossas vidas dentro dele.

O primeiro estágio é relativamente o mais fácil, embora peça consideráveis qualidades de perseverança e acuidade pelo praticante. Aqui nós temos que nos fazer conscientes a nós mesmos dos conceitos imagens-símbolos – não apenas como descrições de artistas e escritores em papel, mas como realidades da vida, observáveis em outras pessoas e em toda a parte onde nos conseguirmos dar conta do seu aparecimento. Por exemplo, podemos notar algum comportamento de alguém com muito bom coração e generoso. Isto deve-nos fazer pensar, "Isso parece-se como o Rei Bondoso de *Chesed*". Depois podemos olhar para um grupo de pessoas novas saudáveis e vigorosas interagindo todas juntas com muita energia, normalmente bastante preocupadas com a atração sexual entre elas. Isto deve evocar a imagem da Virilidade de *Yesod*.

Depois de novo, damos com alguma pessoa ou pessoas a comportarem-se muito mal ou mesmo viciosamente. Aqui é onde o valor das imagens entra. Devemos considerar tal maldade e compreender que não há nada de todo, como isso, na Árvore. Nem uma única imagem deve sugerir qualquer atividade desse tipo. Assim nós não reconhecemos o mau comportamento como pertencendo à Árvore da Vida que estamos a tentar fazer crescer nos nossos jardins. Em vez disso, nós mentalmente pegamos no desprazer e fazemos o que será natural com isso – deitamo-lo no Abismo para eliminação onde irá ser reduzida a "esgoto espiritual" inofensivo e útil, pronto a voltar para os ciclos de vida Cósmicos de novo nos níveis da raiz ou subníveis das nossas Árvores-Vida.

Tudo isto é claro, leva bastante tempo e esforço para pôr a funcionar. Há meditações para fazer sobre os conceitos, pequenos rituais mágicos para conceber, assim como para ligar as inteligências interiores conectadas com os conceitos, sinais de reconhecimento para organizar, os quais irão alertar a sua atenção para símbolos tais como eles aparecem nas nossas vidas e todo o tipo de outros procedimentos de rotina mágica. O resultado de tais esforços deve ser o de nos tornarmos rapidamente conscientes da vida em termos dos conceitos da árvore. Começamos a dar-nos conta de como tudo se conecta em conjunto de modo a fazer uma Consciência Única na qual todos nós vivemos. Isso por si só é merecedor do esforço que tenhamos feito.

Assim que algum grau de sucesso é obtido nestas linhas, podemos começar a trabalhar com as Imagens. Tal como o artesão avalia as necessidades de tudo com o que ele está a lidar e seleciona exatamente o tipo correto de ferramenta para aperfeiçoar esse estágio particular de trabalho, assim nós devemos aprender a fazer o mesmo com as situações espirituais da vida. Afinal de contas, nós temos que trabalhar na vida para a fazermos suportável para nós próprios. Assim podemos igualmente usar as ferramentas corretas para o trabalho. Essas ferramentas são os símbolos com os quais adaptamos as nossas atitudes à vida e as suas situações a nós. Durante os nossos relacionamentos prévios com as Imagens, apenas olhámos para elas, vimos outros a utilizá-las e aprendemos sobre as suas funções de uma maneira teórica. Agora chegou a altura em que temos realmente que pegar nelas e colocá-las na vida-prática. Isto é a mesma via pela qual toda a gente aprende a lidar com qualquer coisa, e onde nós estamos a descobrir como lidar com os materiais da própria vida.

Há uma aplicação na vida, distinta e diferente para cada imagem – tal como um conjunto vulgar de ferramentas de bancada. Tudo isto tem que ser aprendido por instrução e experiência. Em qualquer dada situação de vida, há métodos apropriados para lidar com ela por meio das imagens mágicas, assim que nós sabemos qual selecionar e como as aplicar intencionalmente. Primeiro temos que pensar nelas, e depois atuar com elas – o princípio "régua e malhete" na prática. O que se entende é que devemos aprender a aplicarmo-nos nós mesmos e as nossas energias à vida com vontade, de maneira a que qualquer Imagem possa ser apropriada para uso em qualquer instante dado. Nós temos que aprender como empregar todas elas de uma vez se for necessário, ou em qualquer combinação que possamos precisar. Naturalmente é mais fácil lidar com uma de cada vez primeiro, e depois desenvolver uma real capacidade na vida-destreza à medida que vamos avançando.

Tudo isto leva novamente uma grande quantidade de atividade mágica para conseguir um sucesso mesmo moderado. Uma vez mais, existem rituais a elaborar que acostumam o operador a fazer quer uso prático das imagens – quer nas maneiras interiores e exteriores de viver. Cada Imagem tem que ser evocada e deve-se reagir com ela apropriadamente de modo a que o praticante se torne capaz de aplicar uma intenção de vontade à vida, por meio dessa Imagem em particular. Esse deve ser o propósito por trás de todas as práticas rituais. Estas servem para condicionar a nossa consciência de modo a que vivamos de acordo com as linhas da vida que estabelecemos. Podemos por outro lado pensar nisto como conduzindo o nosso curso cósmico em direção a qualquer estrela que represente o ser que nós nos queremos tornar no fim das nossas entidades na Luz Derradeira. Se nós quisermos ser muito modernos podemos supor-nos nas nossas "naves especiais" espirituais que têm dez controlos maiores para nos guiarem à nossa vontade por toda a perceção da consciência cósmica. Esses controlos são as Imagens-Símbolos da vida localizadas na Árvore. O resto do plano-Árvore é o circuito elaborado que nos conecta com todos os pontos que possamos precisar para contactar através do Cosmos, com o objetivo de nos manter corretamente no nosso curso de vida.

    Nós podemos muito naturalmente cometer muitos enganos e erros enquanto estamos a tentar fazer coisas com as Imagens e aqui, uma vez mais, nós necessitamos de aprender como usar o Abismo para descartar os nossos erros sombrios (os que tenham ido longe demais para a reparação ou a restauração ser prática). Mesmo o lixo é valioso, se processado corretamente de volta aos seus elementos básicos, e isto tem que ser corretamente planeado como parte das economias interiores pertencendo ao nosso sistema de vida. Não deve nunca ser esquecido que o Abismo é um item inestimável na Árvore da Vida – assim que sabemos como o usar efetivamente. Embora não mostrado, como uma Imagem real, o Abismo é ainda um símbolo a ser usado em conexão com as Imagens. A sua função mais valiosa é começar o ciclo de viragem dos nossos enganos na vida em derradeiro sucesso, reduzindo-os a energias fundamentais e apresentando-os eventualmente para futuros esforços evolutivos.

    Quando nós tivermos feito algum grau de progresso no trabalho com as Imagens-Símbolos, temos que começar a viver como elas. Isto significa dizer que nós temos que ser capazes de adotar cada uma delas à vontade, como as nossas próprias atitudes-vida e atributos. Num certo sentido, isto pode soar mais a uma assunção de um papel por um ator, mas não é de todo a mesma coisa. Um ator sabe bastante bem que ele está apenas a simular as características requeridas para apresentar alguma parte teatral específica. Um praticante mágico, operando com Imagens-Símbolos, está na realidade a criar essas características cósmicas em si mesmo, como items integrais da sua própria identidade espiritual. Deste modo nós eventualmente tornamo-nos (em nós próprios) uma espécie de compêndio de consciência, contendo todas as capacidades das Imagens associadas com elas na Árvore da Vida.

*
* *

As Imagens Mágicas são invocadas com sucesso por um processo de identificação através do qual as qualidades simbolizadas pelas Imagens são reconhecidas e elevadas no indivíduo que as invoca, de modo a que um sentido de identidade seja experimentado com qualquer que seja o arquétipo que a Imagem idealizada represente. Este mesmo efeito-fim pode ser atingido por um número bastante grande de práticas rituais.

A primeira coisa a dar-se conta é que o fator intrínseco concernido é a qualidade. Isto refere-se às características espirituais específicas de qualquer Imagem em questão. Toda a aparência externa ou atribuições conectadas com uma Imagem devem servir para o propósito único de sugerir ou simbolizar qualidades definidas associadas com a ideia geral por trás da Imagem. Muitas qualidades podem ser abrangidas pelo mesmo conceito, e cada um evocado pelo seu próprio símbolo adequado. Com cada Imagem portanto, nós temos o seu conceito completo e tantas características ou qualidades quantas possamos descobrir.

As dez Imagens Arquetípicas da Árvore da Vida Qabalística são dez conceitos da divindade que também cobrem tudo no que a humanidade se pode alguma vez tornar, coletiva ou individualmente. Toda a entidade humana individualizada tem proporções fracionárias de todos esses conceitos e assim traços das qualidades conectadas com elas em si mesma. Estes são os que devem ser invocados em, e invocados por, aqueles que usam as Imagens para se identificar com a Inteligência Infinita por detrás de todas elas.

Fora das aparências de uma Imagem, elas são apenas ajudas artísticas para atingir algum degrau de realização relacionada com o que o seu conceito por inteiro significa para o Cosmos como um todo, e o invocador como um item individual desse mesmo Cosmos. Assim não é necessário ser demasiado crítico da apresentação da imagem, desde que esta seja realmente capaz de chamar o próprio conceito na consciência do observador. Às vezes algumas poucas linhas simples podem ser muito mais efetivas para este propósito do que o romance mais elaborado e complicado. Claridade de conceito é o superlativo espiritual a ter prioridade aqui. Como é que tal claridade é atingida, é um assunto para técnicos da consciência trabalharem e aplicarem de acordo com a experiência. O que interessa é que esses conceitos devem ser apresentados em qualquer estilo que seja provável de evocar o máximo de empatia com a ideia e um mínimo de confusão em relação ao significado. Os princípios envolvidos são de suma importância e a via pelos quais eles são apresentados depende inteiramente da habilidade de construção.

No caso das Imagens-Árvore nós temos dez conceitos fundamentais, apresentados como personificações através das quais devemos buscar identificação com a Inteligência que as Concebe. Para os recapitular, eles são:

Imagens Mágicas da Árvore da Vida

	Sephirah	Conceito	Personalizado pela Imagem
0	Ain Soph Aur	Nada	Vacância
1	Kether	Ápice da Consciência	Cabeça Santa
2	Chokmah	Sabedoria	Pai Fiel
3	Binah	Entendimento	Mãe madura
4	Chesed	Misericórdia	Rei bondoso
5	Geburah	Severidade	Soldado Severo

6	*Tiphareth*	Beleza (Harmonia)	Mediador Magnificente
7	*Netzach*	Vitória	Senhora encantadora
8	*Hod*	Glória	Pessoa percetiva
9	*Yesod*	Fundação (ou Fecundidade)	Figura Masculina Viril ou Fértil
10	*Malkuth*	Reino (da Natureza)	Companheiro Misterioso

O problema agora é relacionar-se com estas figuras-conceito de modo a que pelo menos uma qualidade de cada seja reconhecida pelos invocadores em si mesmos e o seu próprio divino potencial possa assim ser realizado, mesmo que num grau ligeiro.

Isto pode ser realizado tomando as Imagens cada uma por sua vez, considerando cada uma conscientemente e encontrando alguma qualidade em comum que identifique o indivíduo com a Imagem. Depois à medida que a empatia é estabelecida, estenda a consciência atenta nesta experiência interior de modo a que o seu sentido atual de identificação espiritual como o conceito seja atingido. É importante compreender que esta identificação não é com as Imagens tal como elas se apresentam mas através delas, dentro mas através delas, nelas e com os princípios-conceito que elas personificam. Esse ponto tem que ser abundante e suficientemente claro antes que qualquer trabalho com as Imagens seja tentado. A falha em aprender o significado disto invalida todo o exercício nos seus melhores níveis interiores.

Também deve ser completamente entendido que a identificação qualidade-imagem não tem nada a ver com (exceto muito remotamente) nenhum tipo de *status* social, sexual ou pessoal. As qualidades com as quais estamos ocupados aqui, são universalmente aplicáveis a humanos e seres afins, *per se*, como entidades espirituais. Toda a gente tem pelo menos graus vestigiais delas, e o objetivo ou o nosso exercício com imagens é contactar, estender e expandir estas de uma maneira espiritualmente sã e equilibrada, de modo a que o praticante atinja os melhores benefícios interiores possíveis. À primeira impressão pode ser incongruentemente impossível para, digamos, um pugilista encontrar características comuns como uma imagem-Mãe ou um Hermafrodita altamente inteligente (para não falar na Senhora graciosa) mas na verdade isso é perfeitamente natural e normal. Mesmo os pugilistas nasceram de alguma mãe e assim têm algo da sua natureza neles. As suas ações devem ser rápidas e habilidosas como a Imagem Mercuriana, e a graça fácil dos seus movimentos ou uma afeição para animais e crianças, liga-os ao conceito da senhora adorável. Há algo para todos em todos os conceitos, mas todos têm que descobrir o que é que está lá para eles pelos seus próprios esforços. É desnecessário fazer uma lista de qualidades-conceito e esperar que as pessoas tirem o que elas fantasiarem a partir disso. A magia do processo consiste em encontrar qualidades mútuas com as Imagens Mágicas e estimulá-las empaticamente.

Suponha que seguimos uma sessão imaginária com as Imagens na companhia de um jovem médio em busca de partes espirituais dele mesmo, por assim dizer, nas Imagens de cada Esfera. Primeiro ele agradece ao seu Zero potencial de pré-ser antes de nascer e pós-ser depois de ele deixar de ser ele mesmo. Estes podem ser estados-ser teóricos, mas eles continuam a ter que ser considerados. Sem o Zero, nenhum número pode existir. Nenhuma sessão está completa sem o reconhecimento do Estado Nulo. Deste, vem o conceito da Cabeça Santa de pura consciência. Só isso. Um dar-se conta de "Eu estou consciente, vivo. Eu posso ser o que eu quero" e pensamentos similares. Uma cabeça por si mesma deve sugerir autoridade, compreensão, tudo isto tem que ser, na realidade, sentido e experienciado pelo participante. Neste caso, ele deve despertar estes sentimentos particulares nele próprio e ficar com eles até à exclusão de todos os outros durante esta parte do exercício. Esse é o segredo de Viver nas Esferas usando apenas qualquer categoria de frequência de consciência que pertença a cada Esfera, enquanto se associa com ela individualmente. Mudar de uma Esfera para outra, ou mudar um tipo categórico de consciência para um outro diferente é uma operação de

Caminho. É possível usar todas as Esferas e Caminhos simultaneamente, é claro, mas isto requer prática. Aqui, o nosso jovem está a proceder com sensibilidade e em passos simples.

    Seria um erro para ele imaginar-se a si mesmo como a cabeça simbólica nessa figura. O objetivo final deveria ser não visualizar-se como nada, mas experimentar em si mesmo o que o símbolo sugere. Os símbolos visuais têm que ser traduzidos em realidades internas de consciência em termos de autorreconhecimentos espirituais. Aqui, o invocador deve aperceber-se e viver com a sua própria autoridade interna mais elevada, que deriva da própria divindade. Assim que a imagem ajudou a sugerir este estado de consciência interior pode ser apagada, enquanto a experiência que evocou é continuada conscientemente. No início, isto será difícil, mas a destreza vem com a prática persistente e deve ser mantida com até que cada conceito se possa concentrar consistentemente por pelo menos um minuto completo de cada vez. Assim que a capacidade for ganha, períodos de tempo maiores tornam-se apenas uma questão de esforço repetido.

    Do estado "Eu serei", é trabalhado o Conceito da Paternidade. Uma vez que o nosso jovem ainda não é um pai fisicamente, ele tem que se identificar com a capacidade-pai nele. Ele pode na realidade não ser muito sábio ou responsável tal como está, mas em algum lugar nele, deve haver um grau mesmo que mínimo de sabedoria e responsabilidade à espreita. Deixemos que ele se aperceba disso, e se concentre nas suas faculdades de paternidade latente que ele partilha com o Princípio-Pai Cósmico, sugerido pela Imagem. Isto é, está nele ser como ele quer ser. Neste princípio, ele e Deus são um, contudo muito separados por outro lado. Alguma coisa foi realmente encontrada com o que um pequeno humano e a mais alta entidade têm tanto em comum na Vida-Cósmica. Quanto mais um tal princípio é praticado mais irá aproximar ambos os seres juntos e este é o principal objetivo de todo o exercício.

    Depois do Princípio-Pai vem o Princípio-Mãe. Como é que um homem jovem se pode identificar com este? De múltiplas maneiras que a sua criatividade descubra. Pode ele não receber ideias sementes de outros indivíduos e depois de as gestar no seu profundo subconsciente, trazê-las de novo para fora à luz em novas formas? O que é isto senão o Princípio-Mãe a trabalhar através dele? A paciência é uma qualidade desta Esfera. Também o são o entendimento, e a intuição. Qualquer qualidade que o nosso invocador encontre em si mesmo, que o permita de alguma maneira identificar-se com o Princípio-Mãe sugerido pela Imagem aqui, deixemos que ele a chame de dentro de si e viva com isso particularmente, mesmo que seja por breves momentos. É assim que os princípios são invocados e usados através destas Imagens.

Devia ser relativamente mais fácil lidar com as próximas Imagens. Seguramente muitas pessoas de média boa vontade gostariam de se identificar com o Conceito do Monarca Misericordioso que se segue, expressando (tal como faz) o princípio da compaixão estendendo-se através da criação. Talvez possa não ser tão agradável localizar as características da severidade e disciplina em si mesmo (simbolizada pelo símbolo do Soldado) mas isto é também um dever necessário, especialmente para um homem jovem. As mulheres jovens também precisam desta Esfera em igual quantidade nas suas próprias vidas. Elas têm disciplinas de vida e deveres que cumprir, e podem não evitar mais as obrigações cósmicas do que qualquer outra pessoa.

Identificar-se como os princípios por trás da imagem do Mediador pode ser mais difícil porque esta é uma imagem composta, feita em três estágios – não três Imagens separadas, mas a mesma vista de diferentes níveis. É realmente a Imagem do Rei Sagrado num estado de incarnação inocente, sacrifício sagrado e redentor ressurecto. Aqui o jovem homem pode identificar-se com o conceito completo através do seu sentido de inocência ou inofensividade, o sacrifício dos seus próprios interesses por alguma razão espiritual e a sua intenção de transcender ou redimir o que quer que esteja mal que ele encontre na vida. Há muitos pontos de identidade por onde pegar nesta esfera central.

Um jovem médio pode, se calhar hesitar em se identificar com a próxima Imagem de uma mulher bonita, mas não há necessidade metafísica para isso. A sua inclinação sexual normal – manter mulher bonitas em relacionamento objectivo com a sua polaridade pessoal – é perfeitamente correcto, mas o princípio de identificação concerne à graça, música, apreciação da arte e muitas outras qualidades que estimulam qualquer jovem civilizado a buscar um tipo de Cosmos cultivado. Podemo-nos lembrar que aquele amor pela floricultura, jardinagem ou horticultura aparece aqui. Não há qualquer falta de itens de identificação.

A próxima Imagem de uma Pessoa Percetiva, que pode ser de qualquer sexo, é principalmente Hermética em carácter. Ela positivamente está repleta com as qualidades do jovem médio, homem ou mulher, que ele deve reconhecer em si mesmo imediatamente. Curiosidade, espírito científico, humor, destreza, intelecto – uma absoluta enchente de características comuns a homem, mulher, criança ou quase todas as criaturas vivas. Qualquer pessoa que tenha dificuldades de identificação com o Espírito desta Esfera deve ter alguma coisa seriamente errada consigo.

A última nota também se aplica à Esfera seguinte da Fertilidade e vida reprodutiva que é a Fundação da nossa existência nesta Terra. Não apenas devemos ser férteis fisicamente, mas muito mais importante, férteis em mente, alma e espírito. Os nossos filhos da consciência são tão vitais para o Cosmos como os nossos descendentes humanos têm validade nos assuntos mundanos. Aquele ou aquela que não consegue encontrar nada dele nesta Esfera, dificilmente pode ser uma pessoa com muita esperança em alguma coisa de valor pela qual viver.

Por último, temos a Imagem do Companheiro Misterioso para identificar no Reino Natural. A figura aqui sugere um aspeto feminino da natureza, mas esta é uma conexão convencional com um antigo conceito da natureza como sendo caprichosa, mutável e imprevisível. Todas são qualidades concedidas às mulheres pelos homens desde que o sexo começou. Nós podemos atualmente conceder-lhe um sorriso simpático sem pedir alterações à Imagem, a qual também destrói os conceitos do seu charme, desejabilidade, fascinação e eterna atração por toda a humanidade. A ideia de um espírito divino a manifestar-se através da natureza como um companheiro ou esposo para a humanidade, aplica-se ao homem e à mulher indistintamente. Quer nós partilhemos com a natureza um casamento funcional e feliz, produtor de muita descendência esplêndida, ou – mas porquê aceitar sequer que é possível o completo falhanço neste campo tão importante? Todos os casamentos têm altos e baixos e não há divórcio possível neste caso. O casamento do homem com a natureza é um assunto estritamente de "até que a morte os separe". É possível para toda a gente de qualquer idade encontrar pontos de identificação através desta Imagem em todos os instantes da vida. As nossas próprias naturezas, quaisquer que elas sejam, mantém-nos permanentemente casados com o princípio aqui envolvido. Nós só temos que seguir onde isto nos leva – dentro de nós mesmos – e "conhecer o nosso Companheiro nos Santos Mistérios", ou o que foi um dia chamado a Esposa do Espírito.

Esses então, são os princípios de invocar o Espírito da Vida, através dos Conceitos da Santa Árvore, e por meio das Imagens Mágicas ligadas a eles. A prática real está ligada a vários, de acordo com as capacidades e disponibilidades individuais, mas em linhas gerais, ela consiste largamente em procedimentos meditativos associados com cada imagem – possivelmente acompanhados por dramatizações mímicas das características a serem concebidas. Qualquer que seja o meio ritual que pareça suscetível a induzir a empatia entre o indivíduo e a ideia com que a identificação é solicitada, pode ser usado para essa finalidade. Aqui estão algumas sugestões.

A coleção de imagens no fim deste capítulo representa os dez principais Conceitos da Árvore-Vida. Adote uma fórmula padrão para estabelecer uma relação com eles. Algo bastante simples e direto é o melhor; tal como:

EM DEUS EU RECONHEÇO...o princípio concernido.
EM MIM DEUS RECONHECE...alguma afirmações da qualidade.
QUE POSSAMOS PARA SEMPRE SER UM. *ÁMEN*.

Em vez da palavra "Deus", pode ser usado qualquer que seja o título ou a descrição com que o invocador investe o Supremo Espírito. Que cada imagem e ideia seja especificamente saudada, identificada, e habitada, uma após a outra, para cima ou para baixo de toda a Árvore da Vida. Deve ser dado pelo menos um minuto a cada Esfera de modo a esperar resultados razoáveis.

Pode ser feita desta maneira uma "Imagem por dia" e o rito ser simples ou elaborado de acordo com a escolha.

Uma elaboração disto, por exemplo, seria dispor todas as imagens, num círculo à volta da sala e depois progredir de uma para a outra, algo como a prática das "Estações da Cruz" Cristãs embora estas fossem, é claro, as "Estações da Árvore". Pode ser arranjada desta maneira uma experiência muito bonita e satisfatória.

O "Oficio da Sagrada Árvore da Vida" (Capítulo 5 neste livro) é muito útil. As invocações das Esferas podem ser selecionadas uma após a outra e ser feito um circuito de toda a Árvore. Música adequada às Esferas pode também ser gravada e usada para efeitos de fundo, luzes coloridas e perfumes introduzidos ou o que quer que seja necessário para construir o Rito em proporções impressivas. As Imagens podem muito bem ser projetadas como slides de cor se isto for possível. Não é contudo demais enfatizar, que não importa quão caro ou elaborado o rito possa ser, nada irá nunca substituir ou suplantar o esforço individual e os ajustamentos feitos para e em si mesmo como um ato direto de relação com a Divindade.

Essencialmente o exercício invocatório deve reduzir-se a uma fórmula. Dirigindo-se à Consciência Infinita, por qualquer termo que melhor convenha ao indivíduo concernido, ele diz, e deve dizê-lo como todo o seu coração,

"EU VEJO ISTO EM TI
OLHA PARA ISTO EM MIM
POR ISTO DE FACTO POSSAMOS NÓS
ESTAR PARA SEMPRE
RELACIONADOS".

Um bom exercício, para aqueles que tenham intenção de trabalhar estas invocações, é estabelecer para eles mesmos, uma lista de Princípios e Imagens depois (debaixo de cada cabeçalho) escrever todas as qualidades apropriadas delas de modo a se ajustarem com cada Esfera. É muito importante fazer um inventário honesto destas e de tempo a tempo pegar nele para rever a lista onde for necessário.

Pode ser iluminador descobrir qualidades partilhadas com a Divindade, é bom lembrar que a identificação humana com atributos divinos não significa que nós nos comparamos a Deus – ou que alguma vez o faremos. Uma formiga tem marcas de identidade com um ser humano. Ela come, descansa, luta, anda, levanta pesos e identifica-se connosco até um certo ponto, mas não se pode equiparar connosco porque nós temos bastantes qualidades além dos seus mais altos feitos. Assim, nós temos atributos em comum com Deus, mas o Espírito-Vida têm qualidades e propriedades muito além das nossas capacidades de conceção. Nós podemos apenas reconhecer estes fatores desconhecidos através do nosso Conceito do Nada, contudo este é o nosso mais importante reconhecimento. Para o resto nós podemos seguir os nossos contactos com os Conceitos-Árvore, os quais delineiam os limites máximos de identificação humanos com a vida divina. Se e quando nós aprendermos a como os usar efetivamente, podem-nos ser confiados papeis mais elevados de realização interior.

Outro dispositivo útil dentro destas linhas é manter, o que pode ser chamada, uma ficha de registo de contactos. Esta é simplesmente uma carta ou papel com um cabeçalho deste tipo:

Ocasião _____
Conceito _____
Resposta _____
Grau _____
Notas _____

_____
_____
_____
_____
_____

O cabeçalho, "Ocasião", permite escrever detalhes para o tempo-data-lugar ou quaisquer outras referências de localização especiais.

Em "Conceito" o Nome da Esfera ou número é tudo que é necessário para indicar a Imagem-Esfera particular com a qual estamos a lidar. Estas podem ser tomadas em conjuntos, individualmente, ou sequencialmente através de todas as dez.

Em "Resposta", uma única palavra é normalmente suficiente para descrever a qualidade-identificação descoberta no indivíduo para corresponder ao Conceito em questão.

Em "Grau", é necessária uma estimativa sobre se a resposta parecia apenas fraca, justa ou razoavelmente marcada. Esta pode ser designada pelas letras A, B ou C.

Por último, em "Notas", pode ser adicionado algum comentário muito breve de duas ou três palavras que possam parecer necessárias para explicar ou ampliar as descobertas prévias.

Esta ideia de ficha de registo é de maior valor do que se possa supor, porque desenvolve hábitos corretos de consciência com um mínimo de trabalho. Pode ser usada absolutamente em qualquer sítio (mesmo em público) uma vez que dá uma impressão de alguém a fazer umas poucas e necessárias notas privadas. Para esse propósito um pequeno bloco de folhas soltas é ideal e pode ser usado em qualquer ocasião. No final de cada dez, é aconselhável olhar através das páginas completadas e descobrir que tipo de padrão é construído entre elas. Isto irá fornecer muita informação útil à pessoa empenhada com o seu progresso e peculiaridades.

Com a ajuda do mesmo bloco de notas, a identificação-conceito pode ser trabalhada em níveis muito ligeiros, quase como um jogo de algum modo agradável. É sempre bom encontrar satisfação nas práticas espirituais, porque frequentemente conseguimos com um simples toque de alegria o que não obtivemos após horas de solene tareia. Este jogo particular pode ser chamado "Jogo das Escondidas Sagrado". Consiste em chamar um Conceito, depois procurar cuidadosamente à volta do quarto por algo que se ligue com, ou que evoque a descoberta desse Conceito dentro do carácter do próprio buscador. O propósito fundamental deste jogo, é desenvolver um reconhecimento da divindade em nós mesmos por reflexão de tudo o que encontramos fora de nós à nossa volta onde vivemos. Também é um jogo muito bom. Uma sessão disto pode correr assim, por exemplo:

Conceito procurado	Fora de mim	Dentro de mim
Justiça (5)	Uma régua numa secretária	Sentido das normas
Misericórdia (4)	Molas na poltrona	Instinto protetor
Sabedoria (2)	Um livro	Vontade de aprender
Gloria (8)	Polir a mobília	Sentido de diversão
Fundação (9)	Uma planta em crescimento	Vida crescente
Beleza (6)	Um sol a brilhar	Bem-estar
Vitória (7)	Palavra mistério descoberta	Conquista
Entendimento (3)	Carta de amigo	Empatia
Reino (10)	Uma secretária	Sentimentos atuais
Coroa (1)	Luz do teto	Objetivo de vida

Onde é que pode ser encontrado um simples jogo que dê um tal sentido de imanência Divina? Pode ser jogado várias vezes com resultados variados de cada vez. Eventualmente, os Conceitos irão começar a jogar por si próprios e a saltar dos lugares mais inesperados. Quando isto começar a acontecer e as coisas comuns à nossa volta, incluindo os nossos companheiros humanos, começarem a revelar conceitos espirituais muito surpreendentes ligados com os Conceitos Árvore-Vida, iremos saber que o Espírito-Vida está a falar-nos na sua própria linguagem. Assim que este tipo de comunicação se abre, devemos fazer todos os esforços para ouvir e aprender o que nos diz sobre a vida porque isto é o verdadeiro discurso Enoquiano onde todos podem falar com Deus nas suas próprias línguas interiores.

Através disto, e meios afins, nós podemos "Invocar as Imagens Mágicas" dos Conceitos-Árvore. Se atingirmos algum grau de sucesso com o sistema, uma coisa notável irá acontecer. As Imagens chegarão vivas, e os divinos conceitos que elas representam irão invocar-nos como imagens deles em retorno. Isso foi e sempre será, o propósito primordial da nossa primeira formação – agir como agentes vivos para a Infinita Inteligência, à qual nós fomos feitos como imagens. Quanto mais claro isto se tornar para nós, de melhor utilidade nós seremos neste Universo. Então possa a Luz da Vida aumentar entre nós continuamente para sempre.

*
* *

Na antiga e na nova prática ritual, a ideia de tomar em si mesmo as qualidades de uma das Esferas da Árvore da Vida era referida com "Assumir uma Atitude-Deus". Queria dizer, agir como se uma pessoa fosse uma deidade particular (ou aspeto da divindade) numa forma menor de vida. Porque não? Dizem-nos constantemente que tomemos algum exemplo divino, tal como Jesus, como modelo e baseemos o nosso comportamento nesse Ser tanto quanto possamos. Com as Imagens da Árvore, nós temos dez aspetos distintos para assumir de modo a nos podermos relacionar com a vida, como se tivéssemos algum desses aspetos numa escala menor de ser. Deve ser lembrado que, embora elas possam parecer como seres diferentes, elas são na realidade todas partes de Um Ser apenas. Assim nós estaremos apenas a arranjar os nossos próprios seres em dez diferentes atitudes-vida para cobrir todo o ângulo cósmico de abordagem.

Pode ser perguntado como é que alguns humanos muito masculinos podem adotar os aspetos femininos das imagens, ou uma alma intensamente feminina assume os aspetos masculinos. À parte da verdade metafísica evidente de que indivíduos ideais devem ter ambas as polaridades equilibradas neles mesmos, devemos manter em mente que as Imagens são destinadas a transmitir qualidades-vida que todo o ser humano deve desenvolver, independentemente do seu viés biológico. Não deve uma mulher ser sábia e um homem compreensivo? Não pode um homem ser graciosamente sucedido, ou uma mulher disciplinada e forte? Nós iremos precisar de todas as qualidades da Árvore, qualquer que seja o sexo físico a que os nossos corpos possam pertencer. É inteiramente uma questão de as realizar e as manifestar, de acordo com as necessidades da vida. As Imagens são associadas com símbolos especificamente sexuados, puramente pela conveniência em lidar conscientemente com elas em conformidade com as nossas habituais atitudes ocidentais. Elas ligam-se com a corrente principal da nossa tradição interior espiritual e assim evocam energias de nós que poderiam de outro modo ficar latentes muito tempo nas nossas vidas.

Embora muitas das nossas capacidades de viver como as Imagens-Símbolo da Árvore, serão desenvolvidas pelo uso habilidoso da prática ritual mágica, isto é principalmente de valor, durante os estágios iniciais da sua aquisição. De uma certa maneira, um Templo Mágico é uma espécie de laboratório da Vida no qual as técnicas espirituais e métodos são iniciados, testados e montados antes de serem estendidos para áreas mais ordinárias da vida. Antes de qualquer produto comercial comum alguma vez chegar a uma prateleira de mercado tem que ter havido um grande acordo em relação às despesas, em termos de investigação, estudos de funcionamento, testes e tudo o resto daquilo que agora é aceite como procedimento geral, antes de lançar qualquer item manufaturado para o público comprar. Isto assegura um artigo *standard* relativamente razoável. Se ao menos nós fizéssemos o mesmo nas nossas linhas de vida de produção espiritual, viveríamos todos num mundo muito melhor. Aqui é onde os Templos Mágicos realmente podem ajudar.

Se nós empregarmos métodos mágicos de prática ritual para aprender como viver como as nossas Imagens mágicas e tratar os nossos Templos como laboratórios e salas de teste (nos quais estamos a desenvolver as nossas produções internas até um ponto em que elas possam ser libertadas das fronteiras dos nossos círculos-ser numa circulação cósmica mais geral), isto irá provar o uso mais valioso que podemos fazer de tais instalações.

Esta é a melhor justificação para qualquer Templo estabelecido na Terra, quer ele seja mágico ou não.

Nem nos devemos esquecer do nosso fiel Abismo enquanto estamos a aprender a viver como as nossas Imagens-Vida. Há tanto que é possível ocorrer que é ou sem valor ou inferior (no que respeita aos ideais que as nossas Imagens representam) e bastante desajustado para inclusão na identidade que devemos estar a construir para nós mesmos pelas nossas tentativas de viver como estas Imagens-Símbolos.

Assim, a melhor coisa a fazer com as nossas produções (que é impossível melhorar) é abandoná-las ao Abismo e deixar que elas sejam decompostas nos elementos básicos para viverem mais tarde. Isto é tudo parte do processo-vida que nós temos que aprender com vista a viver como Imagens-Árvore com algum grau de sucesso.

Todas estas Imagens-símbolos são chaves de vida que irão literalmente abrir áreas inimagináveis de existência interior e espiritual muito mais reais e perduráveis que as condições muito limitadas e escassamente satisfatórias de consciência que se confinam puramente a este pequeno planeta. As Imagens são integradas com verdades-vida nos níveis mais profundos possíveis e onde são aceitáveis, também o são aqueles que costumeiramente as usam como meios de manifestar a consciência. Elas são, nesse âmbito, quase como que os nossos passaportes para a derradeira perfeição. Tudo o que vive tem o seu próprio "padrão de perfectibilidade" e plano-árvore embutidos, com as suas Imagens idealísticas, este é o verdadeiro *design* impresso na humanidade por uma mão divina. Nós temos apenas que o levar à ação consciente e consistentemente. Se nós vivermos as Imagens Árvores na realidade em todos os níveis-vida, nós devemos indubitavelmente ser pessoas que se aproximam da perfeição da maneira mais próxima possível.

Supondo que algum indivíduo humano tinha qualidades de sabedoria, entendimento, compaixão, disciplina, equanimidade, graça, inteligência, vitalidade e naturalidade, todas combinadas juntas em bons graus para apresentar todo o ser como uma entidade espiritual. Nós devíamos certamente acreditar que uma tal pessoa incomum era praticamente perfeita como ser humano. Isto é exatamente o que o trabalho com as Imagens Mágicas da Árvore da Vida tem como objetivo produzir, não obstante o quão longo este processo possa ser para mostrar resultados razoáveis. Se nós necessitarmos de desenvolver qualquer destas qualidades em nós mesmos, então temos que entrar em contacto com os seus arquétipos por meio de qualquer tipo de magia que possamos, e efetuar trocas de energia entre nós e os seus símbolos-esferas de modo a que possamos alterar os nossos estados de consciência em conformidade com as suas características.

Tão surpreendente quanto possa soar, isto é uma proposição perfeitamente prática. Todas as qualidades-árvore são realidades do que pode ser chamada, energia interna, disponível aos seres humanos em troca dos seus esforços feitos para o conseguir. Elas podem todas ser desenvolvidas, adquiridas ou atingidas (em maiores ou menores graus) mesmo por pessoas bastante comuns, se estas viverem com persistência suficiente para perseguir estes objetivos. Façamo-nos a nós mesmos uma questão vital aqui. O que é que acontece a esta energia interna processada? Milhões de pessoas neste mundo estão a exercitar estas qualidades notáveis a cada momento que nós vivemos. Outras entidades-vida associadas a elas estão também preocupadas com as mesmas qualidades, ao longo dos seus níveis particulares de vida. No conjunto uma incalculável quantidade de energia-vida no nosso próprio canto cósmico da criação está a ser gasta universalmente no exercício destas qualidades árvore-vida. Seguramente deve haver algum meio para cada um de nós, enquanto entidades-vida, nos ligarmos a este incrível "reservatório de poder" e convertê-lo em progresso pessoal. Em outras palavras, se nós não temos sabedoria suficiente, compreensão, compaixão, etc., por que é que não podemos obter o que nós precisamos de outras fontes enquanto estamos a fazer crescer as nossas próprias ligações-vida diretamente com a própria divindade como a derradeira fornecedora de todo o sustento espiritual? De facto, nós podemos e devemos. Todos os organismos vivos evoluem dessa maneira compensando as necessidades uns dos outros. É simplesmente uma questão de procedimento e de prática.

No nosso caso as Imagens-Árvore são como sinais-chamamento específicos, conectores, ou qualquer meio equivalente para nos ligar, factualmente, com a nossa mais imediata fonte de qualquer tipo de energia interna que eles representem. Se nós precisarmos de nos conectar a nós mesmos com a qualidade da sabedoria, *per se*, então fazemo-lo com uso consciente do símbolo-sabedoria. É verdade, isto apenas nos fará mais sábios de acordo com qualquer grau em que nós sejamos capazes de responder interiormente com o contacto ganho, mas isto pode ser sempre melhorado pela prática.

    É o princípio envolvido que é tão importante. Nós podemo-nos fazer como queremos, de acordo com o padrão de perfeição coberto pelo Símbolo-Imagem da Árvore, tirando a requerida energia para o fazer diretamente de fontes interiores livremente disponíveis para nós, das forças geradas à nossa volta nas nossas circunstâncias-vida comuns. Essas energias estão lá para serem utilizadas assim que aprendemos como pedir. Isto não é mais notável, de certo modo, do que trabalhar com um aparelho de rádio usando energias originadas no outro lado do mundo, exceto por uma diferença vital. Não importa o quão inteligentes possamos ser com a maquinaria de *design* eletrónico, há uma coisa que elas nunca farão – viver por nós. As máquinas podem e de facto permitem-nos viver mais confortável e convenientemente, mas viver irá sempre ser um assunto estritamente de "faça-o você mesmo". Nós ainda temos que viver os nossos ideais-imagem com vista a nos identificar e individualizar com o tipo de seres que eles representam em dimensões espirituais.

    Uma questão óbvia frequentemente feita é, porque é que as imagens devem ser humanoides se é suposto representarem qualidades divinas abstratas? A resposta mais simples é, porque nós somos seres humanos que necessitam de desenvolver exatamente estas qualidades se nos quisermos aproximar da Divindade. Essas Imagens são conceitos do que Deus mais provavelmente iria ser se Ele fosse humano e o que nós pobres humanos iríamos parecer se alguma vez crescêssemos até algum grau de Divindade – uma espécie de encontro a meio caminho entre a Mente de Deus e as mentes dos Homens. Em nenhuma circunstância, qualquer que seja, as Imagens-Árvore devem ser confundidas com "ídolos" de qualquer tipo. Elas não servem para serem adoradas, mas para se trabalhar com elas. Nós devemos considerá-las como implementos espirituais a serem usados para a nossa própria progressão e como guias do nosso inteiro destino humano até à divindade. Num sentido, elas são Deus e Homem imaginando-se um ao outro.

Sem Imagens-Ideais de algum tipo, o homem e a mulher são criaturas indefesas e bastante ineficazes. Eles nasceram neste desconcertante mundo onde são arrastados à volta, processados e de várias formas influenciados em todas as direções, por quem quer e o que quer que chega ao contacto com eles. No final de cada vida eles transformaram-se no que quer que seja que o tipo de circunstâncias espirituais formadoras os possam ter moldado – modificados em alguma extensão pelas suas próprias atividades defensivas ou adaptativas. Isto é muitas vezes um resultado-vida tão atraente e notável, quão transitório possa parecer. Pode ser descrito como a mediocridade mínima no seu melhor. Aqueles contentes com um tal "estado de si" não devem nunca ser condenados pela sua escolha, mas devem-lhes simplesmente ser oferecidas oportunidades espirituais para mudar os seus cursos de vida se eles quiserem.

No caso de outros em possessão de algum definido conjunto de Ideais-Imagens (tais com estes da Árvore) as coisas são bastante diferentes. A vida bate-lhes tanto como a qualquer outro, mas irá bater-lhes na forma e natureza das Imagens que eles adotaram exatamente para este propósito. Contudo a vida pode atingi-los e independentemente do que lhes aconteça neste mundo, eles irão apenas tornar-se no desenho interior que eles escolheram livremente como o seu estado de si mesmos espiritual e a imagem da sua própria identidade ideal. A fim de sermos como queremos, nós temos primeiro que saber exatamente o que queremos ser e são Imagens como aquelas da Árvore que nos proveem ideias necessárias para este propósito. Assim que nós tenhamos estes conceitos profundo o suficiente na nossa consciência, eles irão moldar a nossa autoestrutura espiritual de acordo com o seu divino *design* arquetípico. É para isto que elas servem. Se nós escolhermos chamar os meios pelos quais nós afetamos esta implantação interior "magia", porque é que nós não o devemos fazer e admitir a divida que temos com uma tradição de verdade, a qual sempre tem estado atrás da mais alta aspiração da humanidade?

As Imagens-Árvore são baseadas em qualidades da vida imortais e indestrutíveis. Se nos identificarmos com elas tornamo-nos tão eternos como elas são em essência e entidade. Isso, afinal de contas, é o único ponto de nos tornarmos seres criados em primeiro lugar. Com este ponto em vista, a vida significa tudo, mas sem ele, a vida não tem qualquer significado merecedor de consideração cósmica. O assunto é tão claro quanto isso. Se nós não tivermos esperanças de alguma vez sermos mais do que meramente mortais, nós podemos igualmente não nos importarmos em viver de todo. Esse é o ponto capital de toda a nossa preocupação com a vida como entidades vivas individuais e o derradeiro fator determinante do nosso destino humano completo. Quem e o quê somos nós? O que não devemos ser? Esse é o enigma eterno que nós temos que resolver para nós mesmos em níveis-vida espirituais. Como um início em direção a encontrarmos as nossas respostas, nós podemos tentar ser o que as Imagens-Árvore representam, e não ser o que quer que elas excluam do seu "plano de perfeição" que elas retratam. Esse esforço deve levar-nos muito perto da solução que nós procuramos.

A magia com a que realizamos esta tarefa de vida tem que ser divisada e aplicada por cada um para si próprio. Isto é uma parte essencial e indispensável de todo o processo. Não pode ser de outro modo porque cada ser único no processo de iniciação é um, individuante, emergindo fora do nível humano médio agregado de vida em direção à verdade definitiva desse espírito único de onde toda a vida originalmente saiu. Embora nós possamos viver uns com os outros neste ou em qualquer mundo, nenhum de nós pode alguma vez viver por outro. A vida é um assunto de sê-a-tu-mesmo. As bases da magia não são realmente difíceis de captar e pessoas muito inteligentes conhecem-nas logo instintivamente, eles não fizeram mais de que perceber esse facto com a sua consciência focal. O problema que todos nós temos que enfrentar é trazer estas bases juntas em algum tipo de autossistema sensível que servirá às nossas estruturas espirituais de vida e aplicá-las a outros níveis também. Isto é positivamente possível para qualquer um com suficiente imaginação e iniciativa intencionalmente dirigida. Aqui, nós temos estado a lidar com dez imagens básicas com que trabalhar, e elas irão dizer-nos como desenvolver tudo o resto se nós as abordarmos corretamente.

Supondo que nós temos um problema, uma interrogação ou outro ponto no qual nós necessitamos de uma relação responsiva com a vida. Dependendo da natureza deste, nós evocamos a Imagem apropriada ou Imagens implicadas. Por vezes pode servir apenas uma, e outras vezes podem ser necessárias todas, como um Comité Cósmico de Consultores. Fazendo isto, nós não apenas objetivamos todas as nossas capacidades de lidar com o que quer que possa ser, mas também chamamos ao contacto aquelas capacidades particulares que existem noutras entidades vivas em níveis mais altos e finos da vida que os comummente disponíveis. Isto é um ato de viver nas Imagens. Nós depois projetamos o nosso ponto de interesse nas Imagens evocadas e respondemos reactivamente ao que nós recebemos em retorno, de modo a que isso atinja a nossa consciência cognitivamente. Isto é um ato de viver com as Imagens. Depois nós recolhemos as Imagens de volta a nós mesmos e continuamos a nossa associação com a vida, condicionados pelo que quer que se tenha passado entre nós e as Imagens que usámos. Isto é um ato de viver como as Imagens. Todo o processo é de viver em conjunção com o Cosmos Vivo de Deus e do Homem, procurando pôr vida em cada um deles. Se isso não é magia no seu mais elevado e verdadeiro sentido do termo, então o que é?

  Todos os comentários prévios e notas concernindo às Imagens Mágicas, não são senão indicações breves das possibilidades que elas apresentam para aqueles indivíduos com suficiente interesse espiritual na vida para o seguirem interior e mais profundamente em campos de consciência mais detalhados. Não obstante, todo o ponto importante de contacto foi tocado para servir de guia aos buscadores sinceros que sentem a necessidade de saber onde a vida os está a levar. Que possam tais almas, e no final todas, tornar-se em verdade Imagens do Vivente ao qual em semelhança imortal o Homem foi feito.

1. UNIDADE DO ZERO
KETHER
AHIEH – EU SOU O QUE SOU

Luz da escuridão. Vida da luz. Intenção da inanição. Divina identidade determinando-se a si mesma. Autocomeços. Consciência cósmica começa. Ser começa. Toda a consciência é una.

**CABEÇA SANTA
CUME ESPIRITUAL DE TODA A EXISTÊNCIA**

2. DUALIDADE DA UNIDDE
CHOKMAH
IHVH – EU SOU COMO EU QUERO

Poder paternal personificado. Vontade com sabedoria. Sapiência supernal. Decisões da divindade. Asserção e autoridade. Masculinidade máxima. Impregnador de ideias. Pai da força.

PAI FIEL
SABEDORIA E VONTADE

3. TRINDADE DA DUALIDADE
BINAH
ELOHIM – NÓS SOMOS ELE E ELA

Principio maternal personificado. Entendimento universal. Aceitador da consciência. Mundo da vontade. A grande gestante. Feminilidade completa. Intuição inerente. Mãe da forma.

MÃE MADURA
ENTENDIMENTO UNIVERSAL

4. TRÊS+UM
CHESED
EL – O EU

A misericórdia manifesta-se como monarquia. Conceito de compaixão. Benevolência e beneficência. Grandeza de generosidade. Bondade e regência. Misericórdia magnânima. O acelerador de tudo.

REI BONDOSO
COMPAIXÃO COMPLETA

5. TRÊS+DOIS
GEBURAH
ELOHIM GIBOR – DEUS TODO-PODEROSO

Dever e disciplina. Rigor severo. Conceito de correção. Limpador da corrupção. Economia eficiente. Salvador severo. Divino redutor.

**SOLDADO SEVERO
DEVER DIVINO**

6. DUPLO TRÊS
TIPHEREH
ELOAH VA-DAATH - DEUS OMNISCIENTE

Equilíbrio do ser em harmonia bela e sagrada. Ponto de equilíbrio da criação cósmica. O drama divino como encarnação inocente, sacrifício sagrado e redentor ressuscitado. O mistério de Melchizadek. Homem e Criador encontram-se. União comum da consciência.

MEDIADOR MAGNIFICENTE
ABENÇOADA BELEZA DE SER

7. TRÊS+QUATRO
NETZACH
IHVH SABAOTH – EU SEREI TODOS

Triunfo da ternura. Atingir objetivos por afeição. Desfrutar das emoções. Consciência cultural. Capacidade artística. Vivacidade vitoriosa. Gentileza graciosa. Alma senciente.

**SENHORA ADORÁVEL
VITÓRIA VIRTUOSA**

Finalidade e Uso de Imagens Mágicas / 101

8. TRÊS+CINCO
HOD
ELOHIM SABAOTH – NÓS SOMOS CADA UM DE NÓS

Esplendor e sagacidade. Inteligência iniciada. Mente sobre a matéria. Consciência esperta. Capacidade científica. Humor e honra. Atitude adaptável. Raciocínio resiliente. Pensamento treinado.

**PESSOA PERCETIVA
GLÓRIA DO GÉNIO**

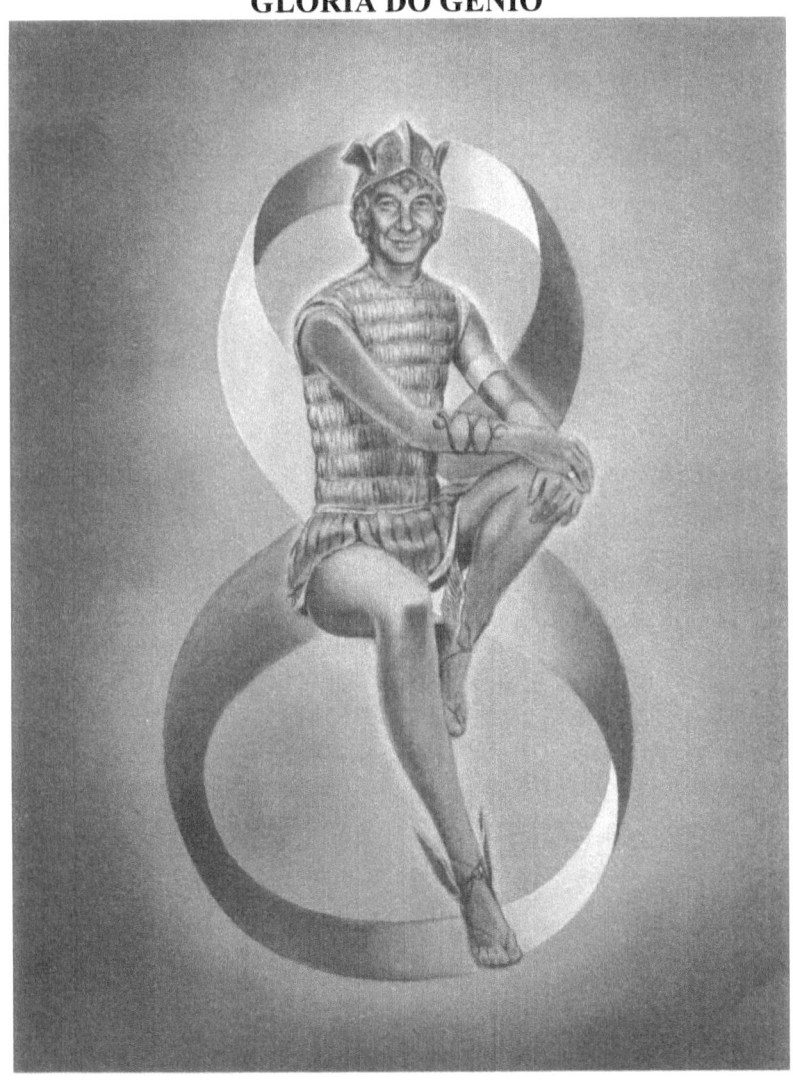

9. TRIPLO TRÊS
YESOD
SHADDAI EL CHAIIM – SENHOR DAS VIDAS

Fundação de famílias. Estabelecimento da evolução. Virilidade e vigor. Estabilidade sexual. Melhor comportamento biológico. Boa genética. Respeito pela reprodução. Amor da vida. Fertilidade frutuosa.

**FIGURA FÉRTIL
FUNDAÇÃO DA FÉ FERTIL**

10. UM-ZERO
MALKUTH
ADONAI MALAKH – NOBRE REI

Nobreza da Natureza. O parceiro perfeito para o homem material. Casamento místico da humanidade com a matéria. Esperanças humanas de conseguir emancipação da terra. Uma noiva abençoada dada pela Divindade como esposa da humanidade. O reino que faz de todos os homens almas aparentadas em busca do Espírito.

**COMPANHEIRO MISTERIOSO
REINO DE PARENTESCO ENTRE O HOMEM
E O SER MANIFESTADO**

Capítulo 4
A NOVENA
DA
ÁRVORE DA VIDA

A. Prefácio
por
Jacobus G. Swart

Para praticar a Novena da Árvore da Vida, você vai precisar de treze velas das seguintes cores:

1. Branco *Keter*[11] (Coroa)
2. Cinzento claro *Chochmah* (Sabedoria)
3. Preto *Binah* (Entendimento)
4. Azul *Chesed* (Misericórdia)
5. Vermelho *Gevurah* (Severidade)
6. Amarelo Brilhante *Tiferet* (Beleza)
7. Verde *Netzach* (Vitória)
8. Laranja *Hod* (Glória)
9. Amarelo pálido *Yesod* (Fundação)
10. Quatro velas das seguintes cores:
    Verde-claro
    Verde-escuro *Malchut* (Reino)
    Castanho-avermelhado
    Castanho-escuro

Em seguida necessita colocar estas velas em castiçais pequenos, redondos, SEGUROS, e depois, organizá-las de acordo com as suas cores, sobre uma mesa ou altar, segundo a forma de Árvore da Vida.

---

[11] Embora a pronúncia se mantenha, William Gray alterou neste trabalho a grafia das palavras hebraicas. (N.T.)

Alternativamente, você pode organizá-las no padrão requerido, fixando-as a um tabuleiro de **METAL**. As suas quatro velas em *Malchut* estão dispostas num pequeno quadrado e dependendo do tamanho das velas, poderiam ser colocadas muito perto em conjunto, da seguinte maneira:

Verde-claro no topo.
Verde-escuro à esquerda (direita no Hemisfério Sul).
Castanho-avermelhado na parte inferior.
Castanho-escuro ou preto à direita (esquerda no Hemisfério Sul).

Quando acende estas últimas quatro velas, que representam *Malchut*, você começa com a vela verde clara, em seguida, a verde escura, seguido pela castanho-avermelhada, e finalmente a castanho escura ou a vela preta. Desta maneira você vai notar que as está a acender de acordo com o "Caminho da Luz", ou seja, o movimento do Sol no hemisfério norte ou no sul. Este procedimento deve ser trabalhado num lugar que não seja perturbado por influências externas, por olhares curiosos, perturbados ou mesmo hostis, e este espaço deve permanecer não perturbado pelo período durante o qual toda a novena está a ser realizada. Também é importante que entenda o procedimento completo da Novena da Árvore antes de tentar a cerimónia. Esteja portanto, absolutamente certo de ler e reler a Introdução, estudar as orações e o seu significado com cuidado, e depois ler o Epílogo.

Uma vez que os preparativos e abordagens relativas e discutidas no documento "Trabalhando a Árvore da Vida", também estão relacionados com isto, eu irei delineá-los novamente. Ajuda preparar-se antecipadamente, talvez tomando um banho e vestindo-se com roupas frescas ou usando um manto, e preparar o quarto ou Templo acendendo talvez um incenso agradável. O perfume do incenso não é importante, pois o que é necessário é que você se sinta preparado, relaxado, entregue ao seu propósito, e garanta que este procedimento é trabalhado num lugar que não é perturbado por influências exteriores durante o tempo que dura a sua Novena.

Observe a importância de ler ou pronunciar as palavras lentamente. Tente obter uma "apreciação pelo sentimento" ao invés de um pensar nas palavras, e não se permita ir em "viagens mentais", isto é, tentar usar a razão, a fim de verificar o significado das palavras. Ao dizê-las lentamente, você faz uma pausa em cada palavra o tempo suficiente para "sentir a palavra" sem perder o sentido global das frases. Se "sentir as palavras saírem" desta maneira, você vai achar que naturalmente começa a "sentir o significado" e invocar uma "resposta interior" dentro de si próprio. Desta forma, você vai praticar uma forma muito intensa de meditação, enquanto ao mesmo tempo pratica a "arte da invocação" ou chamar respostas dentro de si mesmo. É importante fazer estas Orações com a máxima intensidade de pensamento e sentimento, e isso pode, por exemplo, ser alcançado imaginando que está a dizer as palavras no seu coração, ou mesmo no seu Plexo Solar.

Por último, devo explicar a ação de consagração intitulada "Cruz Cósmica", que aparece no final de cada Oração. É efetuada da seguinte maneira:

Toque com os dedos indicador e médio da mão direita na testa, diga:
EM NOME DA SABEDORIA,
Mova para baixo a mão, e toque o plexo solar, dizendo:
E DO AMOR,
Toque o ombro direito (da esquerda no Hemisfério Sul), diga:
E DA JUSTIÇA,
Toque o ombro esquerdo (à direita no Hemisfério Sul), diga:
E DA MISERICÓRDIA INFINITA,
Passando a mão sobre a cabeça, faça um círculo passando por cima de todos os pontos[12], diga:
DO ETERNO ESPÍRITO UNO.
Traga as duas mãos para a posição de oração, dizendo:
ÁMEN

Tenho a certeza que você notou como esta ação corresponde de perto à mais conhecida "Cruz Kabbalística", e você pode usar

---

[12] O círculo é traçado pela seguinte ordem: testa, ombro esquerdo, plexo solar, ombro direito, finalizando na testa. (N.T.)

esta última em seu lugar, se assim o desejar. O que é importante é garantir que está a usar o seu braço físico, bem como a sua contraparte "espírito", ao mesmo tempo. Este é feito, imaginando que o seu "braço espírito" se move em primeiro lugar e é seguido pelo físico. Isto cria uma intensidade incrível na prática, e a "intensidade" tem tudo a ver com este processo!

B. Introdução

Na prática cristã atual é um costume muito antigo que em essência deve seguramente remontar a um tempo em que a religião e a magia eram praticamente sinónimos. Esta é a *Novena*, ou uma série de nove vezes de reiteradas orações em locais específicos, para algum propósito particular. O propósito é obter, trazer, ou de alguma forma fazer com que o objetivo da novena se manifeste como uma realidade na nossa experiência na Terra. A sua metodologia consiste na repetição regular e crescente de orações até o impulso suficiente estar configurado para iniciar a ação causadora nas esferas suprafísicas. Eventualmente, espera-se que esta energia continue até que o esforço desejado se torne factualmente realizado em termos de esperanças humanas.

O princípio desta é o mesmo que um grande peso pendurado ser atingido por uma série de golpes leves a intervalos regulares. O resultado é que, eventualmente, o peso começa a oscilar, e fazendo com que os golpes sejam dados precisamente no instante correto quando a amplitude está no seu máximo, o balanço irá aumentar e continuar a atuar desse modo enquanto os golpes são repetidos ritmicamente. Quando eles pararem é claro, o peso continuará a oscilar com a amplitude a diminuir até que toda a energia acumulada se esgote e o movimento cessa completamente. Todo este fenómeno é conhecido como um efeito cumulativo, ou seja, um grande número de impulsos pequenos realizam o trabalho que teria de outra forma que ser feito por um único muito mais forte.

A Novena é, teoricamente, a mesma bem conhecida lei sendo aplicada metafisicamente. Um efeito pretendido e que poderia possivelmente ser alcançado através da aplicação de uma quantidade enorme de energia esotérica, é procurado através deste esquema "pouco a pouco", no qual os impulsos regulares e rítmicos são aplicados com cálculo cuidadoso. Com o sistema cristão, as orações são normalmente dirigidas a um santo ou Ser Bendito cujos interesses se acredita que favoreçam o solicitado após o pedido. Por exemplo, uma novena feita para a recuperação de objetos perdidos ou ausentes seria dirigida a Santo António de Pádua, ou para o alívio dos problemas de garganta para Santa Rocha. O agente invocado normalmente departamentaliza o objeto especificado, e é puramente para fins de regulação do resto do procedimento.

 Pode ser perguntado porque é que o número particular de nove deve ser selecionado para o desempenho desta prática. A razão óbvia é uma ligação com os nove meses de gestação necessários para a produção de um ser humano. Se é preciso esse tempo para um ser humano aparecer na terra, da inseminação ao nascimento físico, então um período relacionado deve ser permitido para a manifestação de um equivalente místico, desde o início como uma ideia à sua expressão na terra como energia real. O uso do esquema da Árvore da Vida, permite que todo o processo prossiga de uma forma bastante natural de estágio para estágio em sequência normal, cada Esfera corresponde aproximadamente a um mês do desenvolvimento no útero. Após a inseminação inicial no Zero Zóico, as primeiras três esferas (*Keter-Chochmah-Binah*) relacionam-se com a Origem (*Atzilut*) da ideia, as segundas três (*Chesed-Geburah-Tiferet*) com a sua Criação (*Briah*), no qual os seus princípios gerais estão associados uns com os outros, o terceiro trio (*Netzach-Hod-Yesod*) finaliza a Formação (*Yetzirah*) onde os detalhes são especificados e relacionados uns com os outros, até que tudo exceto a sua projeção na terra é realmente realizado. Isto ocorre na última esfera de *Malchut* (o Reino) na Árvore da Vida, e tudo depende de trabalho adequado a ser praticado com as esferas anteriores ao longo do período precedente.

 O processo começa, em primeiro lugar por escolher um objetivo necessário, então, cuidadosamente, considera-se se se justifica ou não uma novena para o obter. Apenas no caso de uma resposta positiva ser obtida é que a sessão começa. No primeiro dia, apenas a fase de inseminação Zero Zoico deve ser tentada. Isto é puramente o início da ideia, *como tal*, empurrada com tanta força, quanto possível, para o Grande Imanifesto a partir do qual emerge toda a existência tal como a entendemos. Em hipótese alguma deve qualquer especificação definida ser feita. Não mais do que o impulso inicial, mas com intensidade máxima de entrada. Se necessário, a oração pode ser dita silenciosamente várias vezes, e tudo o que deve ser expresso é uma quase necessidade muito desesperada e muito urgente de realização para o próprio bem. O sentido da implantação deve ser orgásmica como se uma libertação real de energia reprimida tenha sido feita dos níveis da vida humana para a Divina. Subsequentemente, um período de contemplação relaxada pode ser apreciado. No segundo dia este procedimento é repetido, e a primeira vela é acesa em *Keter* (a Coroa) com a sua oração apropriada. Aqui, o sentimento deve ser de confiança em que o processo de projeção foi positivamente colocado numa linha de vida que, definitivamente, o entrega ao nosso mundo no devido curso. A Origem (*Atzilut*) certamente começou numa verdadeira Árvore da Vida, e tudo o que é necessário agora é o desenvolvimento que se seguiu através das outras Esferas.

No terceiro dia, após repetir a fase 0 e 1, a Origem é continuada na Esfera 2 (*Chochmah* - Sabedoria), onde é trazido o elemento positivo de consciência para este processo. Isso é conseguido por se concentrar apenas no princípio masculino da consciência aplicada para o objetivo. Não mais do que isso. O que quer que possa necessitar de uma consideração de um ponto de vista de planeamento deliberado e calculado no seu sentido mais amplo, e da maneira mais global. A oração deve ser repetida uma vez e iluminada a vela apropriada, o que significa que devem agora estar duas velas acesas. Estas podem ser apagadas em ordem inversa na conclusão da cerimónia. No dia seguinte, as fases 0, 1 e 2 são repetidas e a Esfera 3 (*Binah* - Entendimento) abordada. Desta vez a Origem é tratada a partir de um aspeto feminino e negativo da consciência envolvendo intuição e todos os aspetos mais suaves do objetivo visado. Isto é para ser feito num sentido mais abstrato, e no final da oração as velas 1, 2 e 3 devem estar acesas.

A fase criativa (*Briah*) começa no dia 5 na Esfera 4 (*Chesed* - Misericórdia), quando as orações número 0, 1, 2 e 3 são ditas e as velas acesas. O princípio e qualidade de

Misericórdia Compassiva é então aplicado ao objetivo. Tudo o que vem dentro dessa categoria, por conexão com ela, é concentrado e considerado enquanto a oração está a ser dita e a vela acesa. Todos os seus melhores aspectos são pensados e trazidos à mente. No dia 6, as ideias opostas são tratadas com a Esfera 5 (*Gevurah* - Severidade). Aqui, todas as possíveis desvantagens são consideradas e todas as correções calculadas. Todas as orações anteriores são ditas primeiro, as velas 1, 2, 3 e 4 acesas, e em seguida a oração apropriada do dia proferida e a vela 5 é acesa. Dia 7 vê a conclusão da fase Criativa, uma vez que os resultados das Esferas 4 e 5 são combinados na Esfera 6. O objetivo deve ser aqui visto como equilibrado, corrigido, e harmonioso em todas as suas partes, em princípio, tendo chegado a um ponto de prontidão, quando está pronto para a sua próxima fase de formação, na qual ele será definido para um grau onde ele só vai precisar de expressão na existência, a fim de se tornar uma produção finalizada. Quando pode ser contemplado em tal condição, a oração 6 deve ser dita e a vela acesa.

    No dia seguinte, quando as orações e as velas tenham sido ativadas para a Esfera 6, o processo de Formação (*Yetzirah*) pode ser iniciado na Esfera 7, que é Vitória (*Netzach*). Aqui, o objetivo pode ser considerado em detalhe pela primeira vez na medida em que as suas características vencedoras estão em causa. Tudo o que tem a ver com as suas possibilidades de sucesso deve ser pensado, e formulado com cuidado. Todas as ideias que possam auxiliar esse sucesso podem ser adicionadas aqui com detalhes definidos. Tudo isto é claro, deve limitar-se a níveis puramente mentais, nesta fase do desenvolvimento. Não há nenhuma razão para que isto não deva ser pensado em ocasiões anteriores para além da prática da Árvore. Depois de a oração ser dita e a vela acesa na Esfera 7, a atenção pode ser voltada para a Esfera 8 no dia seguinte. Aqui o fator Formativo é a Glória ou Honra (*Hod*). Desta vez, tudo o que tenha importância para evitar o fracasso e a desonra devido às relações com o objetivo deve ser considerado em detalhe muito definido e ser objeto de cuidadosa concentração. Novamente, isto deve ser mental, em vez de o colocar em palavras proferidas.

Note-se que em cada etapa: Origem, Criação e Formação, um movimento triplo é feito em primeiro lugar para o Branco Positivo (Pilar da Direita), depois para o Preto Negativo (Pilar da Esquerda), e, finalmente, para o Central Médio Dourado (Pilar Médio), que equilibra ambos em termos do nível que está a ser tratado. Neste ponto particular, é necessária a manutenção de condições favoráveis, evitando qualquer desonestidade ou qualquer coisa que possa diminuir a qualidade do conceito a ser tratado. Tendo condicionado este, tão cuidadosamente quanto possível, a oração deve ser dita e a vela acesa. No dia seguinte, a penúltima Esfera, a 9, pode ser abordada. Na Esfera 9 (*Yesod* - Fundação), é feita uma formulação mental finalizada quando este objetivo é encontrado como tendo atingido o seu máximo potencial por estar bem equilibrado entre a Vitória e a Honra, para que quaisquer ganhos obtidos sejam honrados, imaculados por conduta desonrosa e não adquirido endividamento Kármico. *Yesod* é o cumprimento dos sonhos e experiências visionárias, mas é também a categoria imediata de consciência de onde nós tiramos os nossos conceitos materializados. Se o nosso objetivo era um projeto de engenharia, *Yesod* equivaleria à oficina experimental onde os planos e projetos seriam associados entre eles, e juntos, antes de ser considerado completo como um produto comercializável. A principal preocupação aqui é a preparação para a projeção em condições mundanas. Está tudo imaginado como deve ser? Alguma coisa de importante foi omitida ou esquecida? Esta é a última ocasião para retificação de tais descuidos e toda a oportunidade deve ser aproveitada para fazer isso. Depois de iluminar as velas anteriores e ditas as orações relacionadas, a oração adequada da Esfera 9 é dita uma vez, e a vela acesa. Um sentido de imanência deve ser sentido antes da última invocação.

Na Esfera 10 (*Malchut* – Reino), o objetivo deve ser claramente especificado em palavras e dada a palavra de código de um nome de identificação que possa ser utilizado para futura comunicação. Esta formulação exata, necessita de antemão de trabalho muito cuidado, e que deve ser feito com alguma antecedência em papel, contudo nunca pronunciado em voz alta até o momento vital da cerimónia. A razão para isto é que nós não podemos saber com certeza antes de uma criança nascer, exatamente como é que ela vai ser até que realmente apareça neste mundo, altura em que nós podemos então especificar os detalhes óbvios como o sexo, a cor, a aparência geral e outros detalhes. Portanto, temos que descrever a natureza exata do agora chamado objetivo, o qual é convidado para o nosso mundo como um item integrante da sua composição, quer concreto ou conceitual. É importante aqui colocar muita pressão e insistência, nesta invocação em particular da Esfera 10 (*Malchut* – o Reino). A oração pode ser repetida várias vezes ou podem ser repetidos certos nomes, conforme possa parecer necessário. A descrição verbal do objetivo pode ser escrita ou dactilografada, e colocada ao lado em destaque ao lado do texto ritual. O nome de código pode ser escrito em maiúsculas ao lado da posição *Malchut* na Árvore da Vida, e certamente deve ser memorizado para futura utilização em conexão com o objetivo, como se ainda não evidente na terra ou de outro modo. É óbvio que este deve ter uma ligação estreita com o objetivo. Por exemplo, se este foi a provisão de dinheiro através de uma oportunidade de o ganhar, o nome de código poderia muito bem ser EARNOP[13] ou MAKEMON[14], enquanto que se o objetivo foi a obtenção de conhecimento esotérico da Qabalah, pode ser KABQUEST[15] ou LEARNLAW[16]. O que quer que identifique a mente do seu criador com efeito desejado.

Uma vez nomeado, o objetivo-busca deve ser tratado como uma realidade, quer se materialize como uma experiência terrena como se pretendia, ou assuma alguma forma alternativa e dificilmente reconhecida. As respostas às novenas passam muitas vezes desapercebidas por causa dos lapsos de tempo muito grandes ou alteração de características durante o processo de produção. Às vezes, é necessária uma considerável habilidade e prática para perceber que tal resposta de facto ocorreu, embora não exatamente como era esperada, nem no momento previsto. Há uma arte em obter respostas exatas a partir de pedidos por novenas ativadas pela Energia Eterna, e isso só pode ser

---

[13] Aglutinação das palavras inglesas earn (ganhar) e oportunity (oportunidade). Em português será ganhop, por exemplo. (N.T.)
[14] Aglutinação das palavras inglesas make (fazer) e money (dinheiro). (N.T.)
[15] Aglutinação das palavras inglesas kabbalah e quest (busca). (N.T.)
[16] Aglutinação das palavras inglesas learn (aprender) e law (lei). (N.T.)

desenvolvido por experiências inteligentes e práticas, cujo uso construtivo da Árvore Sagrada certamente deve encorajar. Nunca se deve supor que as novenas da Árvore são um atalho automático para a fama, riquezas e todas as vantagens da vida, que os seres humanos em geral anseiam sem merecimento, e geralmente sem sucesso. Elas podem e fazem contacto inteligente com níveis acima do normal da vida, abrindo assim caminhos de abordagem indisponíveis para almas pouco apreciativas. Uma vez que esses canais se tornam limpos com o uso repetido, muitas forças estranhas são capazes de fluir através deles e efeitos bastante inesperados são suscetíveis de ocorrer.

As diversas precauções inseridas nas orações devem ser devidamente apreciadas. A humanidade frequentemente exige favores que no mínimo não seriam benéficos, mesmo se assim pareçam a um olho desajustado. Por essa razão várias cláusulas de segurança foram cuidadosamente inseridas para proteger incautos peticionários da sua própria ignorância ou por importunação excessivamente otimista. Também deve ser especialmente observado que qualquer abuso deliberado do sistema de Árvore para fins maliciosos ou injustificados irá automaticamente negar qualquer ação adicional. Por exemplo, as tentativas de obter efeitos nocivos sobre os outros, ou ganhar aquisições ilegais, irão invocar imediatamente as cláusulas de cancelamento e encerrar os canais de comunicação. A Árvore da Vida foi deliberadamente concebida para não permitir o seu emprego para o que poderiam ser consideradas intenções más ou antissociais.

Pode-se supor que o ritual simbólico de acompanhar as orações peticionárias pelo acendimento de velas associados às várias Esferas poderia ser teoricamente dispensado, mas na verdade não pode. Se o objetivo desejado é instituir algo que acabará por ter uma ação em níveis da vida na terra, então com certeza têm que existir alguns sinais materiais simbólicos de tal acontecimento enquanto a solicitação está a ser feita. O que poderia ser mais apropriado do que a convocação de luz no ponto de intenção em questão? Nenhum praticante razoável deve negligenciar esta parte dos procedimentos.

Para alguns sectários hesitantes, pode-se dizer que o símbolo da Sagrada Árvore da Vida não é de modo algum um objeto de adoração, ou para ser considerado como qualquer espécie de ídolo. Não é mais do que o sinal físico de um sistema espiritual, e o indicador de um processo procedimental relacionando a Divindade e a Humanidade de uma forma racional e confiável. Os seus métodos combinam misticismo com a matemática num esquema científico e sensível que muitas pessoas inteligentes têm achado inestimável ao longo dos séculos. É claro que aqueles com compreensão adequada do esquema da Árvore irão naturalmente trabalhar melhor com ela do que outros, mas certamente a melhor maneira de aprender alguma coisa é praticar com os seus princípios, e o que se poderia provar mais prático do que uma apresentação sólida da Sagrada Árvore da Vida com as suas acompanhadoras iluminações? Então, se quem lê estas linhas está a pensar em pedir à Deidade algum favor especial, e ao mesmo tempo a perguntar-se como funciona a Sagrada Árvore da Vida, dificilmente se poderia fazer melhor do que adquirir um aparelho simples, mas eficaz para lidar com os dois projetos simultaneamente. Tudo o que eles irão precisar por outro lado, é uma pequena mesa ou outra superfície onde a árvore possa ser montada e permanecer intacta, exceto para a iluminação das velas durante toda a sessão.

    Usuários que assim o pretendam, são especialmente aconselhados contra tratar a Árvore como um dispositivo para induzir a Deidade a fazer o que quer que eles queiram e sempre que assim o exigirem. Ela não vai fazer tal coisa, mas apenas facilitar abordagens sinceras e sensatas feitas por uma razão suficiente em momentos apropriados. Ela pode naturalmente, ser usada exclusivamente para fins de contacto ou de meditação, sem quaisquer solicitações definidas a serem feitas, e sempre que tal se necessite. Neste caso, as orações e as luzes podem ser totalmente opcionais à discrição do operador. Qualquer quantidade de exercícios interessantes em deverá cedo sugerir-se para o pesquisador entusiasmado. Aqueles incapazes de pensar nisso por si mesmos devem fazer desse o objetivo da sua novena em primeiro lugar. Eles poderiam ser muito gratificados pelos seus resultados.

C. As Orações

ZERO ZOICO
(*Dito Silenciosamente*)

Eu invoco a Imanência da Energia Perpétua e Eterna, em nome de *OMNIL*[17]. Sê aquilo em que Te tornarás, devido à minha intenção intercetando o Seu fluxo livre de força para expressão eventual na nossa Terra. Eu irei inseminar o Seu Ventre maravilhoso com isto, o meu especial Pensamento-Semente. Que seja um ato de amor por si só, à medida que eu aguardo o trabalho dessa Vontade, através de cada uma das Esferas da na nossa Sagrada Árvore da Vida, até que ela se manifeste como *Malchut*, e complete o seu ciclo de Criação. Seja isso nascido das minhas crenças na beneficência que vem da Consciência Cósmica começando a partir da secreta e supremamente sagrada Fonte de *Ayn Soph Aur*.

(*Nenhuma vela é acesa aqui*)

PRIMEIRA ESFERA
(*Proferida em voz alta*)

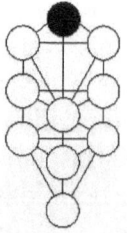

No Ápice da minha Ideação eu invoco as Leis da Vida com

---

[17] Combinação das palavras latinas *omnis* (tudo) e *nihil* (nada). O termo foi criado por William Gray, que o explicou originalmente no seu "Magical Ritual Methods". Ele escreveu: "O importante é ter meios de nos relacionarmos com toda a Existência através do seu Zero. Pode ajudar ainda mais se realmente cunharmos uma palavra para o Zero mágico. Combinemos o latim para "tudo" e "nada", e refiramo-nos à nossa potência neutra como OMNIL." (N.T.)

perfeita pureza de Propósito. Possa o Poder Providente e Original ser derramado no meu trabalho de vontade, que eu aqui ofereço à Omnipotência, para fiel e Divina Direção. Seja este desprotegido início, abençoado por todas as Energias e Emanações vindas através da Esfera de *Keter*, nesta origem da nossa Santíssima Árvore da vida.

(Fazer a Cruz Cósmica)

Em Nome da Sabedoria,
⊕ E do Amor,
E da Justiça,
E da Misericórdia Infinita
Do Eterno Espírito Uno. *Ámen*

(A vela branca é aqui acesa)

SEGUNDA ESFERA

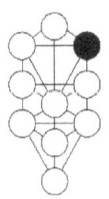

Eu vou trabalhar com Sabedoria para obter o que eu estou a pedir, proveniente das Mais Elevadas Mãos Celestiais, a Suprema Sagacidade deve sancioná-la, e a Infinita Inteligência inspirar a sua instituição. Quem é mais sábio do que o Senhor da Vida que conhece as nossas necessidades e lida com as nossas exigências como nós merecemos? Possa isso estar com o meu sincero pedido aqui apresentado à Esfera de *Chochmah* na nossa Sagrada Árvore da Vida.

(Fazer a Cruz Cósmica)

Em Nome da Sabedoria,
⊕ E do Amor,
    E da Justiça,
E da Misericórdia Infinita
Do Eterno Espírito Uno. *Ámen*

(*Vela cinzenta clara é acesa*)

TERCEIRA ESFERA

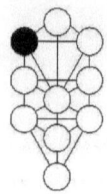

Do Entendimento é originado uma existência de compreensão, chegando apenas a partir da Mãe do nosso universo manifestado. Que Ela me possa ouvir enquanto eu peço a Sua ajuda com todas as minhas muitas aspirações e esperanças mais sinceras. Não recuses o meu pedido Ser Amado, se for possível dentro dos Teus Poderes de Providência. Envia certeza e socorro certo a partir da Bem-aventurada Esfera de *Binah* na nossa Sagrada Árvore da Vida.

(*Fazer a Cruz Cósmica*)

Em Nome da Sabedoria,
⊕ E do Amor,
    E da Justiça,
E da Misericórdia Infinita
Do Eterno Espírito Uno. *Ámen*

(*Vela negra é acesa*)

QUARTA ESFERA

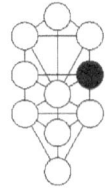

Magnanimidade e Misericórdia estejam comigo benignamente. Possa a Consciência Criativa cuidar das Suas conceções com a Compaixão e todos os recursos. Cria o que deve ser feito com carácter e nobreza natural. Deixa os seus atributos serem totalmente amáveis, e desperta em todos os corações humanos um sentimento de simpatia espiritual. Possam tais qualidades ser disponibilizadas para mim que peço e as busco em *Chesed*, o Compassivo sobre a nossa Sagrada Árvore da Vida.

(Fazer a Cruz Cósmica)

Em Nome da Sabedoria,
⊕ E do Amor,
E da Justiça,
E da Misericórdia Infinita
Do Eterno Espírito Uno. *Ámen*

(Vela azul é acesa)

QUINTA ESFERA

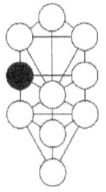

Rigor e Severidade estejam comigo fortemente. Criem uma consciência cuidadosamente convincente no que quer que apareça, porque eu lhe pedi que se torne ele próprio e atue como Deidade dirigida. Portanto, deixemos a devida Disciplina ser feita e depois aceite no espírito de conduta corretiva, como uma lição necessária para ser aprendida na própria vida. Possa eu encontrar tais Corretores Espirituais sempre nesta Esfera especial de *Guevurá* na nossa Sagrada Árvore da Vida.

(*Fazer a Cruz Cósmica*)

⊕ Em Nome da Sabedoria,
E do Amor,
E da Justiça,
E da Misericórdia Infinita
Do Eterno Espírito Uno. *Ámen*

(*Vela vermelha é acesa*)

SEXTA ESFERA

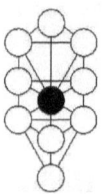

Sê Beleza Equilibrada mantida na Sagrada Harmonia, enquanto te ocupas com trabalho de suprema importância. Deixa que a Consciência Criativa se preocupe com a produção de um padrão perfeito, tipificando a vontade individual da identidade dentro dela. Assim possa a Energia Central Concentrada exercer um poder eficaz sobre cada partícula de contacto ao seu alcance. Seja isto para mim o toque abençoado de *Tipheret* o ponto de equilíbrio da nossa Santíssima Árvore da Vida.

(*Fazer a Cruz Cósmica*)

⊕ Em Nome da Sabedoria,
E do Amor,
E da Justiça,

E da Misericórdia Infinita
Do Eterno Espírito Uno. *Ámen*

(*Vela amarela brilhante é acesa*)

SÉTIMA ESFERA

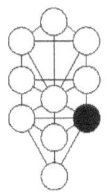

Vós Forças Formativas que agem sobre o objeto das minhas orações, vindiquem a minha visão com a verdadeira vitória. Moldem-na como deve ser, e projetem-na corretamente na perceção. Não permitam que me engane ou dececione, mas deixem isso tornar-se um valioso e válido recurso enviado das Fontes Espirituais Especiais. Seja esta bênção moldada e formada a partir de *Netzach* na nossa Sagrada Árvore da Vida.

(*Fazer a Cruz Cósmica*)

Em Nome da Sabedoria,
⊕ E do Amor,
E da Justiça,
E da Misericórdia Infinita
Do Eterno Espírito Uno. *Ámen*

(*Vela verde é acesa*)

OITAVA ESFERA

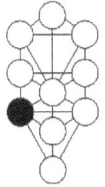

Gloriosos são os presentes generosos de Deus. Não são eles formados a partir do conhecimento das nossas necessidades e compreensão das nossas capacidades? Não devemos nós honrar e apreciar o que nos é enviado por Mãos Celestiais? Não discernimos a Divindade à medida que ela responde aos nossos pedidos? Quem pedirá pão e, lhe será enviada uma pedra para engolir? Aqui em *Hod* na nossa Santíssima Árvore da Vida, eu te imploro que o que seja melhor para mim seja sempre a minha resposta.

(Fazer a Cruz Cósmica)

Em Nome da Sabedoria,
⊕   E do Amor,
    E da Justiça,
E da Misericórdia Infinita
Do Eterno Espírito Uno. *Ámen*

(Vela laranja é acesa)

NONA ESFERA

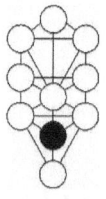

Fundação firme da nossa fértil fé aqui finaliza a sua formulação. Fixa e foca a minha especial iniciativa na sua melhor forma, antes que ela me enfrente como um facto dentro da minha experiência na Terra. Possa isso não se materializar até que os decretos da Divindade e todos os Coordenados do Cosmos estejam de acordo. Então, naquele instante, deixem-no viver uma existência independente materializada, interagindo com a minha própria, porque eu ordenei no seu interior e assim aceito o ónus dessa obrigação. Em *Yesod* na Santa Árvore da Vida os meus pensamentos voltar-se-ão para as verdades e eu prosperarei.

(Fazer a Cruz Cósmica)

**Em Nome da Sabedoria,
⊕ E do Amor,
E da Justiça,
E da Misericórdia Infinita
Do Eterno Espírito Uno.** *Ámen*

(Vela amarela pálida é acesa)

DÉCIMA ESFERA

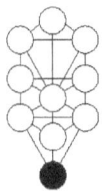

Deixe a Vontade do Céu viver para ser a Palavra e a Vontade de todos na Terra! Vem para este Reino do nosso tipo Ó tu a coisa-Pensamento da minha mente. Aparece neste meu reino da razão e realidade. Nasce no nosso mundo de saber e de espera. Não sejas mais ocultada por um manto de alusões abstratas e arcanas, mas sê vestida com as minhas palavras que te descrevem em detalhe .... *(aqui segue-se a descrição)*. **Recebe também um nome de reconhecimento por mim, de modo a que a comunicação possa ser simplificada. É ....** *(o nome do seu pensamento criação)*, **enquanto o meu é ....** *(o seu próprio nome)*, **que te invocou para a expressão na terra. Possa o nosso relacionamento ser bom entre nós nesta Esfera de** *Malchut* **na Sagrada Árvore da Vida.**

(Fazer a Cruz Cósmica)

**Em Nome da Sabedoria,
⊕ E do Amor,
E da Justiça,**

E da Misericórdia Infinita
Do Eterno Espírito Uno. *Ámen*

(Os quatro velas especiais de cor da Árvore, que representam os ciclos nesta terra, são acesas. Elas são coloridas respetivamente, de verde-claro, verde-escuro, castanho-avermelhado e castanho)

D. Epílogo

Mais uma vez, deve notar-se que a posição de *Ayn Sof Aur* é mostrada acima do diagrama do Árvore da Vida, apesar de não ser incluído na representação das velas que indica apenas as Esferas reais ou dez campos de força de energia tipificados, porque são com estas que estamos a lidar neste trabalho. Assim, a invocação inicial dirigida a *Ayn Sof Aur* é feita geralmente em silêncio com os olhos fechados ou em escuridão para a luz individual em si mesmo, que é o poder potencial por trás de cada ação pretendida. Assim, não há necessidade de iluminação física, neste ponto, porque está a ser procurado o contacto com a fonte pré-criativa da Suprema Energia Espiritual. Isto é o equivalente a uma impregnação sexual, destinada a se desenvolver posteriormente em tudo quanto possa ser pretendido. Se esta fosse uma fertilização humana, tal resultado só poderia ser um ser humano, masculino ou feminino.

Contudo uma vez que estamos preocupados com fenómenos superfísicos neste exercício em particular, tal desenvolvimento subsequente visa termos completamente diferentes da verdade. Tanta coisa depende deste ato inicial impregnativo que é difícil aconselhar como deve ser feito, por isso aqui a imaginação do operador pode ajudar consideravelmente com a estrutura deste ato essencial. Aí certamente deve haver um silêncio e deve ser feito um mínimo de movimento durante a apresentação deste ponto, e cada procedimento repetitivo deve ser tão idêntico quanto possível.

Na Esfera final, não 1, mas 4 velas são acesas para indicar o número de expressão de acordo com o esquema-árvore. Elas são das cores das estações e devem ser acesas por essa ordem. A verde-clara para a primavera, a verde-escura para o verão, a castanha-avermelhada para o outono e a castanho-escura ou preta para o inverno. Tais são as cores da folhagem das árvores nesses momentos. Isto traz o elemento de tempo ao nosso processo e enfatiza a diferença entre a condição de *Malchut* e as outras esferas. Por essa razão, é apresentado como sendo quadrado, para indicar os ângulos agudos da vida mundana e todos os seus cantos curiosos com os seus problemas apontados.

Apesar da inquietação que um aparente total de 13 velas possa causar, uma garantia pode ser feita aqui de que existem na realidade 10 velas, uma vez que a iluminação especial em *Malchut* está a atuar como um única vela mostrada em quatro modos de apresentação. Assim, o número teórico de luzes na nossa Árvore permanece inalterado e a sua simbologia ainda precisa.

Seria bom acrescentar uma palavra final de advertência. Assim que a novena é iniciada, ela nunca deve ser abandonada com exceção de razões muito graves, como doença ou alguma outra adversidade. Interrompê-la por causa do tédio, ou por algum motivo trivial, convida a má-sorte sobre aqueles que tratam os seus compromissos espirituais com uma tal indiferença. Uma interrupção acidental pode certamente ser recomeçada desde o início, mas é sempre melhor verificar se há qualquer risco de interferência com o programa de oração projetado. As melhores regras a seguir são as de regularidade e ritmo, juntamente com um compromisso claro. Assim, deve a Sagrada Árvore da Vida ser servida por aqueles que procuram os seus favores.

**LOUVADA SEJA A NOSSA SAGRADA ÁRVORE
DA VIDA
EM TODAS AS ESFERAS SAGRADAS
E POTENTES CAMINHOS PARA TODO SEMPRE.
ÁMEN**

Capítulo 5
O OFÍCIO DA SAGRADA ÁRVORE DA VIDA

A. Introdução

Este Oficio é um compêndio de preces, meditações, e exercícios espirituais para uso regular pelos Qabalistas práticos nas suas devoções diárias e periódicas. Consiste numa secção de prece separada para o *Ain Soph* e todas as dez Esferas, mais uma Invocação de Caminho especial para cada um dos 22 Caminhos ou conexões entre as Esferas como delineado no próprio Glifo-Árvore. Há também uma curta série de declarações e respostas para relacionar as requeridas Esferas e Caminhos juntos, de modo a compor uma prática devocional útil. Alguns assuntos adicionais foram acrescentados, tais como fórmulas de bênção, credos rápidos, hinos e assim por diante, para serem usados à discrição pelo praticante.

O plano geral para o uso do Oficio é utilizar um único Caminho por dia, e trabalhar com firmeza do topo para a base da Árvore, depois voltar atrás num contínuo plano de prece. Embora o escrito tenha sido arranjado muito cuidadosamente para o canto Gregoriano ordinário como uma curta e completa cerimónia, quer solitária quer com companhia, pode também ser lida ou recitada em silêncio ou audivelmente conforme requerido. Este Oficio é melhor trabalhado, como a última coisa antes de dormir, de modo a que a alma esteja capaz de meditar e viver com esse Caminho particular durante o repouso físico.

Ver-se-á que cada invocação da Esfera e do Caminho é construída por uma ligação associada aos Quatro Mundos, e outros conceitos conectivos incluindo simbologia sensória das cores, aromas, e várias atribuições convencionais de Nomes de Deus, Arcanjos, Anjos, personificações planetárias, Figuras

Telésmicas, etc. A maneira costumeira de conectar as Esferas é pelos seus respetivos Caminhos. Assim o procedimento geral é lidar com as frases introdutórias, selecionar e ler ou cantar o primeiro de qualquer par de Esferas que se liga com os extremos de um Caminho escolhido, depois trabalhar a Esfera na sua extremidade distal, e finalmente pronunciar a própria invocação do Caminho. Depois disto, reservar alguns momentos de meditação sobre esse Caminho particular. O que quer que possa ser cortado ou encurtado no Ofício, a meditação do Caminho do dia deve ser vista como obrigatória, porque isto é o contacto Interior do Espírito-Vida vivificando todos os nossos conceitos-Árvore. Assim que esta meditação esteja completa, serão dados os cantos de despedida e as respostas, e o Ofício diário foi então devidamente oferecido ao Espírito Vivo que deve servir.

Numa forma cerimonial, um Ofício pode ser tão simples ou elaborado quanto se achar necessário. O traje convencional consiste de um hábito simples e um cinto sem nenhuma ornamentação em especial. Os capuzes são para serem usados como no trabalho meditacional. As luzes devem estar a um nível baixo. Sinais por batidas numeradas para as Esferas, um bater de palmas para anunciar o Caminho, ou então suaves golpes de gongo. Música de fundo ou algo semelhante segundo a vontade, mas o período de meditação deve ser silencioso. O líder, é o que canta as declarações em estilo cântico Gregoriano e deve proclamar também o Caminho, é ainda responsável por terminar o período de meditação. De maneira diferente as Esferas são trabalhadas entre todos em estilo de cântico ou por recitação rítmica com baixa ressonância. É usual estar de pé para a introdução, despedida, e proclamação do Caminho, mas estar sentado para as Esferas e, é claro, para a vital Meditação.

A verdadeira função deste, ou de qualquer Ofício, é abrir e desenvolver nas almas que o usam, um sentido espiritual da sua própria existência e continuidade num estado de Cosmos Interior em níveis de vida que se estendem muito além das fronteiras da matéria manifestada. Isto irá certamente suceder desde que o uso rítmico e regular seja feito num Ofício. Esse é o mais importante fator de todos, o qual pode ser resumido como: Constância no Contacto Consciente com o Cosmos Interior e os seus Conceitos.

O uso ritual completo de um Ofício é improvável que seja uma proposição prática todos os dias para muitas pessoas modernas. Não obstante, o mínimo que pode ser feito é levar o livro do Ofício algures com a pessoa no bolso ou mala. Se o uso diário deste consiste em não mais do que uma abertura única, um rápido olhar através de apenas um parágrafo, depois voltar a guardar o livro no seu lugar até à próxima vez, isto constitui um Ofício de tipo simples, o qual está vinculado a conduzir as almas para a luz. É melhor fazer um mínimo fiel e regularmente, do que esporádicos e desarticulados alardes de performance. Se, digamos, um mínimo diário e um esforço mais alargado semanal é possível, esse será um uso sensível e muito útil.

Toda a fé maior tem um Ofício de alguma descrição, e ao oferecer o presente Ofício para uso por aquelas relativamente poucas almas que seguem o Sistema Qabalístico de associações Humanas-Divinas, é sentido que uma ligação que faltava há muito foi por fim forjada na grande cadeia de consciência ligando Deus com o Homem no Espírito da Vida Eterna. Possa isto ser de facto verdade.

Em Nome da Sabedoria,
⊕ **E do Amor,**
E da Justiça,
E da Misericórdia Infinita
Do Eterno Espírito Uno. *Ámen*

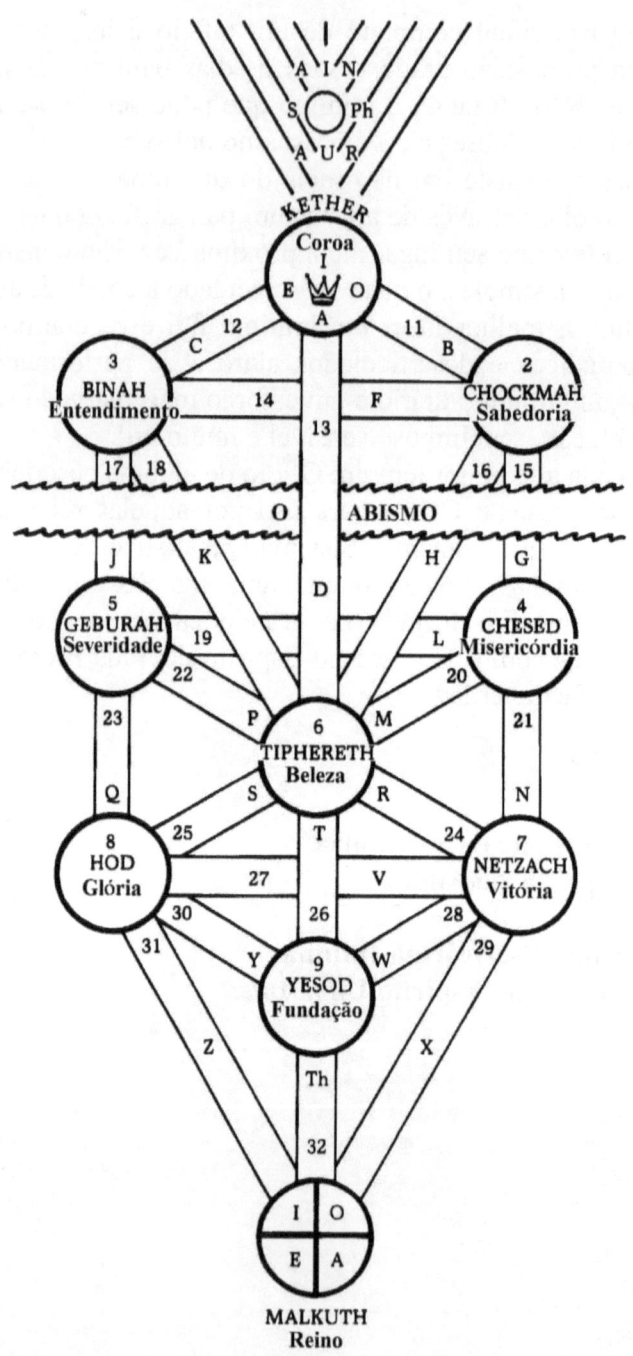

B. O Ofício da Sagrada Árvore da Vida

i. O Ofício
[*Em pé*]

Em Nome da Sabedoria,
⊕ E do Amor,
   E da Justiça,
E da Misericórdia Infinita

Do Eterno Espírito Uno. *Ámen*

Abençoada seja a luz pela qual nós aprendemos as leis da vida.
Resposta: Santa é a Árvore cujos seus frutos satisfazem para nós a fé que colocamos em todos os seus poderes.

Abençoados sejam os Princípios e Caminhos através da Árvore que constituem o nosso cosmos consciente.
Resposta: Décupla é a verdade da nossa amada Árvore, enquanto dois e vinte são os caminhos entre os seus abençoados ramos.

Da mera mortalidade entre a humanidade, a nossa Árvore eleva-se a uma infinita extensão da existência passada como identidade em Perfeita Paz Profunda.
Resposta: Vamos então encontrar e seguir fielmente o nosso presente Caminho na Sagrada Árvore da Vida entre os Princípios de…e…Assim Seja…Ámen.

(*Batidas da Esfera de partida*)   [*Sentados*]

Bendito sejas tu para nós, Ó tu Princípio Primeiro de…

Em Nome da Sabedoria,
⊕ E do Amor,
   E da Justiça,
E da Misericórdia Infinita

Do Eterno Espírito Uno. *Ámen*

(Invocação da Esfera em questão)
                                                      [*Sentados*]

(Batidas da Esfera de chegada)
                                                      [*Sentados*]

Bendito sejas tu para nós, Ó tu Principio Último de...

Em Nome da Sabedoria,
⊕   **E do Amor,**
     E da Justiça,
E da Misericórdia Infinita
Do Eterno Espírito Uno. *Ámen*

(Invocação da Esfera em questão)   [*Sentados*]

(Um bater de palmas único)   [*Em pé*]

Bendito sejas tu para nós, Ó agradável caminho do meio que nós devemos percorrer entre as extremidades da nossa existência neste presente momento.

Em Nome da Sabedoria,
⊕   **E do Amor,**
     E da Justiça,
E da Misericórdia Infinita
Do Eterno Espírito Uno. *Ámen*

(Invocação do Caminho)   [*Em pé*]

Bendita seja a informação e iluminação que experimentaremos através da meditação deste potente Caminho.

Em Nome da Sabedoria,
⊕   **E do Amor,**
     E da Justiça,

E da Misericórdia Infinita
Do Eterno Espírito Uno. *Ámen*

(Curta Meditação) [Sentados]

CÂNTICO

Glória a ti
Ó vivo de luz.
Possamos nós para sempre estar
No teu caminho reto

Orienta-nos a partir de cima
De acordo à tua lei,
E possa o teu amor sem limites
Estar connosco para sempre.

Que o teu sublime projeto
A Árvore de Deus e do Homem
Tanto humana como divina
Prove o nosso mais perfeito plano. *Ámen*

Graças sejam dadas, porque nós estamos melhores para a vontade que tem trabalhado em nós.
Resposta: Mudemos agora a consciência do cosmos interior para os nossos níveis normais de viver.

Devido ao que aconteceu em nós, possamos nós partilhar algum benéfico com outras almas.
Resposta: Bendito seja o que foi feito connosco, e assim que possam todos experimentar a divindade em qualquer forma que eles queiram.

Em Nome da Sabedoria,
⊕ E do Amor,
E da Justiça,
E da Misericórdia Infinita
Do Eterno Espírito Uno. *Ámen*

ii. Invocações das Esferas

AIN SOPH AUR
Princípio da Luz por trás de todo o Ser

Ó Perfeita Paz Profunda além de todo o ser; tu que não és o que tu queres não-ser.

Ó Cifra Cósmica infinitamente inexistente; Zénite-Zero de verdade transcendente.

Não identificável Tu és, e totalmente além de qualquer coisa és tu.

Nada existiria como qualquer coisa; a menos que o teu núcleo universal de zero comece o seu ser.

Tu és o fator primeiro pré-primário e fator final da emergente e igualada energia.

Ilimitado és tu que não vives; não nascida e ilimitada é a tua luz não iluminada. Nós reverenciamos em ti todo o nosso universo não manifestado; para-ser tu és o puro potencial.

Não conhecemos nenhum símbolo para ti; nem para ti temos nós nenhum nome exceto necessidade de nada.

Ao ganhar vida nós perdemos-te; e pela nossa perda de vida tu ganhas-nos a nós.

Os nossos meios solitários de reconhecer a tua realidade estão em nós interiormente, através da calma silenciosa dos nossos sentidos.

Com reverência aceitamos a tua verdade; e agora esperamos por ti com adoração devida.

Assim seja. Amém

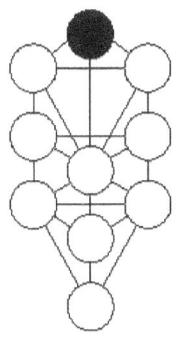

KETHER
Princípio da Coroa Sumativa

Ó Tu Espírito Solitário de Toda a Existência; Gerador de Todo o Ser e Luz de Cada Vida.
 Tu és o que tu queres ser dentro de ti mesmo; Ó Ancião dos Anciãos.
 Oculto do oculto Tu és; o teu fim e origem estão só em ti mesmo.
 Tu és a fonte e soma de todas as almas; Ó Ponto Perfeito de tudo e todos.
 Tu, primeira entidade emergente sobre a Árvore Sagrada da Vida; Coroa da Consciência e ápice do conhecimento.
 Ó Luz das Luzes, nós somos as tuas faíscas separadas; que buscamos a nossa realização na tua chama sagrada.
 Que possam as nossas almas buscadoras erguer-se para ti; até que se juntem ao teu esplendor reinante.
 Mais Mística Inteligência além da compreensão dos seres criados; inspira em nós um sentimento da tua realidade verdadeira.
 Então, finalmente, na tentativa de alcançar-te; podemos certamente vir a nos conhecermos a nós mesmos.
 Ó Mais Alta Santidade do Mundo da Origem; a tua voz tranquila respira o teu nome - *Eheieh (Ehyeh)*.
 Cegos não nos tornes pelo teu brilho incomparável, mas encoraja-nos a viver por alguma luz que nos permita reconhecer a tua realidade absoluta.

Muito poderoso *Metatron*, tu privilegiado Arcanjo da Presença Perfeita Única; media para nós no mundo criativo que nenhum outro poder senão tu pode lidar face a face.

Brilha tu diante do trono abençoado da verdade; como a mais pura luz derramada em bênção.

Chaioth ha Qadesh (Chaiot ha-Kodesh) vós sois as Santas Criaturas Vivas e os primeiros anjos formativos; defendei a dignidade da vida ante todas as dignidades menores.

Eleva também os nossos corações e leva as nossas orações ao céu; como uma oferta de âmbar elevando-se dos nossos altares terrenos.

Brilha tu como um farol espiritual; e torna-te os nossos bem-vindos fogos de vigia do caminho interior.

O Movimento Original da nossa matéria, com as nebulosas em turbilhão expressas à existência; sê para nós o sinal do Cosmos saindo do caos. Deixa a luz na escuridão das tuas chispas douradas criadas no espaço, despertar-nos para olharmos acima de nós mesmos e encontrarmos a iluminação.

Tu O Mais Antigo do Grande Rosto Eterno, *Ámen*; em ti nada é esquerdo, mas apenas o direito permanece.

Ancião dos Dias, sê tu todo o nosso significado, e apenas a um ponto de nos tornarmos seres separados dentro de ti.

Bendito seja o teu símbolo da cruz rotativa e quietude central; em torno do teu ponto de equilíbrio todos os poderes giram para sempre.

Que a tua luz em nós revele a tua verdadeira intenção para connosco; que pela sua ajuda possamos fazer o que tu queres através da nossa continuidade em ti para sempre.

Assim seja. Ámen.

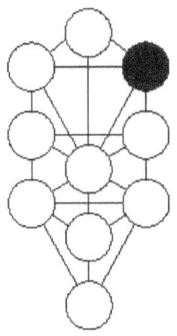

CHOKMAH
Princípio da Sabedoria Eterna

O Espírito Supernal da nossa Procriação Original; força Pai da Vida tu és, projetada nas pessoas.

Envia o fluxo vivo da tua semente mais sagrada; para que cada alma viva proclame a tua paternidade.

Possa todo e cada da nossa humanidade reconhecer a autoridade da tua Divindade.

Tu Segunda esfera sobre a Árvore Sagrada da Vida; louvado seja o teu paternal princípio da sabedoria.

A verdadeira sabedoria foi trazida diante de todos os outros atributos; e o seu início está na nossa perceção de ti como o nosso Patriarca Supremo.

Ó tu Omnipotente Omnisciência; possamos nós ser sábios dentro de ti.

Inteligência da verdadeira iluminação manifestando a mais alta magnificência; seja exaltada sobre nós eternamente.

Permite-nos alcançar a entidade imortal; existindo contigo eternamente. Nome dos Nomes dentro do mundo das origens; que nunca pode ser dito por mortais, salvo por meio da substituição.

Tetragrammaton! Tu fizeste-nos na tua mente; torna-nos mais conscientes de ti em nós mesmos.

Tu és o espírito da nossa sapiência; a tua beneficência em torno de nós é como um suave céu azul.

Arcanjo *Ratziel*, tu o arauto da Santa Sabedoria em toda a criação;

Falas a partir do cume da tua montanha mística. Proclama-nos em voz alta a palavra que nós perdemos na terra; para que nos possamos lembrar de como recuperar o Céu.

Protege-nos com o teu bom manto cinzento de todos os perigos possíveis sobre este caminho.

Ordem de Anjos *Auphanim*, verdadeiras rodas do mundo formativo; trabalhem bem connosco através dos nossos ciclos de vida na roda incessante de mudanças cósmicas.

Ó pérola iridescente, leva os nossos pensamentos à santa presença; como o aroma estimulante de almíscar faz sentido para os nossos sentidos.

Mazloth, tu a influência misteriosa aparecendo em expressão como o nosso zodíaco; seja a tua cruz solar e o círculo, o significado, da nossa salvação.

Deixa a tua suave luz branca, brilhar em torno de nós que veremos todas as cores cósmicas no nosso espectro espiritual.

Todo-poderoso *Abba* nosso primeiro pai; tu criaste-nos do teu ser.

Sagrado seja para nós na terra o teu símbolo da pedra erguida; ou vara ereta e forte no seu significado.

Tu és a nossa mais confiável torre da verdade; estabelece-nos no topo dela com o teu direito cetro.

Pega nos nossos ombros esquerdos e dirige-nos pela via vertical; que fica ao longo da linha de luz, da nossa indignidade à tua Divindade.

Assim seja. Ámen.

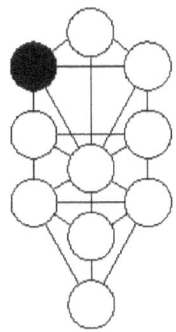

BINAH
Princípio do Entendimento Omnisciente

Ó tu Mãe Misteriosa de cujo ventre todas as entidades menores emergem; de ti as nossas almas são estabelecidas como egos nas suas vias de progresso.

Tu és *Aima* escura esperando a impregnação pela semente de luz; *Aima* és tu à medida que arde dentro de ti no seu caminho para o nascimento.

Ó Mar Espiritual suportando a vida como o espaço suporta um universo; sejamos suportados em ti com a máxima proteção e segurança.

Terceira sobre a Árvore Sagrada tu és Ó Entendedora; a tua compreensão total cobre o Cosmos completo.

De ti, Ó Mãe, nós herdamos a intuição; e tu és o instinto de todas as criaturas conscientes.

Nós consideramo-nos como teus filhos escolhidos; cuida de nós que temos confiança em ti.

Ó inteligência Santificada em quem começa a perceção primordial; tu és a fonte de fé e mãe adotiva de fidelidade.

Ensina-nos a aceitar-te absolutamente; acredita em nós assim como nós temos razões para confiar em ti.

Ó Matriarca de toda a Humanidade no mundo das origens *Evoi Elohim*; tu és Mãe para mesmo os maiores deuses.

Só tu és amante dos poderosos; vermelha é a tua roupa com o sangue de todos os que vêm a ser.

Arcanjo *Tzaphkiel* que cuidas de cada entidade do mundo criativo; guia e protege-nos durante a gestação e na escarnação.

Que possamos encontrar um santuário abençoado sob teu manto negro ocultador; quando devemos aguardar a comunhão com o silêncio sagrado.

Ordem de Anjos dos *Aralim*, vós assentos de sapiência no mundo formativo; defendam-nos enquanto tentamos entender os significados dos Santos Mistérios. Como nós às vezes nos enviamos a nós próprios para um estado de espírito castanho profundo[18]; por isso enviamos os nossos sentidos para a mente universal, como a mirra é oferecida na via da adoração.

Tu, Esfera de Saturno em termos expressivos não és para nós um sinal de tristeza; mas um símbolo de estabilidade e comportamento sensato.

Tu és o contrapeso da criação; e a realização do teste certo de toda a verdade.

Que possamos reconhecer dentro do teu cinzento pálido, os tons rosados que falam de uma ressurreição dourada iminente.

Ó Mãe Supernal, nós dependemos da tua Divindade para a vida e a nossa perceção da sua finalidade, em ti percebemos uma promessa de entidade eterna.

Sagrado seja o teu símbolo de uma pedra estendida na terra; e honrada seja a taça de celebração ou o caldeirão de um círculo consagrado.

Pega com firmeza e segurança nos nossos ombros direitos; em seguida, completa o teu curso cósmico connosco para sempre.

Assim seja. Ámen.

---

[18] William Gray associa a cor castanha com a contemplação, estudo e introspeção, daí a frase "humor castanho profundo" ("deep brown mood" no original). Pode-se considerar que isso diz respeito à seriedade das bibliotecas (tradicionalmente salas com painéis de madeira castanha escura). (N.T.)

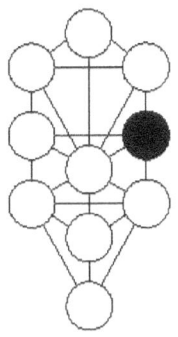

CHESED
Princípio da Compaixão Perpétua

Ó tu, o Bom Governador da Vida com uma autoridade afetuosa; tu dás-nos a tua atenção com um generoso divertimento.

Uma vez que fomos criados com uma gargalhada; deixa a felicidade espiritual e santidade ser verdadeiramente uma.

Nós oramos para que possamos sempre agradar-te; dando-te a forma mais elevada de qualquer entretenimento.

Quarto sobre a Sagrada Árvore da Vida tu és, Ó Gentil Rei do Cosmos; a tua beneficência estende-se a todos os seres.

Magnanimidade e misericórdia são os teus atributos; tu preocupas-te com o cuidado e o consolo pelas tuas criaturas.

Ilimitadas são as bênçãos da tua bondade; e nós somos consolados pela tua compaixão.

Ó tu recetor de inteligência, tu o mais ousado de todos os poderes sagrados; de ti emana a essência das virtudes exaltadas.

Coesiva é a tua consciência especial; envia-nos uma parte dela às nossas almas.

O teu nome é singularmente simples no mundo das origens; *El* apenas és tu, o único de sempre para sempre.

Violeta parece-nos o véu diante da tua face; sê bom e gracioso para nós para sempre.

Arcanjo *Tzadkiel* muito justo és tu no mundo criativo, guia-nos gentilmente em qualquer forma que devamos ir.

Sê indulgente com as nossas falhas frequentes, e corrige os nossos cursos com as tuas vigas de azul brilhante.

Ó Ordem de Anjos *Chasmalim* com o vosso dom especial de expressão alegre no mundo formativo; bem-vindas para nós, sejam todas as vossas palavras de fiéis sentimentos amistosos.

Levem os nossos pensamentos para o céu como o perfume de cedro numa brisa de mar nascida; e possa um lugar agradável nos aguardar nas sombras púrpuras das tuas secretas sombras.

Tu, expressiva Esfera de Júpiter concede-nos a tua jovialidade; torna-nos prósperos sobre este planeta.

Ajuda-nos a ganhar e depois desfrutar; as ricas recompensas dos nossos esforços na nossa terra.

Leva-nos em frente com a tua luz azul profunda; o que aponta para a felicidade que vem para cada alma.

Tu és o recompensador dos justos; que possamos ser reconhecidos dentro do teu reino.

Que possamos ser felizes em compartilhar os teus dons; com aqueles que realmente precisam deles em teu nome.

Bendito seja o teu símbolo da forma quádrupla; e o cetro espiritual da soberania.

Pega nos nossos braços esquerdos e guia-nos graciosamente, através do teu caminho que conduz à perfeição.

Assim seja. Ámen.

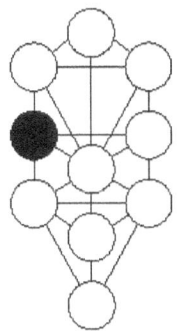

GEBURAH
Princípio da Justiça Omnipotente

Ó tu Espírito da Severa Economia através da existência; tu és o eterno inimigo do mal.

Ao fazer o homem observar a obediência dos teus decretos divinos; tu também nos pões sujeitos à tua autoridade.

Não lides connosco puramente em desertos passados; mas por causa do que nos havemos de tornar quando aprendermos as nossas lições.

Quinta na Sagrada Árvore da Vida és tu O Guerreiro Sempre Vencedor; tu és o campeão certo do Cosmos.

Inflições de injustiça são vingadas por ti; nenhuma maldade prevalece contra o teu poder.

Em ti nós confiamos para restituição dos nossos direitos; e nós obedecemos aos teus pedidos com respeito e reverência.

Radical é a tua inteligência, estando arraigada na profundeza da razão; princípios de retribuição são os teus, inteiramente livres de paixão.

Sensível é a tua sincera severidade; possamos nós nos aperceber da sua imparcialidade.

Elohim Gebor és tu o Superador dentro do mundo das origens; que possamos nós ser dignos merecedores de inclusão nas tuas sagradas hostes.

Vamos agir sempre com confiança e coragem constante; defendendo as nossas crenças na tua Divindade sob a tua bandeira laranja.

Arcanjo *Khamael* tu queimador do mundo criativo; limpa a corrupção em nós com a tua tocha da verdade.

Liberta as nossas almas de toda a falsidade imunda; pelo teu fogo mais fiel que derrete os nossos grilhões com as suas ardentes chamas escarlates.

Ó Ordem de Anjos dos *Serafim*, vós Serpentes Ardentes da formação; queimem as nossas ideias de vingança, raiva, ou qualquer comportamento temerário.

Esterilizem vós tais infeções da alma, como um antídoto amoniacal, dissipa todos os perigos do ácido; e seja o vosso emblema escarlate brilhante, um compromisso honrado de saúde e pureza.

Tu poderoso, expressado como Marte, perdoa-nos a criação de conflitos estúpidos; possamos nós não desperdiçar este mundo com guerras selvagens.

Deixa-nos aprender em vez disso, a combater os inimigos dentro de nós mesmos, sem causar ferimentos uns sobre os outros.

Seja o teu estandarte, de um rigoroso vermelho e preto; a nossa melhor lembrança desta questão tão importante.

O tu poder predominante cujos símbolos são a espada e o chicote; sê para nós um cirurgião, não um matador.

Ajuda-nos a perceber as razões pelas quais devemos encontrar coragem e enfrentar fielmente os perigos e catástrofes, nos nossos Caminhos para a paz.

Leva-nos pelos nossos braços direitos e faz-nos resolutos; que possamos nós conquistar todas as adversidades contra a tua causa cósmica.

Assim seja. Ámen.

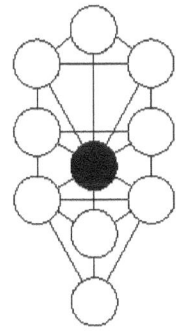

TIPHERETH
Princípio da Beleza Transcendente

Ó tu Espírito Cósmico Central da Luz Viva; a existência inteira suspende-se sobre o teu ponto de equilíbrio perfeito.

Que possamos receber o teu brilho nas nossas almas; de acordo com nosso estado de prontidão para tão intensa iluminação.

Não nos deixes exigir mais luz de ti do que a que podemos aguentar; com dignidade e honra para a tua alta Divindade.

Sexto sobre a Sagrada Árvore da Vida tu és, Ó Belo e Abençoado Ser; a tua imagem é como a inocência imolada.

Sacerdote-Rei e Filho Ressuscitado de sangue verdadeiro e real és tu; perpetuado ao longo da tua linha de luz para sempre.

Que possamos nós que nos sacrificamos em espírito; relacionarmo-nos contigo na realidade.

A tua inteligência é intercessora como um mediador; emitindo influências através de ti próprio que oferecem inspiração para toda a humanidade.

Tu trazes o que é melhor para cada um carregar; possamos nós experimentar a tua verdadeira iluminação.

Tu és *Aloah Va Daath* o Conhecedor de Toda a Vida dentro do mundo das origens; tornemo-nos também conscientes de que vivemos em ti.

Que possamos reconhecer os teus raios rosados de ascensão; que o esplendor da tua Divindade certamente nasça sobre nós.

Como Deus és tu, Arcanjo *Michael* no mundo criativo; nós oramos pedindo a tua proteção.

Livra-nos de um destino de fogo; e liberta-nos, com o teu raio de luz, de todo o mal.

Envia-nos os teus dourados de graça para nos proteger e guiar; passadas todas as armadilhas que impedem o progresso nos nossos caminhos.

Ordem angelical dos *Malachim*, vós sois os reguladores do mundo formativo; ajudem-nos a governarmo-nos a nós mesmos antes de buscar o controlo dos outros.

Corrijam a nossa conduta com cuidado, com os vossos lembretes rosados.

Levem os nossos pensamentos até ao olho do Céu; como o melhor franquincenso elevando-se dos nossos altares terrenos.

Ó Centro Solar do Cosmos manifestado; tu és o nosso mais antigo sinal de ordem espiritual.

As tuas estações mostram os nossos Caminhos de passagem de progresso; e tu és o ponto à volta do qual nós rodamos neste planeta.

Leva-nos pela tua luz dourada-âmbar; pelo teu sistema secreto interior.

Tu és o semblante menor que esconde o rosto santo que nenhum mortal pode ver; deixa a nossa visão interior desperta ser desvelada do véu da ignorância voluntária.

Honrada seja a tua cruz e cubo em conjunto com a estrela de seis pontas; tua é a harmonia que mantém as esferas em conjunto como um todo.

Que o teu sagrado sinal LVX resplandeça; de cada peito vivo para sempre.

Assim seja. Ámen.

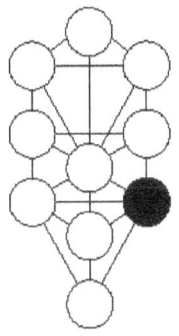

NETZACH
Princípio da Incessante Vitória

Ó tu Espírito Amável da Realização; a tua verdade deve triunfar sobre tudo no tempo.

Tu fazes com que não se ganhe o teu caminho com guerras malévolas; mas ganhando-o com supremacia, lentamente pela gentileza da alma.

Que possamos nós também vir a partilhar o teu sucesso; conquistando condições postas contra a realização da tua paz potente.

Sétima na Sagrada Árvore da Vida és tu; Ó Força da Vitória Feminina e Virtuosa.

Tu és Ela na qual as brutalidades se apaziguam; e são absorvidas pelo teu senso amativo subjugador da suavidade.

Reforma a nossa rudez e o nosso mau comportamento; que a luxúria se transforme em nós antes num amor ardente.

Escondida da humanidade está a tua inteligência, pela sua ocultação; cortesia e charme vêm àquelas almas que te cultivam.

Apenas as mais profundas percepções te irão discernir; em êxtase só tu és experimentada.

Yahwe Tzabaoth é o teu nome no mundo das origens; tu queres ser para cada um de nós como a tua total entidade.

Deixa-nos perceber o teu ambiente com cada raio âmbar atraindo a nossa atenção; e possamo-nos tornar conscientes de ti com todos os nossos sentidos espirituais.

Arcanjo *Auriel* no mundo criativo és tu; que como uma lâmpada confirmada na terra exemplifica a luz do Céu.

Protege-nos de forma segura e firme com a tua égide esmeralda; defende as nossas sensibilidades da alma, de profanação.

Ó Ordem Angélica dos *Elohim* no mundo formativo; vós sois como as imagens interiores divinas que a humanidade pode olhar e viver.

Sejam graciosos para nós nos vossos bosques de ouro-verde, onde se move a música que nos faz felizes por estarmos vivos.

Enviem as nossas súplicas como o perfume de sândalo para o Céu; que podemos esperar por felicidade na existência na Terra.

Tu Brilhante do amanhecer e entardecer expresso por trás do véu de Vénus; brilha sobre nós com simpatia doce para as nossas almas aspirantes.

Que possam as tuas vestes douradas-oliva dar-nos agradável graça; e significar uma vida estimulante da de pacífica abundância.

Ó Amável Senhora do Prazer Divino, tu és a necessidade profunda das nossas naturezas divididas; satisfaz os nossos sentidos espirituais, para que estejamos conscientes do contentamento completo.

Tu cujos sagrados símbolos são o cinto e a lâmpada; guia-nos suavemente pelo teu toque terno sobre as nossas ancas esquerdas.

Deixa-nos amar-te sempre e mostra-nos a tua verdadeira afeição; quando vimos a ti em busca do conforto, conselho, ou de consolo.

Assim seja. Ámen.

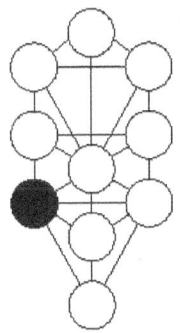

HOD
Princípio da Glória superadora

Tu Espírito Esplêndido de Sagacidade e de Honra; nas tuas mãos estão as obras da sabedoria oculta.

Tu és o instrutor dos nossos intelectos; e o mentor dos nossos movimentos mentais.

Os teus segredos especiais são-nos revelados pela razão; inicia as nossas mentes no significado dos Sagrados e Herméticos Mistérios.

Oitavo sobre a Árvore Sagrada da Vida és tu; Ó Glorioso Hermafrodita do Céu.

Talentos masculinos e femininos encontram em ti com cautela inteligente; em ti combinas o melhor de ambos.

Na tua instigação inquirimos as leis da vida, com a tua pronta ajuda vamos investigar os enigmas da existência.

Perfeito é o caminho interior da tua inteligência; prepara-nos para perceber os princípios por trás dos nossos seres.

Tu mostras-nos os tipos de almas esplêndidas em que nos podemos tornar; tomamos o nosso melhor incentivo do teu exemplo.

Tu és *Elohim Tzabaoth* no mundo das origens; Criador de Multidões e Senhor das Legiões.

Ó tu que vives sempre nos pensamentos de todos; desperta a visão do teu povo com a tua luz púrpura-violeta.

Arcanjo *Raphael* és no mundo criativo; curando feridas sustentadas em situações de luta.

Investe-nos também com o ar da tua autoridade; e que possam os nossos organismos inteiros ser revigorados com as tuas emanações laranja.

Ó Ordem Angélica dos *Beni Elohim* no mundo formativo; vós sois descendentes das Divindades.

Deixem que a vossa semelhança ilumine as nossas vidas; como os filhos da nossa consciência.

Enviem os nossos pensamentos para as esferas do espírito como um perfume interessante de estoraque; e que possamos lembrar-nos de vós em cada tom de castanho-avermelhado que alguma vez veremos.

Tu és expresso como Hermes dos Céus; discurso de prata é teu com inteligência cintilante.

Seja o teu preto e amarelo misturado com branco; um sinal secreto para nós de sutileza e bom senso combinados.

Ó Três Vezes Grande, sê o nosso professor de confiança nas tuas escolas e templos espirituais; faz as nossas mentes alcançarem a tua mutabilidade e movimento.

Tu cujos sagrados símbolos são os Ritos escritos escondidos dentro do antigo adorno-ofício de um avental; toma-nos e treina-nos nas regras rituais e métodos mágicos.

Leva-nos habilmente pelas nossas ancas direitas ao longo das linhas especiais internas, que devemos seguir para a iniciação apadrinhada pelo espírito.

Assim seja. Ámen.

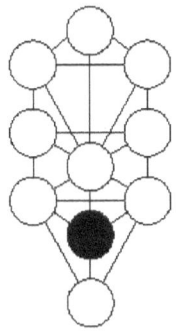

YESOD
Princípio da Fundação Infalível

Ó tu base dos nossos seres vivos e fonte da nossa fertilidade; Tu és o que brilha suavemente da *Shekinah*.

A tua reflexão mostra-nos com segurança o que não ousamos olhar diretamente como mortais, tu és o elo entre a nossa ignorância e as iluminações verdadeiras.

Em ti aparece a causa da nossa continuidade como criaturas humanas, pois tu és a realidade que a nossa reprodução representa.

Nona sobre a Árvore Sagrada da Vida és tu, Ó Visão de Virilidade, tu és o firme fundamento da nossa fé na própria vida.

Enquanto a tua força potente prevalece, nós certamente não pereceremos neste planeta.

Nós evoluímos através de ti em muito mais do que entidades mortais; o nosso destino interno encontra-se com a tua Divindade.

A tua inteligência é chamada a purificada; impede a imaginação de distorcer ou destruir a tua intenção.

Tu és o salvador sistemático de nossa sanidade; através de ti nós discernimos a verdade básica por trás dos nossos sonhos.

Shaddai el Chaiim o Senhor da Vida és tu no mundo das origens, começando cada nascimento; de ti é que vamos sair para a incorporação e terminar os nossos dias na terra.

Escuro como a mais profundo índigo é a tua profundidade de propósito; possam as tuas intenções vir à luz entre a humanidade.

Arcanjo *Gabriel* és tu no mundo criativo; desperta-nos a todos para a vida em todos os níveis.

Chama-nos e desperta-nos através da água santa guardada dentro da tua taça; para que possamos ouvir a tua voz através do teu fino véu violeta.

Ó Ordem Angélica dos *Aishim* no mundo formativo; os vossos poderes são adequados para encontrar as famílias de pessoas adequadas e convenientes.

Deixem-nos experimentar o sabor da vida agradável como o jasmim, e protejam-nos dos seus perigos com a vossa panóplia púrpura.

Luz indescritível da noite és tu, expressiva Lua de muitos significados; possam os teus brilhantes raios se tornar uma ponte para nós atravessarmos o abismo da confusão.

Não deixes perdermo-nos nem no teu labirinto, nem emaranhar-nos com os teus espinhos, mas que possamos viver para compartilhar os segredos do teu castelo de prata na sua configuração citrino-azul.

Ó tu, mistério poderoso e majestoso; como devem as nossas almas procurar a tua solução?

Não nos enganes, nem de nós duvides indevidamente; possamos nós tirar algum sentido do que vemos dentro do teu espelho mágico.

Os teus símbolos sagrados são perfumes e sandálias; quando empregados para razões rituais apropriadas.

Guarda tu os nossos genitais porque a vida só pode vir do Amor; e liberta-nos de todas as formas de falsidade em luz viva para sempre.

Assim seja. Ámen.

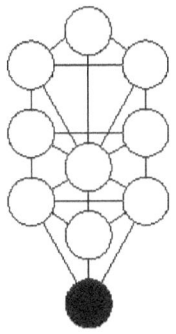

MALKUTH
Princípio da Vida em todo o Reino

Ó tu Reino de toda a existência evidente e óbvia; tu és a esfera especial na qual começamos as nossas pesquisas espirituais.

Aqui como humanidade, somos os teus filhos cósmicos; formados pelas tuas forças de carne viva e sangue.

Perdoa-nos pelas nossas falhas frequentes; em reconhecer a nossa relação com a tua realidade.

Décima sobre a Sagrada Árvore da Vida és tu; Ó Governante cujo legítimo nome é Natureza.

A totalidade da evolução é o teu império; que se estende por toda a nossa existência terrena.

Bendita sois vós como uma noiva feliz; concedida a honrados maridos humanos.

Resplandecente é a tua inteligência real; exaltada acima de todos, como o caminho da sabedoria imortal.

Teu é o poder persuasivo da oração; e pela tua graça somos nós entregues através dos portões da morte.

Adonai ha Aretz és no mundo original; O Rei dos Reis e o inigualável mestre do nosso universo manifestado.

Que possamos nós rendermo-nos sempre à tua autoridade Divina; exibida pela tua bandeira amarela brilhante de obediência.

Arcanjo *Sandalphon* és no mundo criativo; os teus pés estão firmemente no chão do nosso carro cósmico de longo curso.

Conduz direito o nosso curso em toda a criação; Ó Companheiro Próximo camuflado com as cores sequenciais das estações.

Ó tu Ordem Angélica dos *Kerubim* no mundo formativo; tua é a força quádrupla de matéria móvel.

Reconhecemos os teus sinais especiais vermelho alaranjados[19] agraciados com pontos dourados de poder; que eles possam ser percebidos através das telas de fumo tão denso quanto os de dictamo de creta.

Tu és os elementos da terra de forma expressiva; Ó fenómenos físicos dentro do nosso mundo de trabalho.

Nós confiamos em ti como provas da nossa realidade enquanto pessoas, dá-nos indicações preciosas dos significados superiores na nossa mais negra matéria básica.

Ó tu Filha Poderosa da Divindade e Mãe Menor das Nossas Vidas; nós valorizamos a tua virgindade como um segredo sacratíssimo que deve ser mantido inviolado.

Tu cujos símbolos são os cubos do altar e a Cruz Circular Cósmica, nós procuramos servir o espírito da tua causa.

Leva-nos os nossos fiéis pés para sempre na linha da luz; que se encontra entre todos os seres humanos e a sua maior entidade eterna.

Assim seja. Ámen.

---

[19] No original *"sable russet"*, um vermelho-alaranjado, uma cor tipo "pôr-do-sol". (N.T.)

iii. Invocações dos Caminhos

CAMINHO 0-33
Ligando *Ain Soph Aur* com a Esfera 1

Ó tu que Queres ou não Queres-ser inteiramente como tu queres. Sê ou não-sê a tua vontade connosco.

    Tu és a nossa infinita impossibilidade. De ti só, é a inspiração para ser qualquer coisa que queiramos dentro de ti, outra para além da tua não-identidade.

    Tu és o vazio, contudo fôlego expansivo da vitalidade e sendo como *Eheieh*.

    Tu és incriado, contudo causa de toda a criação mediada através do Arcanjo *Metatron*.

    Tu és o silêncio, contudo as Santas Criaturas Vivas cantam em louvor da tua perfeição.

    Tu és imóvel, contudo toda a nebulosa em movimento proclama o teu poder que se manifesta através da natureza.

    Bendito para nós seja o que tu queres ou não-queres-ser para sempre.

Assim seja. Ámen

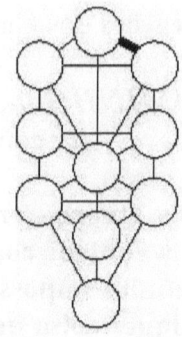

CAMINHO 11 – B
Ligando a Esfera 1 com a Esfera 2

Ó Espírito Governador de Sabedoria Sumativa, concede em nós que possamos também conhecermo-nos a nós mesmos em ti.

Que possamos nós tornamo-nos verdadeiros pontífices do teu poder, e ligar com habilidade espiritual a distância que separa o nosso estado do teu.

Tu Sopro da Vida! Sê em nós o que tu queiras.

Medeia a nossa causa antes da coroa da nossa criação Ó tu Metatron, e proclama o nosso propósito ao Altíssimo, Ó Ratziel.

Vós Elementos vivos, sustenham-nos em todos os ciclos cósmicos que devemos completar.

Como as nebulosas, assim possamos nós vir à vida na luz, e daí continuar até o final do Círculo duodécuplo que contém as nossas consciências como entidades separadas dentro da existência.

Assim seja. Ámen

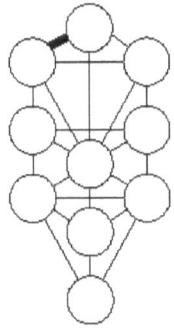

CAMINHO 12 – C
Ligando a Esfera 1 com a Esfera 3

Ó tu Coroa de Entendimento, deixa-nos compreender o que seremos em ti, acima de tudo.

Deixa o teu espírito único solitário ser a única luz em nós que nos leva à libertação eterna.

Sopra tu, para diante de ti, as nossas almas para que possamos viver.

Arcanjo *Metatron* defende a humanidade até o ser que tu contemplas, e ensina-nos a verdade, ó *Tzaphkiel* quando estivermos prontos para recebê-la.

Vós Santas Criaturas Vivas, estabelecei-nos com segurança nos nossos lugares de sensibilidade.

Do nosso primeiro movimento, possamos nós ganhar suficiente gravidade para prosseguir firmemente como Saturno sobre os nossos cursos cósmicos, segurando os teus segredos mais preciosos com segurança nas nossas almas até que o tempo os revele a todos, a tua total e mais radiante verdade dourada.

Assim seja. Ámen

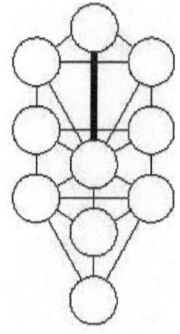

CAMINHO 13 – D
Ligando a Esfera 1 com a Esfera 6

Ó tu Coroa Suprema e Beleza de todo o ser, possamos nós viver para sempre no estado da tua perfeição.

Que cada uma das estrelas do Céu seja para nós um sinal do teu mais santo espírito e um indicador dos nossos passos no caminho da luz.

Respira tu em nós para que possamos conhecer-te em nós mesmos.

Lembra-te de nós, Ó tu *Metatron* Poderoso, que te atreves a enfrentar diretamente a Divindade, e tu, Ó *Michael*, intercede em nosso favor diante do trono mais alto.

Ó Santas Criaturas, sejam os nossos elementos ativos de vida, e possam os governantes justamente tornar direitas as nossas linhas interiores de luz.

Semelhantes às nebulosas possamos nós mover-nos de modo a que o sol da verdade possa certamente vir à luz em nós, e dissipar todas as nossas dúvidas e escuridão para sempre.

Assim seja. Ámen

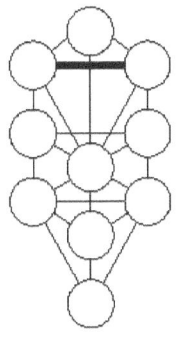

CAMINHO 14 – F
Ligando a Esfera 2 com a Esfera 3

Ó tu Espírito de Toda a Sabedoria Compreensiva, sÊ ciente de nós em ti, que és a nossa verdade total na luz viva.

Que o teu juízo seja sempre a salvaguarda das nossas almas, despertando as nossas capacidades para compreender o nosso propósito espiritual e posição no teu Cosmos.

Tu vida de todos! Sê a nossa vontade de viver na luz.

Ó Arcanjo *Ratziel* declara-nos as intenções Divinas, e tu Arcanjo *Tzaphkiel* ajudar-nos a observá-las.

Não esmaguem as nossas almas, Ó Anjos que Circulam, mas rodeiem-nos com a segurança sobre os nossos tronos de governo razoável.

Não sejas demasiado seriamente pesado nos nossos corações humanos, Ó *Saturno*. Deixa-nos, por vezes, deixar o lado solene da vida, e dançar para o deleite dentro do círculo solar do nosso Cosmos.

Assim seja. Ámen.

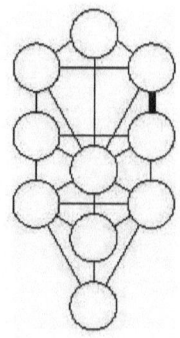

CAMINHO 15 – G
Ligando a Esfera 2 com a Esfera 4

Ó tu Espírito da Beneficência e da Sabedoria, sê magnânimo para nós, que não podemos viver sem a tua misericórdia.

Sê para nós um imperador do governo gracioso, para que possamos tentar emular os teus caminhos de decisão sobre a nossa terra.

Tu, que queres ser o que és, sê Tu único em nós.

Proclama este poder perfeito, Ó *Ratziel*, e tu Arcanjo *Tzaphkiel*, preserva os nossos caminhos legítimos que nos levam à luz.

Envolvam-nos com cuidadosos conselhos vós *Auphanim*, e sede bons para nós, Ó *Chasmalim* com o vosso muito desejado calor nas nossas almas.

Que possamos de facto, ser joviais e generosos ao longo do ciclo duodécuplo das estações solares, para que possamos sempre afirmar compaixão nas mãos da terra ou do Céu com uma consciência limpa.

Assim seja. Ámen.

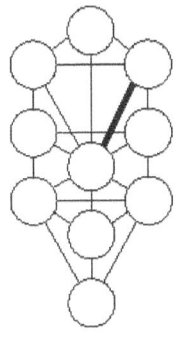

CAMINHO 16 – H
Ligando a Esfera 2 com a Esfera 6

Ó tu Supremacia da Beleza Omnisciente, possamos nós tomarmo-nos conscientes de ti através da sabedoria e com admiração.

Ensina-nos a temperança com todas as formas de vida, para que possamos cruzar os nossos abismos com cuidado, com firme controlo de cada situação espiritual.

Ó tu que sabes o que tu queres, torna-nos iluminados em ti.

Revela-nos Arcanjo *Ratziel*, os teus santos segredos, e livra-nos Ó Michael de dúvidas e perigos.

Assistam-nos, Ó vós, Anjos dos *Malakim*, para nos governarmos com a razão, nos círculos vivos dos *Auphanim*.

Possa o nosso sol secreto atrás do sol, brilhar na glória através dos sinais dos céus, de modo a que cada alma possa também viver na luz para sempre.

Assim seja. Ámen.

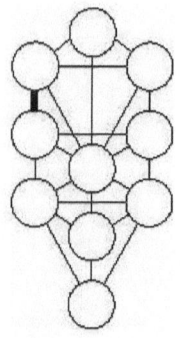

CAMINHO 17 – J
Ligando a Esfera 3 com a Esfera 5

Ó tu Espírito Rigoroso de Controlada Severidade, oramos para que possamos aprender a compreender-te.

Deixa que a tua sentença de morte não nos detenha de nenhuma forma de viver, mas nos encoraje a alterarmo-nos em ti para melhor.

Ó Poderosa Vida de Vidas! Tu vives para nós sempre.

Arcanjo *Tzaphkiel*, observa o que é indigno em nós, para que Khamael o queimador possa removê-lo, de nós beneficamente.

Suportem-nos firmemente, Ó Tronos, de modo a que os purificadores *Serafim* possam purgar a nossa corrupção.

Saturno, sê tu o nosso escudo protetor contra todos os perigos marciais de destruição, de modo a que as nossas almas sobreviventes possam viver imortalmente na mais pura luz dourada para sempre.

Assim seja. Ámen.

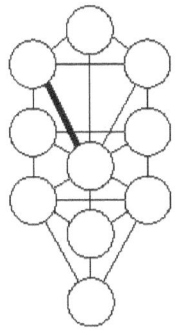

CAMINHO 18 – K
Ligando a Esfera 3 com a Esfera 6

Ó tu Mais Bonito dos Seres, concede-nos entendimento suficiente para nos tornarmos conscientes da tua existência.

No sinal do homem suspenso da Árvore da Vida possamos nós encontrar a nossa salvação e aqueles segredos que as nossas almas estão sempre à procura.

Tu és todos! Tu sabes tudo o que somos.

Vela por nós Arcanjo *Tzaphkiel* e *Michael* sejam vós os nossos mediadores à medida que as nossas almas, forem chamadas para prestar contas diante da Divina autoridade.

Ó vós, Angélicos Tronos e Governantes, guiem e estabeleçam-nos com lei e aprendizagem.

Possa a nossa operação espiritual do Sol e Saturno ser bem sucedida na transmutação das nossas naturezas vulgares em almas de maior valor para nós mesmos e para o Eterno Um, no qual vivemos.

Assim seja. Ámen.

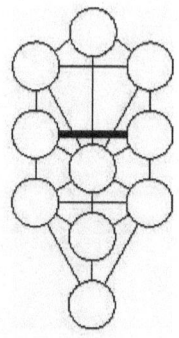

CAMINHO 19 – L
Ligando a Esfera 4 com a Esfera 5

Ó Mais Compassiva Severidade, possam ambos os extremos em nós ser equilibrados com o extremo da tua exatidão.
　Livra-nos de aflições e desastres pela tua justiça perfeita, e do ponto de tudo o que devemos experimentar, faz com que nos sejam suaves.
　Todo-Poderoso, tu vives apenas pelas tuas leis.
　Arcanjo *Tzaphkiel* estimula o nosso sentido de retidão, e tu *Khamael*, alerta-nos contra o errado atuar com o teu dedo de fogo.
　Chamas Angelicais de Fusão e de Fissão, fundam-nos firmemente o que é bom, e separem as nossas almas do mal.
　Possa a força marcial e a misericórdia jovial transformar-nos em seres equilibrados, completamente compensados por quaisquer leis da vida que corrijam os erros de existência.

Assim seja. Ámen.

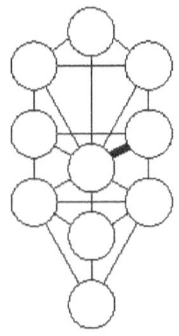

CAMINHO 20 – M
Ligando a Esfera 4 com a Esfera 6

Ó Mais Misericordioso e Belo dos Seres, os teus poderes por si só são perfeitamente proporcionados.

Teu é o mais forte espírito na existência. Tudo é realizado pelos teus atos. Tua é a energia é inesgotável.

Omnisciente Um, o todo da vida é a tua experiência.

Arcanjo *Tzadkiel*, faz a tua direita nossa força, e *Michael*, preserva as nossas almas de perigo pela potência da tua proteção.

Ó Anjos Compassivos e os nossos guias governantes para a bondade, sejam vós amáveis e gentis para nós, para sempre.

Possa o sol espiritual da nossa iluminação brilhar eternamente dentro de nós, e a magnanimidade de *Jove* incline os nossos sentimentos para sermos generosos com os nossos semelhantes deste Cosmos.

Assim seja. Ámen.

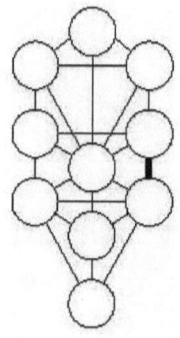

CAMINHO 21 – N
Ligando a Esfera 4 com a Esfera 7

Ó tu Vitorioso de todas as Realizações, possa a tua vida triunfante ser também a nossa para compartilhar contigo eternamente.

Sê tu, semelhante a uma imperatriz, governando com graça, e deixa-nos igualmente ganhar o controlo das nossas emoções com uma benevolência justa e firme.

Tu, governante de todos, possamos nós reinar contigo em nós mesmos. Arcanjo *Tzadkiel*, encoraja-nos ao longo do nosso caminho direito, e *Auriel* ilumina-nos, para que possamos ser levados com lealdade e amor à nossa realização final.

Vós Luminosos e Celestiais Espíritos, ajudem-nos a manter as boas opiniões que devemos ter uns pelos outros.

Possa o nosso Senhor e Senhora, simbolizados como Jove e Vénus, significar para nós a bondade espiritual e verdadeiro amor, que só vão tornar as nossas vidas merecedoras de serem vividas neste mundo ou em qualquer outro para sempre.

Assim seja. Ámen.

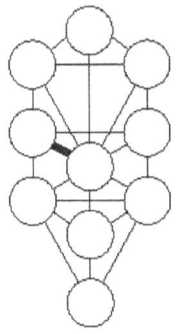

CAMINHO 22 – P
Ligando a Esfera 5 com a Esfera 6

Ó Severidade Bela, não pouses o chicote da tua santíssima disciplina de forma demasiado pesada sobre nós.

Quebra tu as nossas fortalezas egoístas de estupidez como tu muito seguramente fulminas as torres daqueles que desafiam a autoridade divina.

Tu Ó Mais Poderoso da Mente, possamos nós ser fortemente sensíveis.

Arcanjo *Khamael*, sê tu a nossa mais refinada chama de liberdade espiritual, e tu, Ó *Michael*, torna-te nosso líder libertador na luz. Vós Anjos Queimadores e Controladores, ajudem-nos a evitar que os nossos temperamentos nos saiam fora de controlo ou sobreaquecidos.

Possa a força de Marte ser equilibrada pelo poder ponderador da força solar, de modo a que a equalização de energias de paz prevaleça em todas as ações sobre esse caminho.

Assim seja. Ámen.

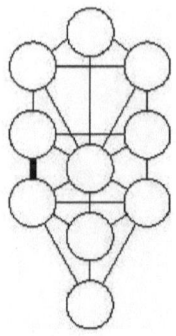

CAMINHO 23 – Q
Ligando a Esfera 5 com a Esfera 8

Ó Gloriosa Severidade, não nos tentes além da nossa força espiritual, nem nos envies sofrimentos que tenhamos vergonha de suportar.

    Tu o tentador, cujos testes nos atormentam a nós mesmos, nós devemos ser protegidos das tuas influências pelo nosso sentido interior de disciplina e de dever.

    Poderoso das Multidões, possa toda a humanidade significar muito para ti.

    Arcanjo *Khamael*, sê tu o fogo e *Rafael*, a espada que conquista tudo o que poderia corromper a nossa consciência, ou enviar as nossas almas para a escravidão sem sentido.

    Ó Anjos Flamejantes e Gloriosos, ajudem-nos a ser fortes e evidentes, totalmente sem ferocidade, indelicadeza ou agressividade.

    Com a ajuda de Hermes, e o poder de Marte, possam ser evitadas todas as ações que levam a guerras iníquas. Deixem um bom conselho superar a pior das situações graves, de modo a que prevaleça o poder pacífico com honra para sempre.

Assim seja. Ámen.

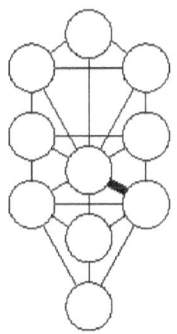

CAMINHO 24 – R
Ligando a Esfera 6 com a Esfera 7

Ó Beleza vitoriosa, tu és vencedora do concurso cósmico. Possamos nós vencer este nosso mundo contigo.

Queridos a todos, são os amantes, e bendito seja o elo entre as nossas legiões vivas. Amemo-nos uns aos outros através das nossas vidas em todos os níveis.

Tu, Experiência de tudo, possas tu ser partilhada por cada alma. Arcanjo *Auriel*, ilumina-nos na terra, e conduz-nos, *Michael*, à nossa iluminação no espírito vivo de amor eterno. Que possamos satisfazer o nosso sentido espiritual com sucesso.

Ó vós Anjos que Regem e Guiam, ajudem-nos a conseguir uma genuína afeição pelas outras entidades.

Vós, Senhor da Luz e Senhora do nosso Amor, aparecendo-nos como Sol e Vénus, dêem-nos motivos para conquistar todas as condições de antagonismos confusos. Possa a humanidade inteira, libertar-se dos ódios, alegrar-se na tua felicidade radiante para sempre.

Assim seja. Ámen.

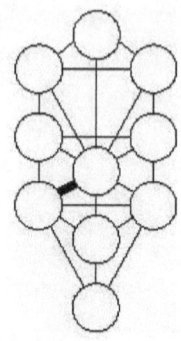

CAMINHO 25 – S
Ligando a Esfera 6 com a Esfera 8

Ó Beleza Gloriosa, manifesta-te em toda a humanidade. Possam as nossas mentes estar cientes da tua magnificência.

Tu és o carro que transporta a consciência através cosmos. Leva-nos contigo nas tuas viagens para que possamos também compreender a tua verdade.

Tu conheces todos os assuntos de inteligência. Tu aperfeiçoas a nossa perceção.

Arcanjo *Raphael*, instrui-nos justamente no nosso caminho interior, e *Michael*, aponta-nos os caminhos adequados, que temos que encontrar e seguir para atingir a consciência suprema.

Ó Anjos que Controlam e Concebem, ajudem-nos a comandarmo-nos inteligentemente a nós próprios com alegre confiança.

Tu Espírito Solar e Hermético de toda a ciência oculta, inicia os nossos intelectos nos segredos sagrados interiores. Possam as nossas almas buscadoras tornar-se membros plenos dos teus mistérios, e, assim, alcançar a admissão no teu ádito para sempre.

Assim seja. Amém

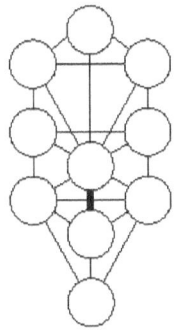

CAMINHO 26 – T
Ligando a Esfera 6 com a Esfera 9

Tu Beleza Fundamental de todos os Seres e firme fundação da nossa fé, não nos deixes nunca duvidar da tua verdadeira divindade.

Tu és o Sol centralizador do Cosmos. O teu espírito é a luz de toda a vida. Deixa-nos existir em ti eternamente, pois a tua iluminação indica a nossa verdadeira identidade.

Toda a vida é tua para a conheceres. Conhece-te a ti mesmo através de nós.

Arcanjo *Michael*, envia o teu bastão sagrado para o nosso apoio, e comunica-nos, Ó, *Gabriel*, o conteúdo do teu copo consagrado.

Ó vós Anjos Dirigentes e Reflexivos, ajudem-nos a acreditar que a Deidade sabe o que é melhor para nós.

Como o Sol e a Lua aparecem no céu ao homem na terra, assim possam as almas da humanidade ser vistas com a sua própria luz pelo espírito discernente da Divindade no Céu. Possamos ser dignos da vontade que opera em nós.

Assim seja. Ámen.

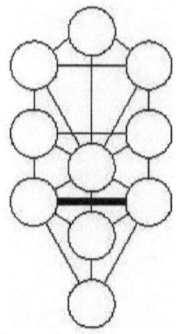

CAMINHO 27 – V
Ligando a Esfera 7 com a Esfera 8

Ó Vitória Gloriosa do Amor e da Aprendizagem, tu fazes a nossa mortalidade valer a pena. Nós oramos e praticamos por tua causa.

Eventos caem como tu queres, exatamente como a tua roda do destino decreta os nossos destinos. Possamos nós encontrar o favor da tua mão santa que lança a nossa sorte viva na criação.

Tu és tudo para todos. Bendita seja a nossa parte de ti em espírito. Arcanjo *Auriel*, assiste-nos para fazer a luz da vida, e *Raphael*, revela o comportamento mais adequado para adotar, a fim de obter o melhor de qualquer situação.

Ó vós, os Anjos de Itens e Ideias, digam-nos o que devemos pensar das coisas para tirar o máximo proveito delas.

Possa a inteligência hermética e o encanto afrodisíaco estar connosco quando nós quisermos. Não deixem que nos percamos por falta de instinto ou imaginação, mas que estejamos sempre prontos com a resposta adequada a cada oportunidade ou circunstância.

Assim seja. Ámen.

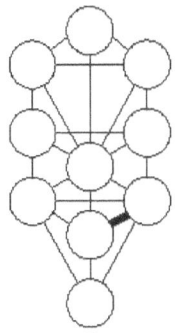

CAMINHO 28 – W
Ligando a Esfera 7 com a Esfera 9

Ó Vitória da Vida, tu és o espírito que inspira cada alma a procurar a existência individual. Deixa que nos tornemos os teus melhores-nascidos seres.

Tu és semelhante a uma sacerdotisa pura que reza para a perfeição de todas as pessoas. Possamos nós também mediar a tua vontade em nós que nos torna mais do que meramente mortais.

O Suserano da nossa Vida és tu. Possamos nós reconhecer verdadeiramente o teu governo. Arcanjo *Auriel*, protege as nossas almas sensíveis, e *Gabriel*, desperta os nossos mais finos sentimentos para que sejamos capazes de contactar com a Divindade através das nossas devoções.

Ó Anjos Representadores e Refletores, façam-nos meditar sobre o significado interno da iniciação. Possamos nós ser dignos membros dos Santos Mistérios Ocultos.

Que a Lua e Vénus tragam à nossa mente o conceito da Virgem-Mãe que liga uma alta identidade com a encarnação humana. Vivamos também desta maneira iluminada e mística.

Assim seja. Ámen.

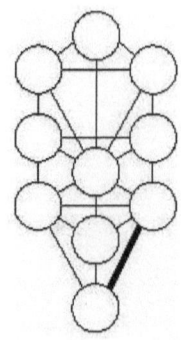

CAMINHO 29 – X
Ligando a Esfera 7 com a Esfera 10

Ó Reino da Vitória Estabelecida, em ti o homem descobre o seu significado celestial. Possamos nós preservar inteiramente a tua paz.

Tu és o nosso Cosmos completo, e o mundo em que nós trabalhamos a tua vontade nas nossas palavras. Possamos nós viver sempre de acordo com as leis da luz e do Amor.

Governante da realidade em tudo tu és. Lembra-nos eternamente.

Arcanjo *Auriel*, ilumina-nos na terra, e fica connosco, Ó *Sandalphon*, quando nós nos esforçamos para crescer além das suas barreiras em direção a uma mais elevada habitação espiritual.

Ó vós Anjos das Semelhanças de Vida, mostrem-nos como devemos ser, de modo a que pelo menos tentemos viver com aspirações.

Possa a existência na terra ser tornada muito confortável quando é combinada com os modos de Vénus. Possam todas as artes da vida tornar-se mais encantadoras à medida que a humanidade desenvolve indicações da Divindade, evidenciando verdadeiras intenções de alcançar a imortalidade.

Assim seja. Ámen.

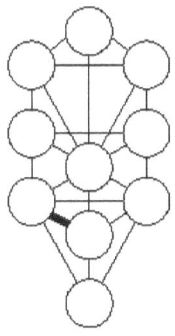

CAMINHO 30 – Y
Ligando a Esfera 8 com a Esfera 9

Ó Sempre Fundação Gloriosa, em ti começa a crença de que temos as nossas esperanças de Céu. Possa isto ser verdade para toda a humanidade.

    Tu és o Mágico que faz o homem continuar a procurar mais do que a consciência mortal. Inspira-nos também com alguns interesses espirituais nas nossas vidas.

    Senhor da Vida és tu e das suas intenções. Vive Tu a tua vontade em nós.

    Arcanjo *Raphael*, lembra-nos das razões pelas quais devemos permanecer vivos, e *Gabriel*, dá-nos a força que devemos ter para a nossa sobrevivência.

    Vós Ordem de Anjos Bem-criados e merecedores, ajudem-nos a honrar o nosso património mais sagrado. Possamos nós merecer o nosso destino.

    Possa a resiliência mercurial e o relaxamento lunar ser uma fonte secreta por trás das nossas vidas, Não nos deixes nunca desamparados ou deprimidos além de recuperação mas restaura-nos os direitos novamente com uma vontade recuperadora.

Assim seja. Ámen.

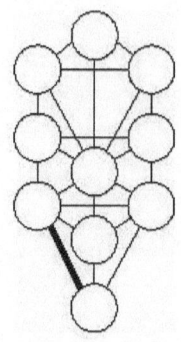

CAMINHO 31 – Z
Ligando a Esfera 8 com a Esfera 10

Ó Reino Glorioso, tu és o provedor do paraíso na terra que nós esperamos que a humanidade ganhe do Céu.

Apenas tu és inocência, e sem culpa de todo o engano. Possamos nós também colocar uma confiança pueril em ti, confiando na tua orientação interior para o nosso bem eterno.

Monarca da tua infinita multidão és tu. Considera-nos teus filhos.

Arcanjo *Raphael*, revela-nos os significados dos Santos Mistérios, e *Sandalphon*, apoia a nossa busca pela solução dos seus segredos.

Ó vós Famílias Angélicas e Forças Quadruplas, ajudem-nos e assistam as nossas ações nas nossas lutas espirituais. Nós saudamos-vos a trabalhar.

Possa a ajuda hermética e a experiência na terra evoluir as almas daqueles que se esforçam para viver na luz. Deixa que cada vida que nós suportamos neste mundo seja digna da vontade que nos levou a ser criaturas deste Cosmos.

Assim seja. Ámen.

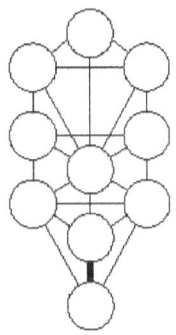

CAMINHO 32 – Th
Ligando a Esfera 9 com a Esfera 10

Ó tu Reino Firmemente Fundado, em ti está a vida estabelecida e expressa no círculo da nossa consciência viva.

A humanidade é como a Lua, retida pela terra, enquanto espera a fuga para a liberdade final. Possam os nossos primeiros passos no espaço espiritual ser dedicados e dirigidos à Divindade.

Senhor da Vida estendido até à terra és tu. Seja a tua vontade connosco.

Arcanjo *Gabriel*, sê Tu o mediador celeste do que a mensagem significou para toda a humanidade, e *Sandalphon*, faz-nos ver o que está diante de nós pela luz mais elevada da vida.

Ó Ordens Angélicas das Amigáveis Chamas e Forças, ajudem-nos a ver e servir a causa cósmica. Ajudem-nos nos nossos esforços para obter a iluminação.

Tu Luz de Luna, representando na terra reflexos da humanidade em assuntos sagrados mais elevados, brilha tu tão fortemente nas nossas almas, de modo a que nós sejamos levados a procurar o lado espiritual de tudo e todos para sempre.

Assim seja. Ámen.

C. Notas – Orações – Meditações

1. AS BÊNÇÃOS DAS SEPHIROT

0   Bendita seja a Luz por traz de todo o Ser.
    Para sempre Bendito seja o Espírito Vivo. *Ámen*
1   Bendito seja o Sopro da Origem.
    Para sempre Bendito seja o Espírito Vivo. *Ámen*
2   Bendita seja a Eterna Sabedoria.
    Para sempre Bendito seja o Espírito Vivo. *Ámen*
3   Bendito seja o Entendimento Omnisciente.
    Para sempre Bendito seja o Espírito Vivo. *Ámen*
4   Bendita seja a Compaixão Perpétua.
    Para sempre Bendito seja o Espírito Vivo. *Ámen*
5   Bendita seja a Justiça Todo-poderosa.
    Para sempre Bendito seja o Espírito Vivo. *Ámen*
6   Bendita seja A Beleza Transcendente.
    Para sempre Bendito seja o Espírito Vivo. *Ámen*
7   Bendita seja Vitória Incessante.
    Para sempre Bendito seja o Espírito Vivo. *Ámen*
8   Bendita seja Glória Insuperável
    Para sempre Bendito seja o Espírito Vivo. *Ámen*
9   Bendita seja a Infalível Fundação.
    Para sempre Bendito seja o Espírito Vivo. *Ámen*
10 Bendita seja toda a Vida através do Reino.
    Para sempre Bendito seja o Espírito Vivo. *Ámen*

Em Nome da Sabedoria,
⊕   E do Amor,
    E da Justiça,
E da Misericórdia Infinita
Do Eterno Espírito Uno. *Ámen*

2. A FÓRMULA "EU SOU"

(Preencha com o seu Nome)

"POSSA EU IMPLANTAR A SAGRADA ÁRVORE DA VIDA TÃO VERDADEIRAMENTE EM MIM, QUE ELA SE ERGA COMO PROVA NA TERRA DA MINHA IDENTIDADE NOS NÍVEIS INTERNOS VIVOS."

3. A REGRA QABALÍSTICA

10	Homem da Terra;
9	Acredite fielmente na Vida;
8	Viva Honradamente;
7	Conquiste-se a Si-mesmo;
6	Seja Uniforme em Energia;
5	Autodisciplinado;
4	Generosamente Misericordioso;
3	Compreensivo;
2	Sábio;
1	Único de Espírito;
	e no final,
000	Você viverá na Luz Divina.
00	Imortalmente para além de todos os limites,
0	em Perfeita Paz Profunda.

4. O CREDO QABALÍSTICO
i. A Árvore da Vida da Matéria ao Espírito

10	Na Existência Material
9	Eu Acredito,
8	Com Razão,
7	e Devoção,
6	na Beleza
5	do Controlado
4	abundante Amor,
3	cuja Compreensiva
2	Sabedoria é a
1	Única Luz,
000	Iluminando
00	Ser Ilimitado no
0	Derradeiro Imanifesto da Perfeita Paz Profunda.

ii. A Árvore da Vida do Espírito à Matéria

0	De Perfeita Paz Profunda para fora do Derradeiro Imanifesto

00	Ilimitado Ser torna-se
000	Iluminação como a
1	Una Luz Verdadeira de
2	Sabedoria,
3	Compreendendo tudo com
4	Amor derramado
5	em completo Controlo como
6	Beleza, cuja
7	Realização é um
8	Brilho encontrando a sua
9	Fundação na
10	Existência Material

5. ORAÇÃO QABALÍSTICA

0	
00	Ó Supremo Espírito Vida
000	Só tu, és
1	Causa e Coroa do Cosmos
2	Com a tua Sabedoria
3	e o Teu Entendimento. Permite-nos evitar o Grande Abismo na nossa Experiência da Tua Existência.
4	Estende a Tua Misericórdia até nós
5	Com todo o Teu Poder,
6	para que possamos darmo-nos conta da Abençoada Beleza do Teu Ser.
7	Alcancemos amorosamente
8	a Glória
9	de nos Estabelecermos a nós mesmos imortalmente
10	no Teu mais Santo Reino para Sempre. *Ámen*

6. AÇÃO DE GRAÇAS QABALÍSTICA

0	
00	Gratidão a Ti, Ó Grandioso
000	

1   Soberano Espírito
2   de Supernal Sabedoria
3   e Omnisciente Entendimento,
    uma vez que nós somos iluminados pela
    Experiência da Tua Existência.
4   Obrigado por seres Misericordioso
5   temperado Poder,
6   e abençoada seja a Beleza
7   de Alcançar
8   Glória
9   pelo Estabelecimento das nossas Entidades Vivas
10 no Teu Perpétuo Reino
    Ámen

7. IMAGENS E A ÁRVORE DA VIDA
i. Imagens Telésmicas das Dez *Sephirot*

0   NADA
1   CABEÇA SANTA
2   PAI FIEL
3   MÃE MADURA
4   REI BONDOSO
5   SOLDADO SEVERO
6   MEDIADOR MAGNIFICENTE
7   SENHORA ADORÁVEL
8   PESSOA PERCETIVA
9   FIGURA FÉRTIL
10 COMPANHEIRO MISTERIOSO

ii. Nomes e Qualidades das *Sephirot*

0   O meu nome é NADA. Eu sou a Origem de TUDO prevalecente além do ponto da personalidade em Perfeita Paz Profunda.

1   O meu nome é VIDA. Eu sou o Espírito Supremo da Vontade. Eu estou em todos e em tudo o que existe eternamente.

2   O meu nome é PAI. Eu sou o diligente Sábio que ilumina toda a alma que sinceramente busca pela Iluminação interiormente.

3   O meu nome é MÃE. Eu sou o profundo Entendimento dispersando as trevas daqueles almas buscadoras que pedem Claridade.

4   O meu nome é MAGNANIMIDADE. Eu sou o Reino da Bondade e a mais nobre natureza de autoridade compassiva acima de todo o Cosmos.

5   O meu nome é DISCIPLINA. Eu sou o Controlo pela vontade e a palavra de toda a energia errante que pede por cuidadosa Compensação.

6   O meu nome é HARMONIA. Eu sou o Ponto Equilibrante da Vida Cósmica, persuadindo o Homem a encontrar a causa e o sentido para as suas Leis.

7   O meu nome é GRAÇA. Eu sou o Encanto da Vida, tão merecedora de ser vencida por cada uma das almas com esperanças de Céu.

8   O meu nome é GANHO. Eu sou o Incentivo para cada intelecto humano se elevar acima do resto por aplicação da Inteligência.

9   O meu nome é VITALIDADE. Eu sou a Firme Fundação para a fé na Vida por todo o que busca um sentido espiritual no viver.

10 O meu nome é NATUREZA. Eu sou o Companheiro ideal para a humanidade tratar com confiança e conservar com honra neste mundo mundano.

iii. Ideias Associadas com as Imagens Sephiróticas

1   **KETER (A Coroa)**
    Luz das Trevas. Vida da Luz. Intenção da Inanição. Identidade Divina determinando-se a Si mesma. Começos Auto-Cosmo-Conscientes. Começos do Ser. Toda a Consciência é Uma.

2   **CHOCHMAH (Sabedoria)**
    Poder Paternal personificado. Vontade com Sabedoria. Sapiência Supernal. Decisões da Divindade. Asserção de Autoridade. Masculinidade Máxima. Impregnador de Ideias. Pai da Força.

3   **BINAH (Entendimento)**
    Principio Maternal Personificado. Entendimento Universal. Aceitador da Consciência. Útero da Vontade. A Grande Gestante. Feminilidade Completa. Intuição Inerente. Mãe da Forma.

4   **CHESED (Misericórdia)**
    Misericórdia manifestada como Monarquia. O Conceito de Compaixão. Benevolência e Beneficência. A Grandeza da Generosidade. Bondade e Realeza. Magnanimidade Misericordiosa. O Acelerador de Tudo.

5   **GEVURAH (Severidade)**
    Dever e Disciplina. Rigor Severo. Conceito de Correção. Limpador da Corrupção. Economia eficiente. Salvador Severo. Divino Redutor.

6   **TIFERET (Beleza)**
    Equilíbrio do ser em Harmonia Bela e Sagrada. Ponto de Equilíbrio da Criação Cósmica. O Drama Divino como Encarnação Inocente, Sacrifício Sagrado e Redentor Ressurreto. O Mistério de *Melchizedek*. Encontro Homem e Criador. União comum de Consciência.

7   **NETZACH (Vitória)**
    Triunfo da Ternura. Cumprimento de Objetivos por Afeição. Gozar das Emoções. Consciência Cultivada.

Habilidade Artística. Vivacidade Vitoriosa. Gentileza Graciosa. Senciência da Alma.

8   **HOD (Glória)**
O Esplendor da Sagacidade. Inteligência Iniciada. Mente sobre a Matéria. Pensamento Treinado. Consciência Hábil. Capacidade Científica. Humor e Honra. Atitudes Adaptáveis. Raciocínio Resiliente.

9   **YESOD (Fundação)**
O Fundador das Famílias. Estabelecimento da Evolução. Virilidade e Vigor. Estabilidade Sexual. Melhor Comportamento Biológico. Boa Genética. Respeito pela Reprodução. Amor da Vida. Fertilidade Frutuosa.

10   **MALCHUT (Reino)**
A Nobreza da Natureza. O Parceiro Perfeito para o Homem Material. O Casamento Místico da Humanidade com a Matéria. Esperanças Humanas de Conseguir a Emancipação da Terra. Uma Noiva Abençoada entregue pela Divindade como Companheira da Humanidade. O Reino que faz de todos os Homens Almas aparentadas em busca do Espírito.

8. AS ESTAÇÕES DA ÁRVORE DA VIDA

Para ser capaz de realizar esta cerimónia, você precisa ter as partes anteriores desta série à mão. É importante primeiro ler o rito, depois assegurar-se de que tem todos os componentes preparados para fazer as invocações e visualizações sem problemas e eficientemente, e por fim proceder à própria cerimónia.

Ajuda, preparar-se de antemão, talvez tomando um banho e vestindo uma roupa fresca ou usar uma túnica, e depois preparar o espaço ou Templo acendendo uma vela e algum agradável incenso. Neste caso a cor da vela ou o perfume do incenso não é realmente importante. Tudo o que é necessário é que você se sinta preparado, relaxado, entregue ao seu objetivo de trabalhar as estações da Árvore da Vida, sem demasiada distração. Quando este rito for trabalhado em grupo, as palavras são divididas entre um Perceptor[20] (a pessoa que faz as declarações) e um Responsor (a pessoa que responde ou replica. Esta função pode também ser cumprida por todos os presentes). Naturalmente todas as linhas são lidas por uma pessoa, se este é trabalhado por um único praticante.

Uma sugestão extremamente importante é ler ou pronunciar as palavras lentamente. Tente e consiga um "sentimento de apreciação" das palavras, mais do que um pensamento. Acima de tudo, não vá em "viagens mentais", tentando raciocinar sobre o significado das palavras. Sinta-as, por assim dizer. Dizendo as palavras lentamente, você pausa nessa palavra o tempo suficiente para "sentir a palavra" sem perder o sentido global das declarações. Se você "sente as palavras" desta maneira, irá descobrir que naturalmente começa a "sentir o sentido" e invocar uma "resposta interna" dentro de si. Deste modo irá praticar uma forma de meditação muito intensa, enquanto ao mesmo tempo pratica a "arte da invocação" ou chamar respostas dentro de si. – Jacobus G. Swart.

i. Abertura
(Forme a Cruz Cósmica)

Em Nome da Sabedoria,
⊕ **E do Amor,**
E da Justiça,
E da Misericórdia Infinita
Do Eterno Espírito Uno. *Ámen*

Perceptor: **Bendita seja para nós a Sagrada Árvore da Vida que simboliza a nossa crença no Ser Espiritual Supremo, e formula a nossa fé no Divino Projeto.**

Responsor: **Sagradas sejam para nós as Estações da Árvore que apontam o nosso propósito no seu plano, e levam-nos passo a passo ao longo dos nossos caminhos para a Luz Perfeita em Paz**

---

[20] Nesta edição em português conservam-se os termos "Perceptor" e "Responsor" utilizados por William Gray. (N.T.)

Perceptor:	**Profunda.**
	Saudemos o nosso Caminho de Luz à volta do Curso do Cosmos, centrado na Verdade Total única que une todo o nosso Universo.
Responsor:	**Que assim seja. *ÁMEN*.**

ii. Assinalando a Esfera

Perceptor:
1. *A Sefirah é assinalada por toques ou acendendo uma vela ou lamparina de uma cor apropriada.*
2. *Uma Bênção e resposta associadas são selecionadas das "Bênçãos das Sefirot".*
3. *Uma Invocação associada é pronunciada dos "Nomes e Qualidades das Imagens Sefiróticas".*

iii. Personificação da Esfera

Perceptor:	**Por qual Imagem é este Princípio personificado?**
Responsor:	**Aquela com a qual os nossos contactos Internos possam ser feitos mais estreitamente.**

(Aqui é dada a associada Imagem-Conceito, selecionada das "Imagens Telésmicas Sephiróticas da Árvore da Vida")

Perceptor:	**Nós reconhecemos as nossas associações com esta Esfera especial.**
Responsor:	**Vivamos para aprender o que se segue em consequência.**

Perceptor:
1. *O Sinal da próxima Esfera e Bênção, é dado.*
2. *Um verso do "Hino dos Anjos" ou outra ligação apropriada pode ser cantado ou*

>recitado enquanto se move de uma estação para a seguinte.
>3. Quando todas as estações, ou aquelas selecionadas, tenham sido trabalhadas, o Perceptor pronuncia a "Oração de Ação de Graças" seguida por:

>Graças também sejam dadas, porque nós trabalhámos o nosso Caminho com Vontade em torno dos Pontos de Poder sobre a Sagrada Árvore da Vida. Que possa esta peregrinação de propósito que começámos pela fé, concluir-se em comunhão com aqueles que pertencem, através da crença, a esta Família Espiritual cujos Sagrados princípios nós proclamámos.

(Forme a Cruz Cósmica da mesma maneira que antes.)

Em Nome da Sabedoria,
⊕ **E do Amor,**
E da Justiça,
E da Misericórdia Infinita
Do Eterno Espírito Uno. *Ámen*

iv. Fórmula de Suspensão

(Se o Rito é trabalhado em etapas, ou se houver interrupções, aplica-se a seguinte fórmula de suspensão)

(São dadas as batidas apropriadas ou um toque de címbalo)

Perceptor: **Aqui devemos suster a nossa situação consciente, até que a continuemos com Palavras de Vontade.**

(Forme a Cruz Cósmica)

Em Nome da Sabedoria,
⊕ E do Amor,
E da Justiça,
E da Misericórdia Infinita
Do Eterno Espírito Uno. *Ámen*

v. Continuação

(Reabra numa outra altura com a Cruz Cósmica formada como antes)

Perceptor: **Em Nome da Sabedoria,
⊕ E do Amor,
E da Justiça,
E da Misericórdia Infinita
Do Eterno Espírito Uno.** *Ámen*

Com essas palavras nós iremos continuar no nosso Curso da Consciência a ele ligados.

Responsor: **Que assim seja.** *Ámen*

9. O ROSÁRIO QABALÍSTICO

O Rosário Qabalístico é similar ao rosário Cristão. O padrão neste caso é bastante simples, compreendendo dez grandes contas, cada uma separada da outra por contas únicas e pequenas. O símbolo da Árvore da Vida é usado em vez do crucifixo. As grandes contas são para meditação das Esferas e Elementos-Vida, enquanto as menores são para os Caminhos entre elas. Ao trabalhar com o "Rosário Qabalístico" no seu todo, é requerido que nos movamos entre a grande conta, representando uma Esfera, e a seguinte menor, representando um Caminho, até todos os "Caminhos" relacionados terem sido "ativados" por assim dizer, antes de se mover para a seguinte grande conta representando a próxima Esfera, etc. – Jacobus G. Swart.

i. Plano de Oração

Ó Supremo Espírito-Vida, só Tu és Causa e Coroa do Cosmos com a Tua Sabedoria e o Teu Entendimento.
Concede-nos evitar o Grande Abismo na nossa Experiência da Tua Existência.
Estende a Tua Misericórdia até nós, com toda a tua Força, para que possamos perceber a Bendita Beleza do teu Ser.
Alcancemos Amorosamente a Glória de nos Estabelecermos nós mesmos imortalmente no Teu Santíssimo Reino para sempre. *Amén.*

ii. Contas
Princípios–Esfera

Declaração: **Bendito para nós sobre a Sagrada Árvore da Vida és Tu, o Princípio e o Poder de ....**

Resposta: **Permite e prospera, Tu a quem oramos, o nosso presente propósito com o Plano Perfeito.**

iii. Caminhos

Declaração: **Bendito seja o Caminho de...... sobre a Sagrada Árvore da Vida que liga os princípios de ..... e ....**

Resposta: **Possa este e todos os aspetos dentro do Padrão Perfeito levar-nos verdadeiramente em direção à Iluminação de Viver eternamente.**

iv. Ação de Graças

Gratidão a Ti Ó Grande Soberano Espírito de Sabedoria Supernal e Entendimento Omnisciente uma vez que estamos iluminados pela experiência da tua existência.
Graças damos pela Força Misericordiosamente Temperada, e bendita seja a Beleza de Alcançar a Glória, Realizando as nossas Entidades Vivas dentro do Teu eterno Reino.
Ámen.

Capítulo 6
A LINGUAGEM DOS DEUSES

A. O Poder dos Nomes

Assumindo que formas mais elevadas de vida e inteligência do que os seres humanos existem, independentemente do nosso universo físico, como podemos comunicar com elas? Que termos de consciência (se é que alguns) devemos usar, e como é que eles poderiam ser traduzidos em expressões que a nossa consciência normal fosse capaz de entender? Em outras palavras, se existem Deuses, podem os seres humanos falar para eles ou mais importante, *com* eles?

Aventureiros esotéricos de todos os tipos têm procurado tal linguagem secreta espiritual de um século para outro. Desde que a linguagem começou, existiram histórias a respeito de "Palavras Mágicas de Poder", tanto sonoras como escritas, que deveriam vincular homem e Deus juntos para algum propósito indicado pelo próprio Símbolo-Palavra. Havia uma crença de que o Homem poderia dizer algo que seria capaz de persuadir Deus a fazer alguma coisa. Isto desenvolveu-se, a um ponto de arrogância, quando o Homem se tornou convencido de que poderia realmente obrigar as Divindades a cooperar com os seus caprichos. Todos os tipos de ideias abundavam, mas a sua base fundamental era que seres humanos especialmente treinados poderiam realmente fazer contacto inteligente com ordens superiores de seres que viviam de forma invisível e intangível por trás ou além do nosso mundo comum da matéria.

Longe de estar desvanecido nos tempos modernos, este conceito-comunicação foi condensado em estudos científicos de consciência que se espera que permitam aos especialistas, computadorizarem códigos de impulsos de pura energia, reconhecíveis por seres inteligentes fora do nosso planeta, quando um canal de duas vias de comunicação possa ser configurado e operado para a mútua vantagem de ambas as partes. Contudo ainda não há indicação de quão longe tais experimentos estão a evoluir ou que resultados podem ou não ser alcançados. A única certeza é que não há nenhuma informação que seja suscetível de atingir um público letrado que possa negar ou perturbar a sua aceitação, por parte de autoridades que ditam os cursos de conduta civilizada ao longo das nossas estruturas socioeconómicas.

À medida que isso acontece, a maior parte das nossas escrituras do passado e outros escritos que se apresentam como sendo "inspirados por Deus", consistem quer em advertências calculadas para encorajar alterações nas atitudes humanas quer em ideias projetivas do que a vida podia ser se fôssemos pessoas melhores e a viver em mundos diferentes. Há muito pouco em qualquer literatura sagrada ou tradição oral que indique a existência de satisfação com o mundo que fizemos para nós mesmos nesta terra. Quase que se poderia supor que todas essas escrituras no seu todo foram comunicadas para e por dedicados revolucionários contra os atuais estados de estase. A sua única constante e consistente mensagem é: Altere a consciência. Mude a consciência. Dizem-nos frequentemente o que tais mudanças devem ser, contudo nunca disseram exatamente como fazer isso, além de rezar e esperar por uma eventual iluminação. Se os Deuses se comunicaram ou se comunicam connosco através de ensinamentos religiosos reconhecidos, estamos certamente no direito de saber o quão próximo os seus tradutores humanos chegaram do significado original das suas mensagens.

De qualquer maneira, como é que os humanos se comunicariam com os Deuses? Por telepatia direta? Ouvindo vozes nas suas mentes? Por meio de oráculos, através de médiuns, ou algum outro tipo de adivinhação? Todos estes métodos e muitos mais, têm sido empregues, incluindo a simples oração, mas no final, o problema é como fazer a ponte entre a mais profunda e a mais recôndita consciência normal como seres humanos inteligentes. Não é que nós não possamos comunicar de uma forma ou de outra com o Espírito-Vida que vivifica o nosso Cosmos. Como itens individuais dessa Vida nós próprios, devemos automaticamente estar em algum tipo de contacto com ele quer estejamos conscientes disso ou não. A questão é, podemos traduzir este senso-contacto fundamental em termos compreensíveis pelas nossas mentes medianamente despertas, em caso afirmativo, como e por que razão?

Um ponto importante é que apenas uma fração mínima da humanidade, está interessada em estabelecer a comunicação entre estes níveis opostos, das suas vidas. A esmagadora maioria está bastante contente com o focar a sua atenção nos detalhes da vida finita neste mundo e ocupar-se com esses, excluindo tudo o resto. Há portanto, um campo muito limitado da experiência humana a chamar quando estamos a investigar o tema das relações conscientes conectando o ser humano com as suas fontes mais íntimas de provisão. Além disto, estamos muito familiarizados com os muitos casos de mentes desequilibradas que afirmam contacto direto com Deus e que promulgam todo tipo de doutrinas loucas ou perigosas. Obviamente, tem que haver um "controlo de qualidade" padrão aplicado de alguma forma, para que possamos ter, pelo menos, a confiança razoável em qualquer comunicação que recebamos de outras fontes que não as comuns. Não há qualquer motivo para tentar lidar com a "Consciência Profunda" em nós mesmos, a menos que esta possa ser canalizada através das nossas mentes normais sem efeitos prejudiciais para todos os envolvidos. É provavelmente uma apreciação instintiva deste facto que faz com que a maioria dos seres humanos deixe os cães dormentes da Divindade ficarem imperturbáveis nas suas próprias profundezas.

Talvez nos possa ajudar a investigar o problema um pouco mais, se nos aproximarmos um pouco das suas origens mais chegadas ao início da história humana na Terra. Tanto quanto sabemos, os homens estavam muito mais familiarizados com a "Voz de Deus" na altura do que o estão hoje em dia. Eles ouviam-na falar com cada som da natureza. Ela proferia advertências, encorajamentos, tranquilizava, agitava, e cada variedade de estímulos sónicos levavam os homens a reagir com o seu meio ambiente e a alterar a consciência para lidar com cada situação de emergência decorrente. Eles aprendiam ouvindo, e as suas vidas dependiam de como eles interpretavam o que ouviam. Visão e cheiro aumentavam as suas decisões finais muito grandemente, mas era sobretudo a audição que alertava o homem primitivo para a ação. O que ele não podia ver claramente ou cheirar fortemente estava muito provavelmente demasiado distante da sua preocupação imediata. O homem sempre dependeu principalmente da audição para lhe fornecer noções básicas para as suas decisões na vida. Ele é o primeiro sentido que desenvolvemos no útero e o último a deixar o nosso corpo moribundo. Sem discurso audível, e as suas palavras em forma escrita, não poderíamos ter desenvolvido a nossa civilização.

O homem primitivo estabeleceu a comunicação sonora entre a sua própria espécie, imitando os ruídos da natureza. Aqueles seriam reforçados por movimentos visuais de membros e características possivelmente novas com significados miméticos. Podemos entender nos nossos tempos como o quase universal som de aviso "SSSSS" veio da imitação de uma cobra. A intenção era causar imobilidade e silêncio imediato, uma vez que tinham aprendido que os movimentos bruscos fazem com que as cobras ataquem. Eventualmente, a exclamação tem vindo a cobrir todas as situações que exigem silêncio ou estado de alerta. Peça a peça, ao longo dos séculos, os seres humanos construíram os seus vocabulários por combinações de sons que aprenderam com a vida natural em torno deles. Se uma pessoa religiosa pode acreditar que a Voz de Deus pode realmente ser ouvida na natureza, então pode-se dizer com precisão que foi o próprio Deus que ensinou o homem a falar em primeiro lugar. Caso este em que há realmente uma linguagem comum, comum a ambos os níveis da vida.

A nossa linguagem mais primitiva foi, sem dúvida, muito próxima à dos animais, sendo uma recolha dos seus sons característicos, misturados com imitações elementares e combinações de sons indicativos da intenção da condição. A necessidade básica do homem é a de comunicar o seu estado de ser, e depois a sua intenção decorrente desse estado. Ele primeiro diz, com efeito: "Eu sou isto" e em segundo lugar: "eu quero - aquilo." Algo como: "Fome - alimentos. Cansado - sono. Assustado - abrigo" e assim por diante. Por esses sons simples ele espera despertar respostas de reconhecimento por outros seres humanos que poderiam ajudá-lo a atingir os seus objetivos.

Desde o início, as nossas orações foram principalmente uma repetição monótona de: dá-me, dá-me, dá-me.[21]

Há probabilidade de que os primeiros humanos raramente falassem, até que impulsionados por pura necessidade. O discurso significava esforço da mente sobre o músculo, e o controlo da consciência por parte do homem estava ainda nos seus estágios experimentais. As suas reações instintivas poderiam ter sido rápidas, mas o seu pensamento criativo podia ser um processo muito lento e muitas vezes doloroso. Um homem podia viver tanto tempo quanto lhe fosse possível na terra, e ainda assim nunca alcançar um vocabulário maior do que o necessário para cobrir as necessidades essenciais. Ele simplesmente não tinha inclinação para aprender mais. Isso ainda é assim no nosso mundo moderno. Por outro lado, havia muitas pessoas intensamente interessadas em ganhar capacidades sonoras e inventar combinações de sons que atraiam a atenção de ouvintes humanos fascinados. Eles cedo aprenderam o valor de tal arte em termos de reação do seu público. Admiração e gratificações eram muitas vezes dadas por ouvintes que desfrutavam da experiência. Talvez seja escusado dizer, que os descendentes de tais tipos encontram-se ainda entre nós como animadores, pregadores e políticos. Assim que eles descobriram que o seu vocabulário tinha um poder real sobre as pessoas por persuasão ou coerção, não deixaram mais de formar palavras.

Foram, sem dúvida, alguns destes povos de raciocínio mais nítido que observaram que há palavras específicas que parecem automaticamente despertar padrões reativos numa audiência. Essas eram as palavras que evocavam energias decorrentes das fontes da própria existência humana. Palavras de sobrevivência que despertavam temores, ganâncias, melhorias de ego e outras motivações básicas por trás da vida terrena humana. Deve ter sido muito cedo na história da Magia que os seus praticantes descobriram as "Palavras de Poder", que lhes deram vantagens sobre outros seres humanos, quando habilmente utilizadas. A partir de então tratou-se de um caso de progressão direta para os "círculos fechados" dos ferreiros

---

[21] No original "gimme, gimme, gimme" contração de "give me". (N.T.)

profissionais das palavras. Eles rapidamente criaram "Nomes Secretos" para os Deuses e semi-Deuses, levando a todo o palavreado sem sentido que nos traz para o estado atual da nossa gíria e informatização da consciência.

Talvez seja difícil para nós agora, entender o impacto dos nomes nos tempos realmente antigos. Especialmente nomes pessoais. Havia uma magia neles, ligada com a identidade de um indivíduo que o afetava até às profundezas do seu ser. O nome literalmente *era* essa pessoa em particular, e tudo o que acontecia com o nome também acontecia com ele / ela. Não admira que se tenha tornado um costume, adotar nomes secretos que nenhum outro ser humano deve saber exceto, talvez os íntimos mais confiáveis, tais como parentes de sangue. Ser identificado em público por uma figura de autoridade e, em seguida, ouvir as suas intenções para com o indivíduo que fala ainda é uma experiência profundamente impactante. Ainda hoje uma prisão legal ou uma sentença emprega sempre o nome completo de alguém. Antigamente, em muitas circunstâncias, era suficiente à autoridade apontar diretamente para o homem condenado e dizer solenemente: "Fulano de tal, filho de fulano de tal, você vai morrer!" O medo inspirava a inibição do vago, por vezes, causando a morte do sujeito no local, provavelmente ajudado pelo conhecimento de que ele iria ser cortado dolorosamente em pedaços se as palavras não conseguissem realizar o que as pedras certamente conseguiriam. As crianças ainda cantam: "as varas e as pedras podem partir os meus ossos, mas as palavras nunca me irão aleijar" como canto de desafio. Nós ainda consideramos errado apontar o dedo às pessoas. As nossas memórias ancestrais são mais duradouras do que pensamos.

Naturalmente, os nomes mais temidos e respeitados eram aqueles que poderiam identificar os Poderosos Deuses que controlavam o meio ambiente e possibilitavam ao homem viver nesta terra. Identificar um Deus pelo nome era convidar a sua atenção de uma só vez, o que poderia ser uma coisa muito arriscada de se fazer. Possivelmente é por isso que os seres humanos frequentemente prefeririam pensar na sua divindade como uma Figura-Mãe. A experiência ensinou-lhes que as mães tratavam a sua prole melhor do que os pais em geral. As mães alimentavam-nos e, geralmente, protegiam-nos dos perigos. Elas podiam gritar e bater, mas raramente infligiam ferimentos graves intencionalmente. Além disso, elas estavam disponíveis na maioria das vezes. Os pais não só eram mais distantes, mas também suscetíveis de acertar com golpes pesados e às vezes fatais. Eles poderiam ser mais generosos com presentes, mas também mais perigosos de se lidar. A Deusa-Mãe era uma Divindade mais muito acessível, e assim o foi durante muito tempo antes de um Deus-Pai se tornar supremo nos conceitos humanos da sua casa-Céu.

Mesmo então, ele não era nomeado sem impunidade, e referências mais humanas de Deus eram eufemismos, tais como: "Ele, Aquele no alto, Isso, O Mais Antigo, O Poderoso," e assim por diante. Apenas os sacerdotes importantes ousaram reivindicar que tratavam a Divindade pelo primeiro nome, e um horror particular à blasfémia ou ao uso descuidado dos títulos de Deus era comum à maioria da humanidade. Até hoje nós realmente não temos um nome para a nossa Divindade. A palavra "Deus" só significa "aquilo que é adorado como fonte do bem", enquanto Jesus Cristo não significa mais que "ungido Salvador." Estes não são de todo nomes pessoais, e nem o é o Espírito Santo. Os nossos Deuses são ainda anónimos.

O maior avanço do homem na linguagem veio quando nos começámos a representar pictoricamente as nossas palavras e assim registar pensamentos para o benefício da posteridade ou para uma ampla gama de outras mentes capazes de interpretar as marcas feitas em pedra, barro cozido, ou outras superfícies convenientes. No início, a escrita transmitia ideias, ilustrando-as. Se um caçador pretendesse gravar: "Eu matei três veados", ele esboçava três veados deitados mortos com lanças ou flechas espetadas nos seus corpos. Foi apenas uma questão de tempo, antes que uma série de símbolos contratados e convencionados como atalhos, até que ideografias crescessem num conjunto complicado de símbolos que expressavam estados de espírito, emoções e especulações abstratas. A nossa linguagem escrita evoluiu do puramente mundano para o metafísico.

A enorme melhoria em ideografologia veio com a invenção dos alfabetos ou classificação da fala humana num conjunto padrão de sonoridades básicas, cada uma com o seu

Símbolo especial. Pela primeira vez, as palavras podiam ser representadas como elas eram ditas e os leitores poderiam traduzir os símbolos em discurso audível dentro das suas próprias mentes, assim esclarecendo a consciência muito consideravelmente e chegando muito mais perto do significado original de quem escrevia. É claro que isso deixou menos liberdade para o leitor interpretar os símbolos de acordo com a sua imaginação, mas fê-lo guiar a sua mente ao longo dos canais que levam em definitivo instruções para fins específicos, assim fazendo-o chamar a atenção para pontos que ele poderia, de outro modo, ter perdido ou interpretado mal. A escrita tornou-se uma bênção mista. Por um lado, abriu a consciência para informações que poderiam ter sido inalcançáveis, contudo por outro, muitas vezes desencorajou o pensar original, uma vez que permitiu que as pessoas enchessem as suas mentes inteiramente com as ideias de outros seres humanos em vez de criar os seus próprios conceitos. Esta foi uma das principais razões pelas quais mais tarde "Professores" de sistemas espirituais, particularmente os Druidas, proibiram a escrita ou leitura de temas sagrados, preferindo o antigo método oral de os passar de uma geração para outra.

    No início os principais usos da escrita, eram as transações comerciais e práticas entre os seres humanos, envolvendo cálculos e processos de negociação entre as partes interessadas. Assim os negócios poderiam ser feitos à distância, e mais importante do que isso, os termos não poderiam ser discutidos ou negados após a conclusão. A escrita era a palavra, assim como o nome era o indivíduo. Além disso, o uso de um código de alfabeto promulgou figuras para serem representadas pelas letras em vez do método mais antigo, de fazer traços separados ou paus para cada unidade. Era muito mais simples escrever *FH* em vez de colocar noventa e cinco traços, um após o outro. À medida que a nossa consciência evolui tendemos a condensar quantidades crescentes dela, em cada vez menos e menos espaço físico. Nós também aceleramos o processo de comunicação. Ideias que anteriormente levavam semanas a explicar agora podem ser transmitidas em instantes. A extrapolação deste processo indica uma expansão quase incrível da nossa consciência dentro do futuro previsível. Tudo isto se iniciou, juntando as ideias umas às outras em sucessão lenta, de modo a fazer sentido entre os seres humanos. Isto vai levar a uma ligação de fração de segundo de energias multi-impulsos para transmitir massas inteiras de consciência entre as mentes humanas e outras ordens de inteligência. Os dias da nossa conversa de bebé com os Deuses estão a chegar ao fim e estamos a começar a atingir um nível mais elevado e adulto de comunicação com a Divindade.

Nos tempos e condições primitivas a formação inicial de um Xamã ou mediador de Deus obrigava-o a passear pelo ambiente natural sozinho, ouvindo atentamente os mais leves sons de elementos e criaturas selvagens enquanto reagia de forma inteligente com todos, e tentava interpretá-los em termos da sua mais profunda compreensão instintiva. Ele escutava com os ouvidos encostados à terra, contra os troncos das árvores, pedras em pé, debaixo de água. Ele esforçou-se para ouvir o próprio silêncio no deserto, e sob todas as condições possíveis de ambientes intocados pelo homem. Com nenhum outro ser humano para falar com ele, foi forçado a tentar comunicação com o penetrante Espírito da Vida, expressando-se a Si mesmo através da Existência pura. Só quando ele tinha compreendido algo do significado e propósito da vida *per se*, é que ele era considerado apto para se voltar juntar à companhia humana e ajudar a orientar o seu destino pela sua conduta e serviço espiritual para a comunidade. É uma pena que esta antiga prática já não exista atualmente. Há muito a ganhar com ela mesmo nas difíceis circunstâncias impostas pela invasão humana em quase cada centímetro do nosso ambiente.

Quase todos os sistemas de iniciação espiritual defendiam alguma forma desta comunicação natural de consciência entre a inteligência humana e superior. Alguns trabalharam programas detalhados de abordagem que quase equivaliam a um alfabeto de instruções, e outros deixavam inteiramente ao aprendiz, como gerir a sua cartilha-aprendizagem "faça você mesmo" na companhia dos Deuses, para falarem com eles através de todas as vozes da natureza. A formação por este método estendia-se por períodos que variavam de acordo com as diferentes escolas de prática. Jesus no seu isolamento no deserto e Buda sob a sua árvore Bo, são exemplos disso. O isolamento do individuo como este, era geralmente sofrido por tipos mais avançados de iniciados. Tornou-se um costume mais geral, treinar em pequenos grupos, de modo a formar focos de consciência coletiva. Hoje, o sistema Zen no Oriente, e os métodos Quaker do Ocidente são sobrevivências cultivadas de interpretação mediadora meditativa da Inteligência Interior. Ambos funcionam por aplicação disciplinada da consciência além dos limites corporais, visando fontes humanas de consciência superiores. Muitos outros sistemas operam regimes equivalentes construídos pela experiência ao longo dos séculos, mas, no final, cada um deve emergir para si e fazer as suas próprias relações únicas com a Divindade da melhor forma possível.

Apesar da descoberta da escrita, alguns sistemas espirituais ainda preferiram transmitir os seus ensinamentos por meios orais diretos, por uma razão muito boa. A palavra escrita só atinge a mente de um leitor visualmente através de um meio inanimado – a superfície de apoio das letras. No caso de instruções orais, a mensagem é mediada a partir de um ser humano diretamente para outro, e para além de quaisquer sons também está a ser "irradiada", de professor para aluno por trocas imediatas de energia psíquica. Isto significa que a mensagem está a ser transmitida por contacto direto de alma a alma em níveis internos. Os ensinamentos escritos podem apenas transmitir informações intelectuais de mente para mente, o que não é a mesma coisa. O ensinamento espiritual verdadeiro só é possível ao longo das linhas diretas que estão muito acima dos limites das palavras humanas.

Isto leva-nos à perceção inevitável de que Deus ou "os Deuses" não comunicam connosco em discurso humano ou escrito de qualquer tipo. Essa não é a *sua* língua mas a nossa. O máximo que podemos fazer é tentar traduzir a sua consciência em termos da nossa própria, tanto quanto podermos, processo este que é necessariamente governado pela nossa habilidade e experiência da arte. Se quisermos ser honestos, teremos que admitir que os nossos esforços são sempre limitados pela extensão do nosso melhor conhecimento, crenças e habilidade. Tudo depende das nossas capacidades de mediação e dons naturais de expressão comunicativa. Nenhum "Professor" terreno de assuntos espirituais poderia reivindicar mais do que: "Isto é o que me chegou tal como eu o interpretei na nossa língua. Que isto te possa incentivar a procurar também para ti mesmo."

Muitos sistemas iniciáticos e outros espirituais que veem este ponto muito claramente por causa da sua longa experiência, acreditam que o melhor tipo de "Ensinamento" atinge a consciência humana sem serem utilizadas palavras escritas ou faladas. Eles descobriram no entanto, que algum tipo de órgão de recolha focal é definitivamente necessário para receber e concentrar a consciência em causa. Na maior parte das vezes este será um ser humano, embora alguns suponham ser possível uma presença invisível localizar-se focalmente através de um meio inanimado e irradiar a sua consciência para os seres humanos dentro do seu alcance. A Igreja Católica tem vindo a praticar esta ideia há séculos com o conceito de uma "Hóstia Sagrada" utilizando o pão-vinho como um concentrador para a consciência de Cristo. Um conjunto literal de outros agentes, têm sido empregues por todo tipo de seres humanos que procuram o contacto com a consciência Interior por qualquer meio que seja descrito. Dos iniciais monumentos de pedra até aos amuletos de plástico, homens e mulheres fizeram uso de talismãs com intenção de os conectar com ordens supra e infra-humanas de inteligência. Eles certamente parecem conseguir alguma medida de ligação entre os seus níveis objetivos e subjetivos de consciência por esses meios.

Portanto, para um grande número de pessoas à procura de meios sistemáticos de relacionamento entre eles próprios e a Inteligência Divina, é suficiente "sentarem-se na Presença" de qualquer agente que eles encontrem e que os coloque em melhor contacto com as suas próprias capacidades mais elevadas de consciência. Alguns acreditam que eles absorvem "ensinamentos interiores" diretamente da aura do seu mediador humano, e só é necessário para eles ficarem um pouco mais no seu ambiente para que se comuniquem com uma consciência comum da Divindade. O "Professor" não precisa de pronunciar uma única palavra, ou, inversamente, ele pode conversar incessantemente sobre o mais trivial dos tópicos, enquanto os seus pupilos estão ocupados a extrair verdades do silêncio espiritual por trás do seu fluxo de palavras. O seu discurso sónico está a agir como um hipnótico que se liga à parte inferior da consciência dos seus ouvintes e impede que esta interfira na comunicação direta ao longo de linhas mais elevadas.

Métodos deste tipo variam enormemente. Alguns cantam ritmos repetitivos por períodos prolongados durante os quais eles tentam aumentar o alcance da sua consciência interior e fazer contacto com a consciência que visam. O método Zen de "*zazen* sentado" é particularmente interessante. Durante esta prática o instrutor ou Roshi dá a um grupo ritualmente posicionado o seu "Koan" ou código de perguntas, que devem estar além do raciocínio lógico e da normal compreensão intelectual. Enquanto eles estão a lutar internamente para chegar a algum tipo de conclusão com eles, o Roshi move-se silenciosamente entre o grupo sentindo as correntes de consciência a circular entre eles. Quando ele observa (geralmente por pequenas mudanças de postura) que a atenção de algum deles está a vaguear ou a perder força, ele corrige isso imediatamente, golpeando esse aluno em particular, inteligentemente na sua coluna com uma vara pequena plana. O Roshi sabe com precisão qual é o lugar onde bater e exatamente qual o impacto correto. O estímulo do nervo deve restaurar a concentração do aluno na intensidade adequada para o seu exercício. Todo o desempenho é altamente disciplinado e conduzido com uma precisão quase militar, sendo o seu objetivo atingir um alvo muito além do alcance do pensamento humano comum para que uma "explosão" de consciência nesse ponto se torne possível. Talvez isso seja só uma realização momentânea sobre os nossos níveis, mas um único instante do Despertar Eterno no tempo terreno vale talvez uma multiplicidade de encarnações necessárias para o obter de outra maneira. A Escola Zen chama a esta transcendência "*Satori*". Isso equivale àqueles que se dão conta de possuir identidade imortal enquanto ainda habitam o corpo de um animal superior, que é o objetivo comum a muitos sistemas espirituais.

Além de defender as orações e meditações privadas, a igreja cristã no seu todo acredita no "poder da pregação" para estimular as condições de comunhão com Deus. Alguns conjuntos de frases das escrituras são geralmente tomados pelo sacerdote-mediador-ministro, que se supõe, despertarem as faculdades para mediar mensagens dirigidas da Divindade diretamente à sua congregação. A inundação de palavras que se segue (principalmente a partir da mente do ministro), espera-se que sejam inspiradas ou moduladas pelo Espírito Divino da Vida tentando fazer contacto com os seres humanos que estão diligentemente à espera da Sua palavra dentro deles. As suas escrituras dizem-lhes que este Espírito *é* uma Palavra, ou Expressão de consciência, em e como Ela mesma. Se os seres humanos pudessem realmente ouvir essa Palavra eles certamente seriam salvos por alcançar a entidade imortal na consciência do seu Criador. Por isso, eles escutam com os ouvidos corporais limitados, um intervalo muito pequeno de sonoridade, enquanto o seu pregador derrama uma enchente de palavras que é com muita frequência nada mais do que barulho e que os seus ouvintes não aprenderam a como substituir de modo a alcançar reinos superiores de consciência ao longo de linhas internas. A mitologia Maçónica também tem a lenda da "Palavra Perdida" que se diz ter sido originalmente dada por Deus ao Homem, e que continha todos os segredos do Universo. Tornou-se perdida devido à perversidade humana, e a sua redescoberta deve ser o objetivo de todo o pensamento correto dos "trabalhadores da vontade." Uma vez encontrada e compreendida novamente, os nossos problemas neste mundo acabariam. Ambos Palavra e Vontade seriam um.

Muitas seitas e grupos de orientação cristã têm feito experiências com o chamado "Dom das Línguas" desde há muito tempo. Esta é realmente uma das primeiras práticas da humanidade datando a povos muito primitivos. Isso significava que um médium humano devia induzir um estado de semitranse em si mesmo, em que o controlo da laringe iria ser transferido do focal para níveis subjetivos de consciência. Um tremor quase involuntário seria então induzido para ativar as cordas vocais em sons glossianos os quais eram depois desenvolvidos e transformados em articulações semelhantes a um discurso, embora raramente inteligíveis ou reconhecíveis como qualquer linguagem convencional. Nos tempos antigos, muito disto foi feito pelas pitonisas femininas, cujo sacerdote masculino associado, alegava ter traduzido as suas vocalizações para a fala humana comum. Isto é hoje praticado por médiuns Espiritualistas e Pentecostalistas que geralmente deixam para os ouvintes encontrar qualquer interpretação que consigam. Se for feita uma conexão com cuidado suficiente com a parte coerente da mente subconsciente, alguns resultados muito interessantes e informativos podem ser produzidos com este método, no entanto, em cada caso estes precisam ser avaliados com extrema cautela e juízo crítico.

Contudo Místicos muito dedicados de cada sistema perceberam que ensinamentos espirituais genuínos, simplesmente não podiam ser colocados em palavras humanas, eles tiveram que admitir eventualmente que tanto as palavras faladas como as escritas podem ser úteis como indicadores simbólicos que, no mínimo, apontam na direção da Divindade. As palavras foram os meios do intelecto, e este foi uma faculdade no desenvolvimento da humanidade que provavelmente se tornará o método mais comum de expressão entre os seres humanos do futuro. Por conseguinte, desde que os limites de verbalismo fossem reconhecidos e compreendidos, poderiam ser utilmente utilizados para a promoção do relacionamento Divino-Humano. Então, símbolos e escrituras começaram a deixar a sua marca sobre a humanidade. Uma vantagem era que estes permitiam que o conteúdo intelectual dos ensinamentos Internos e tradições, chegassem a uma gama muito maior de consciência entre as pessoas alfabetizadas. Uma desvantagem era que a literatura tendia a contrair a consciência dentro dos limites dos seus círculos definíveis e discutíveis. Estes podem parecer muito grandes para os seres humanos sem instrução, mas na verdade eram muito limitados em comparação com as varreduras de longo alcance da consciência possível para aqueles que estendiam a consciência para além dos limites do verbalismo.

Assim, em geral em todos os Santos Mistérios, a literatura serviu para despertar o interesse, classificar a consciência, e registar as rotinas de procedimento ou outras indicações intelectuais de realidades interiores. Para a expressão de conceções maiores a simbologia pura foi empregue para transmitir significados acima dos limites verbais. Aqui foi onde a matemática entrou em cena como um sistema para pensar em termos de relações-valor abstratas. Originalmente, era uma ciência sagrada com o objetivo de permitir que um ser humano compreendesse algo da consciência Divina. Pitágoras observou na sua famosa frase: "Deus geometriza", e especializou-se em ensinar aos seus seguidores o uso de valores puros aplicados à formulação de conceitos que conduzem a estados de consciência mais elevados do que o humano. Até hoje, é principalmente a matemática que leva a descobertas científicas que derradeiramente devem empurrar a humanidade por completo para áreas muito maiores da Vida. Deve entender-se, contudo, que tal como noutros campos, as matemáticas são um meio estritamente limitado de ganhar magnitude espiritual e sozinhas, elas nunca vão conseguir a nossa libertação definitiva dos limites corporais.

  Por toda a parte nos círculos de iniciados, tornou-se reconhecido que o simbolismo escrito, baseado apenas em linguagem humana, só poderia suprir as necessidades iniciais de despertar almas. No entanto, não parecia haver razão do porquê disso não ter sido trazido tão próximo de uma arte quanto possível. Através dos séculos da nossa civilização temos vindo a trabalhar nessa direção com variados graus de sucesso e quantidades consideráveis de fracasso. Existem queixas perenes de que a literatura esotérica tende a ser vaga e incompreensível, cheia de metáforas, sugestões, alusões e temas incertos. De um certo ponto de vista, isto é bem verdade. Autores, eles próprios, com um vocabulário limitado, tentaram verbalizar completamente estados de consciência para além das palavras. Alguns fazem um trabalho melhor do que outros, mas todos são limitados pelas suas habilidades de expressão e a cobertura da consciência por qualquer língua humana. Podemos supor-nos extremamente eruditos, mas até mesmo a extensão máxima de erudição humana está muito aquém das necessidades para alcançar entendimentos claros da inteligência Interior. O máximo que podemos atingir verbalmente são aproximações e reduções para a nossa escala de pensar. Comparativamente poucos autores são capazes de subir muito alto na escala. Os poetas têm feito o seu melhor, mas os matemáticos, músicos e artistas superam-nos sempre.

Sobretudo nos tempos modernos, a maioria dos seres humanos têm caído na armadilha de deliberadamente confinar a consciência dentro de palavras-definição estritas. Se algo não vai caber na nossa rede estreita de palavras, nós quase automaticamente nos recusamos a reconhecê-lo. Tudo o que está fora das nossas fronteiras puramente intelectuais torna-se um perturbador indesejável do nosso *status quo*, e é portanto, a ser evitado. É verdade que precisamos de ter um cuidado particular na introdução de variedades novas de consciência dentro da nossa faixa de trabalho, mas também é verdade que podemos estar a perder a arte de usar as palavras de forma a libertar a nossa consciência dos seus limites para mundos mais amplos de experiência Interior. Em vez disso, estamos a tentar ampliar os nossos vocabulários, na esperança de cobrir toda a consciência em torno de nós que clama pela nossa atenção objetiva. Às vezes isso pode ser parcialmente bem-sucedido, mas, muitas vezes, traz mais confusão e mal-entendidos do que iluminação. É triste dizer, que tal desorientação é muitas vezes deliberadamente projetada por aqueles que tem motivações de ganho-ambição entre inteligências quer humanas quer anti-humanas.

Esta literalização das letras pode restringir a consciência repressivamente. O antigo texto: "A letra mata, mas o Espírito dá Vida" é inteiramente correto. As letras apenas fornecem um corpo para o significado viver nele, e se nós continuarmos a confundir o corpo com a alma, estamos a perder algo que vale a pena ser vivido. Podemos ver isso com bastante clareza em quem toma a escritura segundo apenas o valor da palavra, muitas vezes mal traduzida e erroneamente aplicada a circunstâncias de pura derivação moderna. A miséria que eles fazem para si e para os outros é certamente a evidência suficiente dos seus conflitos interiores. Almas justas consigo mesmas, raramente são muito felizes. Por outro lado, a menos que nós possamos confiar em algo comum, ou pelo menos no sentido médio dentro das nossas palavras, elas não vão causar senão perplexidade e confusão. Idealmente a nossa língua tem vários níveis de compreensão, cada um construído sobre uma base do mais próximo abaixo dele. Desse modo, a nossa consciência pode ir e vir entre os extremos da nossa compreensão. Até certo ponto isso é possível já, embora quantas pessoas fazem plena utilização desta capacidade seja uma incógnita. Uma resposta exata seria, certamente uma pequena minoria.

Tudo depende de como nós queremos usar as palavras. Se elas são destinadas apenas a comunicar lugares-comuns com outros seres humanos, então a restrição a esse campo deve ser legitimamente aceite. Se queremos que elas indiquem esferas mais recônditas da consciência, vamos precisar de algum tipo de acordo mútuo entre nós para determinarmos os seus valores nesses termos. As palavras são a moeda da nossa consciência, aceitável de acordo com as taxas de câmbio vigente em todos os diferentes níveis de Vida. Palavras que podem alcançar muitas coisas neste mundo poderiam não alcançar nada noutro lugar, e as palavras que pensamos inúteis poderiam muito bem ser de enorme valor em locais mais elevados. Tal como o dinheiro, as palavras não valem mais do que o seu valor de câmbio, que tem tantos fatores de alteração como as finanças materiais, se não mais. O que temos que aprender é a arte de organizar transações entre diferentes estados de vida com valores intercambiáveis de consciência, negociáveis em todos.

Desde o início da história registada, ouvimos falar de tentativas por parte dos homens para se comunicarem inteligivelmente com os Deuses ou outras categorias de seres não-humanos, incluindo demónios ou tipos anti-humanos de consciência. Passagens das escrituras frequentemente começam com: "E o Senhor falou a Moisés (ou quem quer que fosse), e disse...". Evidentemente o método Mosaico de comunicação era através de uma "voz mansa" ou telepatia áudio recebida provavelmente enquanto num estado contemplativo de silêncio. À luz da ciência moderna, não podemos afastar totalmente a ideia de transmissões de microenergia irradiada para o seu cérebro por extraterrestres com a intenção de influenciar todo um povo através dos pensamentos do seu profeta. Tal possibilidade alarmante aproxima-se da verdade nos nossos tempos. Como podemos garantir que as energias de tal natureza emanam apenas de fontes que pretendem o bem-estar da humanidade? Se uma mente ou cérebro humano podem ser sensibilizados o suficiente para receber transmissões de energia não intencional de outros que não os nossos estados nativos de

Cosmos, então quem sabe de onde ou em quem eles se originam?

Os antigos estavam bem conscientes de que nem todos os contactos Internos trariam benefícios para a nossa espécie de Vida. Eles classificaram na prática tais distinções em "Orientação de Deus" e "Tentações do Diabo", dependendo se o impacto dessas influências impelia os humanos para cursos melhores ou piores de conduta. Ao mesmo tempo, eles perceberam que nem o tipo de influência era completamente irresistível a um ser humano médio, e que tínhamos alguma amplitude de decisão de acordo com a corrente de sugestão que seguimos. Este grau de determinação foi então conhecido como o nosso "livre arbítrio". Dependia totalmente de nós sermos levados "para cima" ao longo de uma linha Interna de Luz para a eventual Identidade no Cosmos, ou arrastados "para baixo" para a extinção total no Caos. A maioria dos sistemas místicos e mágicos estavam preocupados com a aprendizagem de como avaliar tais impulsos internos, tornando-nos independentes de qualquer delas e evoluindo para um estado superior de ser além do destino humano no seu todo.

Existem muitas lendas, rastreáveis a períodos iniciais do nosso passado, sobre a "Linguagem Secreta dos Anjos", que os seres humanos muito avançados podem aprender, a fim de obter informações ou fazer contactos conscientes com ordens superiores de Vida que estão amavelmente inclinadas na nossa direção. A maioria destas histórias, têm implicações que indicam que os Anjos não utilizam a nossa linguagem, mas que podemos eventualmente vir a entender a deles. Isto coloca a comunicação "Angelical" completamente acima da faixa sonora. Nos casos em que se disse que esses seres empregaram o discurso humano normal, supõe-se terem assumido uma aparência humanoide ao mesmo tempo. Se isso era uma "materialização" no sentido Espiritualista, ou uma mentalização associativa feita pela mente do ouvinte, ou uma mensagem mediada através de uma pessoa realmente humana, raramente é claro. Por tudo o que sabemos, pode ter sido algum tipo de imagem projetada de um transmissor noutro estado do Espaço-Tempo. O fator fundamental é que verdadeiramente acontece uma comunicação de consciência entre espécies humanas e não-humanas de vida.

Seja como for, tem sido o sonho desde há séculos, da maioria dos místicos e mágicos, descobrir um código comum de consciência em que Deuses, Anjos, e os Homens se possiam comunicar uns com os outros em termos aceitáveis da sua inteligência normal. Uma vez que os seres humanos conseguiram recentemente fazer com que os seus antigos sonhos relacionados com a lua se realizassem, parece muito provável que algum dia uma "linha direta para Deus" se possa tornar uma possibilidade prática. Se os seres humanos iriam, ou não, realmente acolher bem observações sobre si mesmos a partir de outros ângulos da existência, essa é outra questão. Eles podem ainda desejar ser deixados em paz, e não insistir em atrair a atenção articulada das classes da vida cósmica além de seus atuais meios de vida.

Entretanto, é proposto analisar um determinado sistema de comunicação espiritual que evoluiu desde há vários séculos atrás, e ainda está nos seus estágios experimentais. Este é chamado o esquema da Árvore de Vida Qabalística com as suas atribuições alfabéticas. Iremos primeiro olhar brevemente para as suas origens e ideologia, e em seguida, voltar a atenção para aplicações práticas. Embora as ideias básicas por trás dela sejam bastante antigas, parece ter enormes possibilidades para futuras expansões de consciência. Se a sua metodologia pode ser modernizada e ser colocada em forma praticável de trabalho, podemos fazer algumas mudanças significativas de consciência afetando os cursos das nossas carreiras-vida durante esta existência-Terra. Todas as alterações são mais suscetíveis de servir para algo melhor, porque o esquema-Árvore pela sua própria natureza não irá traduzir impulsos de inteligência Interior em quaisquer significados maléficos, quaisquer que as suas origens possam ser. O que é mais do que pode ser dito sobre muitos sistemas que pretendiam colocar as mentes humanas em contacto com a Consciência Criativa que as imaginou à existência em primeiro lugar.

B. A Árvore da Vida Falante

A Árvore da Vida Qabalística e os seus atributos têm sido tão completamente descritos noutras publicações que não há aqui nenhum ponto novo que cubra o mesmo tema para além de referências e comentários. No entanto tão longe quanto possa ser rastreado, ninguém parece ter lidado com o seu alfabeto de codificação, e feito ligações mentais com as línguas modernas, o que é o tema deste estudo. Portanto, devemos estar a desbravar uma boa quantidade de terra nova. Primeiro apresentemos alguns pensamentos sobre os seus primeiros desenvolvimentos e sobre a ideologia geral por trás dela.

    O esquema básico por trás da Árvore da Vida acredita-se que tenha sido concebido por filósofos que procuravam uma fórmula única que iria expressar todo o nosso Universo de uma forma que a consciência humana pudesse compreender e lidar de forma a melhorar e aumentar as nossas relações inteligentes com a Divindade e as Suas intenções em relação a nós. Muitos dos estudiosos envolvidos eram hebreus, mas eles estavam associados a outras pessoas que pertenciam a diferentes credos oficiais, embora a maioria deles fossem emancipados das religiões formais de qualquer tipo. Eles estavam todos em busca de relacionamentos frescos com uma Vida do Espírito comum através de um interesse intelectual e cooperativo no funcionamento da própria Vida operada através de todos os campos da existência. Assim eles tentaram encontrar alguma abordagem para o problema que pudesse coordenar as suas conclusões combinadas. A "Árvore da Vida", como a conhecemos agora, é o resultado dos esforços de vários séculos, feitos pelos seus criadores.

    Fundamentalmente a ideia é simples. Considere dez conceitos destinados a cobrir cada categoria da Criação de Deus ao Homem. Ligue-os em conjunto para se explicarem por si mesmos de forma lógica e razoável. Ao mesmo tempo, eles devem sugerir aberturas que levam em direção à experiência Interior ou consciência expansiva em níveis de vida mais elevados do que os humanos. Em outras palavras, a Mente de Deus e a mente do Homem podem ser providas com um ponto de encontro útil. Pode-se dizer que os criadores da Árvore estavam em busca de um sistema de tradução para que Deus e o Homem pudessem conversar de forma coerente numa língua comum.

Por que é que a Árvore da Vida deve ser baseada no 10? Provavelmente porque essa era a maneira mais antiga de negociação conhecida pelos homens que fazem transações sem saberem qualquer palavra da língua do outro. Todos os seres humanos, exceto aberrações ou mutilados tinham oito dedos e dois polegares. Por meio de gestos com estes, foi possível um código inteiro de comunicação sem palavras, embora na maior parte limitado à conversa comercial. Por exemplo, apontar para o sol e mostrar dois dedos, obviamente, significava dois dias, enquanto a lua significaria dois meses, e assim por diante. Eventualmente, essa conversa com dedos organizou-se numa linguagem muito própria, e os especialistas podiam chegar a uma velocidade razoável de troca. Caçadores primitivos usavam-na porque era silenciosa. Os modernos corretores de apostas nos cursos de corrida usam-na por conveniência e codificação de significado. Os Qabalistas precedentes pensavam que os princípios por trás da conversa de dedos podiam ser uma boa base para aprender a falar com um Deus que parecia falar sem palavras humanas, e melhor em condições de silêncio e quietude. Além disso, eles estavam à espera de efetuar algum tipo de barganha com Ele.

Ninguém sabe quanto tempo levou a chegar a acordo sobre os dez Conceitos necessários para abarcar o nosso Universo a partir de quatro ângulos, permitindo simultaneamente uma ideia Zero para conectar coisas inconcebíveis com uma consciência humana que ainda não as podia imaginar. Eventualmente, os conceitos organizaram-se numa relação natural geométrica, e uma vez que havia vinte e duas linhas de contacto direto entre eles, a coisa óbvia a fazer foi identificar estes por caracteres do alfabeto hebraico que era consonantal. Um ponto curioso decorrente e que a maioria dos comentadores parece evitar, é esse. Como o alfabeto hebraico era também o seu sistema de numeração, por que não iniciar a numeração das dez Esferas da Árvore por letras? Além disso, foram os árabes que produziram a cifra para identificar um conceito Zero, e os numerais modernos são derivados a partir do sistema árabe de matemática.

Os antigos egípcios usaram símbolos especiais para números e assim também o fizeram, claro, os romanos e algumas outras culturas do Mediterrâneo. Parece claro que os engenheiros da Árvore pretenderam identificar as Esferas, como valores puros para além das limitações da linguagem, ainda assim capazes de combinações entre eles para fazer unidades de inteligência definível. Isso quer dizer que as próprias Esferas da Vida poderiam ser melhor percebidas ou apreciadas com as nossas habilidades espirituais, enquanto as harmonias entre eles pudessem ser compreendidas pelas nossas mentes e processos racionais de pensamento. O texto do Livro da Formação (*Sepher Yetzirah*) diz-nos que Deus criou o Universo através de "Números, Letras e Limites". Isto é por valores, distinções de consciência, e restrições no espaço-tempo. Talvez seja mais correto dizer que a consciência que o Homem tem do Universo que é determinada por essas especificações. Elas são as apreciações inteligentes através das quais olhamos para a Vida. Por isso, faz sentido construir o glifo da Árvore da Vida com uma fórmula composta por essas bases.

Alfabetos foram originalmente compostos de símbolos que representam as sonoridades iniciais das palavras de uso geral. *Alef* - boi, *Bet*, - a casa, *Gimel* - o camelo, e assim por diante. Todos, itens muito comuns, de significado essencialmente agrícola ou corporal, exceto a última, *Tav*, que significa uma marca de assinatura, na forma de uma cruz. Nós costumávamos ensinar o nosso alfabeto de uma forma semelhante, dizendo: "A de Avô, B de Bola, C de Casa", etc., e o alfabeto telefónico de iniciais ainda está connosco. Isto é para dizer que, a fim de clarificar a consciência de letras que formam uma palavra, podemos associar um conceito completo com cada unidade dessa palavra. A palavra completa é, assim, transformada numa coleção de conceitos que podem ou não ter conexão direta com o seu significado total, e ainda ajudar a explicar esse significado, porque elas têm ajudado a nossa consciência global a colocá-la junta peça a peça para análise pela nossa consciência inteligente.

A Árvore da Vida vai fazer tudo isto por nós de uma forma um pouco diferente. Por conjunção de dois conceitos espirituais distintos, que produzem uma única questão intelectual. Se tratarmos isto como uma letra de um alfabeto e começarmos a combiná-la com as outras produzidas da mesma forma, vamos começar a fazer "palavras" numa linguagem própria, que fala de mente para mente. Não tanto de uma mente humana para outra, mas entre a mente humana e uma forma totalmente superior de mentalidade para a qual o melhor das nossas conceções, não são senão, habilidades primitivas e menores da sua consciência. Ao aprender a língua da Árvore, chegamos mais perto de entender a dos próprios Deuses.

No caso de uma linguagem humana nós primeiro aprendemos as nossas palavras todas imitando outros seres humanos e copiando a maneira como falam. Isso regra geral não é muito difícil. Numerosas pessoas com bastante vocabulário viável, nunca aprenderam a escrever, ler ou soletrar, por isso chamamo-las iletradas. Com a Árvore da Vida verifica-se antes uma reversão desse quadro. Primeiro, compreender as ideias, em seguida, as letras, depois as palavras, e após isso, como colocar as palavras juntas. É como aprender a escrita e a gramática, exceto que é muito mais difícil. Em certa medida, pode ser comparado com a resolução de palavras cruzadas, porque uma série de conceitos associados tem que ser mantido na mente ao mesmo tempo, a fim de produzir uma conclusão relacionada. Itens amplamente divergentes de consciência têm que ser conectados através de linhas afastadas e difíceis, antes que todas elas se fundam num conceito completo. Isto por sua vez pode ser considerado em níveis mais elevados, como uma unidade entre os outros da sua espécie, formando parte de uma consciência mais ampla. Metaforicamente, não somos senão frações de letras que os "Deuses" unem para formar palavras na sua língua. Seria tão difícil de ler a sua escrita na sua própria escala, como tentar entender manchetes de um jornal estudando-o sob um microscópio. No entanto, se esse título fosse projetado através de lentes de redução tornar-se-ia uma imagem de micropontos claramente legíveis à vista humana focada através de um tubo de microscópio.

Como seres humanos, temos uma taxa específica de consciência dentro de uma escala limitada de consciência. Mesmo o maior génio vivo não pode penetrar além de determinados pontos. Os Três Anéis do nosso Cosmos Tempo-Espaço-Evento limitam a nossa consciência dentro dos seus círculos mágicos de Vida. É verdade, nós estamos constantemente, embora lentamente, a estender esses limites, mas não podemos progredir mais rapidamente do que o nosso natural fator de segurança permite, sem correr riscos consideráveis para a coerência da nossa consciência que constitui o que chamamos a nossa "sanidade". Como todos os mecanismos operativos de energias, a consciência pode realmente "queimar" mentes incapazes de a usar eficazmente através do seu trabalho. "Mentes queimadas" é uma descrição bastante boa disto nos tempos modernos. A história mostra o que aconteceu com as mentes medievais que tentaram fazer contactos mais estreitos com os Deuses do que na altura elas podiam enfrentar. Guerras religiosas, perseguições e outros horrores associados e insanidades são questões relativamente recentes na memória humana. Nós temos os nossos próprios equivalentes em termos dos nossos tempos que são tão aterrorizantes, se não mais. A menos que sejamos capazes de manter os nossos contactos conscientes com inteligência Interior controlada por limites da razão, eles podem fazer-nos mais mal do que bem.

 É por isso que o sistema da Árvore da Vida prova ser tão confiável. Pode parecer muito lento em comparação com os outros, ainda assim constrói solidamente em escala espiritual perdurando muito mais tempo do que uma vida, e muito mais seguro do que um lampejo de percepção induzido por drogas sem relevância ou coesão da consciência. Ele trabalha por expansão constante da consciência através da ligação dos conceitos humanos mais elevados da Criação com níveis bastante comuns de existência, adaptando a nossa consciência em cada nível para que flua de um para o outro, naturalmente ao longo das linhas de comunicação, resultando em progresso racional e satisfatório para as mentes e almas comprometidas com estes caminhos.

 Para usar a Árvore da Vida como um conversor-consciência, nós temos que aprender a PENSAR ATRAVÉS DELA. Ela tem que ser criada no fundo das nossas mentes, de modo a que todos os nossos filtros de pensamento a atravessem em ambos os sentidos. A árvore cobre todo o tipo de pensar que uma mente humana pode enfrentar, e tem o efeito único de alinhar a nossa consciência com o propósito do Espírito da Vida que vive através de nós. Uma vez que se trata do funcionamento prático, como uma espécie de consola de controlo da consciência de um ser humano, ela terá o poder aparente de mudar os maus pensamentos em bons, neutralizando as correntes nocivas, estabilizando processos de pensamento, e geralmente, organizando a nossa consciência interior, de modo a que chegamos a compreender o significado por trás das nossas vidas e das nossas relações com o Universo Invisível.

Poucos seres humanos têm alguma forma de controlo central de todo sobre o seu pensamento. Eles não sonhariam em comprar um carro sem um painel de instrumentos, uma máquina de escrever sem um teclado, uma televisão, sem botões de controlo, ou produtos igualmente inúteis. No entanto, eles irão pensar os seus pensamentos ao longo de reações padrão condicionadas e sugeridas por fatores fora deles mesmos com uma repetitiva monotonia e com uma falta de interesse sem questionar a vida abaixo da sua camada mais superficial. Eles derivam de uma corrente para outra, à medida que as circunstâncias os transportam de um lado para outro entre o nascimento e a morte. Tal controlo, tal como eles às vezes o tentam e exercem, corresponde a pressionar botões aleatoriamente na esperança de que algo aconteça. Eles podem, ocasionalmente, ter muita sorte em níveis mais baixos da vida, mas até que eles aprendam a assumir o controlo e orientar a sua vida a partir de uma perspetiva superior nas suas "Carruagens de Consciência", eles irão ganhar pouco da vida, exceto outra experiência de encarnação para resumir, pelo bem da sua Gota Dourada, se é que há alguma que valha a pena encontrar.

Alguns seres humanos tentam realmente e criam algum método de controlar centralmente as suas relações conscientes com a Vida, mas usam os valores materialistas de muito curto prazo como botões. Assegurando-se que estes estão corretamente modelados, eles vão trabalhar, mas apenas dentro das suas muito limitadas capacidades. Eles não podem levar a consciência fora das áreas que eles servem, pelo que não são de muito uso para além desses limites. Por outro lado, encontramos as pessoas chamadas "espirituais" cujas diretrizes são tão vagas e indefinidas que elas não têm qualquer coordenação efetiva ou unidade diretiva. Isto pode parecer tudo muito bem, flutuando ao longo de uma vida para outra, na força da "Bondade dos

Deuses", mas a Divindade projeta-se com força e precisão através do Cosmos da sua criação. Nós temos que aprender a viver de acordo com pelo menos uma aparência de um tal sistema, e foi para representar isso exatamente que a Árvore da Vida foi concebida.

Então a primeira coisa que fazemos é pensar em e sobre a Árvore da Vida com o objetivo de descobrir como pensar *com ela*. Pensar *nela* fornece informações, mas pensar *com* ela traz inteligência real. Os canais entre as Esferas na Árvore foram chamados Caminhos da Inteligência por essa razão. As Esferas eram para as sensações e sentimentos da alma, enquanto os Caminhos eram para o trabalho da mente e processos de pensamento. Dessa maneira, foi o sentimento profundo da Divindade a agir na vida, que determinou o pensamento de quem quer que estava a usar os Caminhos da Árvore para concentrar as forças das suas mentes. Assim, poderia ser realizada "conversa" entre os humanos e a Consciência Criativa por trás dos seus seres. Porque nós somos agora "pensadores em palavras" concentrando a nossa consciência da Vida em cadeias de pensamento associadas ao alfabeto, a ligação de Caminhos com letras da nossa língua permitindo a tradução nos nossos termos do pensamento inteligente. Originalmente, a linguagem tinha que ser o hebraico, mas agora que o alfabeto inglês foi organizado para abranger os Caminhos da Árvore, devemos ser capazes de usar a nossa língua nativa de forma bastante normal.

Para aqueles de nós que aprenderam a falar e escrever da maneira comum, o esquema da Árvore da Vida significa que vamos ter que reaprender a nossa língua, em alinhamento com o seu sistema. Isto implica uma grande dose de trabalho duro e aplicação paciente. Memorizar um código de alfabeto pode não levar uma grande quantidade de tempo, por si só, mas para dar significado suficiente a cada unidade, para que isso efetivamente evoque a consciência dos nossos níveis mais profundos da Vida quando utilizado, pode ser um processo muito prolongado. Cada Esfera e cada letra tem que ser trabalhada uma e outra vez até que um sistema automático de pensar se comece a construir e a mostrar alguns resultados no âmbito da nossa consciência normal.

Qualquer pessoa que suponha que isto pode trazer conhecimento sobrenatural espantoso, que revele segredos do Universo ou informações vantajosas sobre o mercado de ações ou resultados de corrida, é melhor ser desiludido logo de uma vez. Ele não vai necessariamente fazer tal coisa. O objeto do exercício é colocar a nossa consciência comum do dia a dia, em contacto mais consciente e próximo com a Inteligência da Divindade que dirige a Vida, por trás dos nossos seres. É isso que ela de facto faz. Um psicólogo junguiano pode dizer que é um sistema para fazer ligações diretas entre as nossas mentes objetiva e subjetiva que se unem no Inconsciente Universal. Um ocultista ou místico poderia considerar como sendo uma questão do Ser Superior a governar o eu inferior por revelações de intenções. Um indivíduo religioso podia acreditar que ele estava a ouvir Deus a falar dentro da sua alma. Um mágico talvez supusesse que tinha descoberto a linguagem secreta dos Anjos que lhe trouxeram "O conhecimento, e a conversação com o próprio Santo Anjo da Guarda." No entanto, pensa-se, que o sistema-mapa da Árvore-Vida equivale à mesma coisa. Um código de comunicação com o seu próprio sentido normalmente adormecido da Divindade. Algo de pouco ou nenhum interesse para as pessoas materialmente ocupadas, unicamente preocupadas com coisas deste mundo, e com os seus sucessos socioeconómicos. Alternativamente é de extrema importância para alguém à procura da Vida além dos limites dos corpos físicos, e tendo um interesse inteligente em outros tipos de existência para além daqueles confinados em expressão nesta terra apenas. A decisão final de dedicar ou não tempo e preocupações para seguir este sistema particular deve ficar inteiramente ao critério dos investigadores individuais.

O ponto de partida óbvio em todo este trabalho é aprender a própria Árvore da Vida, de cima para baixo e de dentro para fora. Fazer isso de cor é algo que a maioria das pessoas de inteligência média pode realizar muito bem. Aprender o que fazer com ela depois, é inteiramente um outro problema. Uma criança lenta pode aprender o alfabeto, mas é preciso uma criança mais esperta para construir um vocabulário com ele, e uma criança ainda mais esperta para se tornar um fluente e interessante falante ou escritor. Os "Shakespears" são poucos e separados por séculos no nosso mundo, e uma capacidade de contar até dez não produz muitos "Einsteins", embora até mesmo o cérebro dele tenha que ter começado dessa forma.

Os livros podem e fornecem informações intelectuais sobre a Árvore, mas mesmo o melhor deles, o mais longe que pode ir, é apresentar o plano, a ideologia e as opiniões dos seus autores ou experiências em relação a ela. Isto é tudo muito útil e interessante, sem dúvida, contudo necessariamente limitado em cobertura e apresentação do tema. Se todos os livros sobre a Árvore fossem lidos e aprendidos de capa a capa, isso não iria produzir um praticante dos seus princípios da mesma forma que ler livros descritivos não poderia produzir um cirurgião qualificado ou qualquer outro profissional. Os Princípios da Árvore têm que ser vividos na prática, antes que eles nos ensinem a menor coisa sobre a Linguagem da Vida de que eles falam de um nível de espírito para outro. Qual é a utilidade de sugerir que um som "S" em Inglês expressa a harmonia entre os Princípios da Beleza e Honra a alguém sem quaisquer conceitos reais de, ou crenças em ambos? Do mesmo modo, qual a utilidade em tocar a melhor música para um ouvinte duro de ouvido e desinteressado? Para ele, será apenas ruído.

Portanto, antes da Árvore começar a falar a sua linguagem única para alguém, esse deve ter encontrado primeiro cada Esfera dentro de si mesmo e formado conceitos claros sobre as relações entre estes, de acordo com o plano da Árvore. É absolutamente insuficiente pensar sobre a Misericórdia enquanto Misericórdia e "colocá-la na árvore" em teoria. O Princípio tem que ser identificado em si mesmo e reconhecido como uma relação individual com uma Divindade tendo a mesma qualidade embora em diferentes graus e aplicações. Os Dez Princípios ou Esferas da Árvore são todos, qualidades que os seres humanos devem ter em comum com os seus Deuses, formando assim um vínculo mútuo do melhor tipo entre eles. Relações com base em tal acordo só podem ser benéficas, e qualquer conversa ou conexão consciente vinda ao longo destas linhas é obrigatoriamente muito esclarecedora ou encorajadora, não importando o quanto ela possa ter que lidar com as piores experiências encontradas na vida em todos os níveis.

Então, definitivamente não é o suficiente sentar-se para contemplar as imagens agradáveis da Árvore enquanto se têm pensamentos agradáveis sobre elas. Isso é um exercício necessário durante as fases iniciais de introdução a ela, mas para onde vamos a partir daí assim que nossas mentes se agarrarem à sua mecânica e configuração rudimentar? A ritualização dos seus arranjos irá ajudar consideravelmente se apenas parte da distância ao longo do caminho for projetada na Vida. Contudo nós não devemos ignorar as possibilidades da arte psicodramática para aglutinar os conceitos da Árvore em forças formalizadas de consciência. Qualquer coisa que ajude a nossa consciência interior a apresentar e manifestar o seu significado através da nossa vida humana, vale bem a pena ser tentada, e o ritualismo é tão antigo quanto a humanidade. Os seus potenciais ainda não estão esgotados porque eles nunca foram totalmente desenvolvidos, assim há muito material interessante para descobrir e utilizar à luz da consciência contemporânea.

O ritual é basicamente a prática de coordenar e concentrar a nossa consciência entre a vida Interior e Exterior por meio de padrões de energia rítmicos e repetíveis que ligam os dois níveis. Os nossos sentidos puramente físicos são intencionalmente associados com as suas equivalentes em áreas superiores e ocultas de expressão, de modo que o que acontece no fim desta combinação tenderá a refletir-se na outra nos seus termos específicos de referência. Nos nossos tempos, podemos pensar nisso como um circuito eletrónico conectando os nossos corpos, mentes e almas com o Espírito da Vida para o bem de uma experiência comunicativa. O ritual é sempre uma expressão cinética de viver em contraste com os estados contemplativos de armazenar energia espiritual em forma potencial. Por isso a meditação é uma abordagem natural para o ritual, e é sempre uma boa ideia começar qualquer tipo de ritual com uma meditação, mesmo que breve.

Projetar rituais é exatamente como a conceção de qualquer outra construção da consciência. Tem que haver um objetivo em vista e uma ideologia apropriada organizada sistematicamente, de modo a levar à sensibilização dos participantes presentes pelos meios mais práticos e de preferência os mais diretos. Temos que nos lembrar que, neste caso, estamos a lidar com Povos Ocidentais que raramente estão preparados para gastar um único segundo a mais além do estritamente necessário em atividades espirituais formalizadas. Eles também esperam um elemento de entretenimento nos seus rituais no sentido de ser dramaticamente impressionante e intelectualmente impactante. Estritamente falando, é melhor para os Ocidentais de diferentes atitudes-Vida projetar os seus próprios ritos, uma vez que é improvável que aceitem os dos outros sem opiniões críticas e conflituantes. Conflitos de consciência são parte e parcela integrante das lutas Ocidentais pela independência de espírito. Os primeiros não-conformistas costumavam falar de "luta com o Espírito", significando isto, as suas lutas psicológicas interiores entre instintos e idealismo imposto. O modo ocidental original de aceitar procedimentos muito generalizados para a prática comum, e procedimentos altamente especializados para trabalhar o indivíduo ou um pequeno grupo é um método muito útil de combater este problema. No entanto uma vez que arranjar rituais é de algum modo uma arte hábil, parece mais prático para os não adeptos começar com algum sistema já pronto até que desenvolvam as suas habilidades o suficiente para começar a ritualizar por sua iniciativa própria. Com isto em mente, vamos ver o que podemos fazer sobre o uso de métodos modernos de ritual para nos ajudar a entender a Linguagem dos Deuses atrás da Árvore da Vida Falante.

C. Thotols: Palavras-chave para a Árvore da Vida

Toda a ritualização da Árvore da Vida tem que começar com o seu padrão básico. É uma questão de utilizar todos os meios práticos que possamos pensar, para submergir este padrão profundamente o suficiente na consciência com a qual nos relacionamos com a Vida ao longo dos seus principais níveis. Podemos dançar a Árvore, cantá-la, ouvi-la, vê-la, saboreá-la, cheirá-la, ou inventar qualquer esquema que queiramos para tornar a Árvore "realidade", como uma realização dos nossos relacionamentos mais íntimos com o Cosmos e os Seus diferentes graus de consciência. O que nós temos que nos lembrar sempre, é que a Árvore não mostra a verdade real por trás dos nossos seres, mas é um Símbolo viável para aquela verdade que podemos compreender e lidar de modo a que nos leve na direção certa. Isto é o melhor que nós podemos esperar encontrar neste mundo, e é improvável que encontremos melhor por muito tempo futuro.

Tudo realmente depende de que tipo de ritualismo é favorecido. O fator essencial é associar cada uma das dez Esferas ou Princípios a classificações específicas de consciência que se conectam com as nossas estruturas espirituais projetadas na existência nesta terra. Podemos tomar a ideologia hebraica antiga, se gostarmos e traduzir isso em termos modernos, ou comprometermo-nos com ela e o seu significado aproximado numa linguagem mais familiar. Há um ponto em que devemos ser muito cuidadosos se insistirmos em atualizar toda o velha terminologia. Ao tornar a mecânica mais clara, nunca devemos perder o contacto completo, com o elemento de "Magia" por detrás dela. Essa é a "alma" indefinível que traz tudo à vida e dá importância Interior. Há muito tempo atrás foi dito "Não altere os Nomes bárbaros do Poder numa única sílaba." Havia uma certa quantidade de bom senso nisso, porque aqueles eram sons que nos ligavam de volta aos nossos tempos antigos, e eles podiam levar a consciência humana de volta às suas origens na terra quando nós estávamos a lutar com os nossos Deuses o melhor que podíamos. Talvez os sons que fizemos então, não estimulassem a nossa perceção puramente intelectual, mas despertaram ou intensificaram os instintos que nos trouxeram para muito mais perto de contactos com a própria Criação. Portanto, não devemos cometer o erro de banir toda a "Magia", relacionada com a Árvore, só porque parece inteligente fazer tudo soar moderno. Poderíamos facilmente perder mais do que ganhamos ao converter conceitos vitais em lugares comuns ou alusões importantes em simples trivialidades.

A antiga classificação da consciência sobre a Árvore era quádrupla. Originária, Criativa, Formativa, e Expressiva. Isso quer dizer que além do nosso fim espiritual da existência, a consciência-Vida condensadas por assim dizer, concentraram-se nos limites da mente humana finita. Nas palavras de São João, "O Verbo fez-se carne". Assim, para a carne "Conhecer a Palavra" este processo tem que ser circulado para a frente ao longo do percurso de retorno. Dito de outra forma, nós temos que alterar a condição da nossa consciência comum do seu foco normal e ampliar o feixe de consciência o suficiente para encontrar a corrente Criativa da Vida por trás dos nossos seres. De outra forma, Deus e o Homem encontram-se a meio caminho nos canais de comunicação de consciência entre eles. Não há razão pela qual nós não devamos usar as antigas descrições dessas divisões arbitrárias em vez de dizer "Estado A, B, C, etc." Por outro lado, há muito para ser dito sobre um único cabeçalho de símbolos chamativos destinados a evocar a consciência de enormes áreas de ideação nas nossas forças focalizadas da mente.

    Esta cobertura é importante, porque ela emprega apenas uma unidade de consciência para representar e libertar poderes que envolvem energias muito maiores e mais eficazes que geralmente jazem dormentes, ou em reserva nos nossos mais profundos níveis-Vida. É por isso que as invocações dos "Nomes de Deus" podem funcionar. Elas realmente correspondem a rápidos chamamentos de forças conscientes de que nós normalmente não temos grande necessidade ao lidar com assuntos de rotina diária. Sob pressões de emergência, um "Nome de Deus" era uma Chave vital de libertação de consciência Interna, desesperadamente essencial para auxiliar a saída de, ou pelo menos para melhorar alguma situação de ameaça. Isto pode convocar suficiente inteligência para ajudar alguém a lidar com as coisas por conta própria, ou poderia comunicar com os outros o suficiente para atrair a sua assistência, e, se for suficientemente forte, pode até lançar algum fator de *stress* psíquico numa situação difícil, de modo a alterá-la. Falhando tudo o mais, ajudaria a ajustar a expressão da consciência para as realidades do que estava a acontecer. Assim, apenas algo bom poderia resultar até mesmo por efeito negativo. Não foi surpreendente que as pessoas dos velhos tempos que tinham horror à blasfémia automaticamente enfraquecessem e, eventualmente, acabassem com o poder de tais "Nomes de Deus" para convocar a ajuda das profundezas Divinas da consciência humana com velocidade e eficiência. É uma pena que não pareça haver equivalentes sónicos nos nossos tempos. A copulação e a excreção são substitutos muito tristes, apesar de que bases psicológicas possam ser argumentadas para o seu uso como expletivos biologicamente expressivos.

Portanto, ao atribuir palavras-chave à Árvore da Vida, podemos usar conceitos salvaguardados explicitamente para esse fim, ou podemos usar o simbolismo sonoro conveniente com algum prefixo anexo o que indica a sua aplicação para a Árvore apenas nessa instância. Seja qual for, ele deve dirigir a atenção para a Árvore e nada mais. Não deve levar das nossas mentes de forma a lembrar-nos de artimanhas de publicidade ou programas de TV ou de distrações como essas. A nossa consciência tem que ser codificada para que nos conduza à Árvore pela linha mais rápida e mais direta. Há um século atrás ou mais, isso era relativamente simples, mas hoje as nossas mentes lotadas têm que ser tratadas de maneiras bastante diferentes. Mesmo os Princípios da Árvore estão conectados com o puro mercantilismo. Mencionar a Beleza pode vincular as mentes com cosméticos, Fundação com espartilhos, ou a Vitória com títulos. Temos que identificar as nossas ideias com uma clareza acima de qualquer suspeita de confusão.

Gramaticalmente nós podemos fazer isso aderindo "à Árvore da Vida" qualquer Conceito ou Princípio em que estamos a pensar, mas este é de facto, um dispositivo muito pesado e desajeitado. A maioria das nossas modernas "palavras mágicas" são acrónimos ou palavras compostas pelas iniciais de alguma frase descritiva completa. Por exemplo, Radar e Laser. Então, por que não deveríamos fazer o mesmo aqui e especificar significados-Árvore por meio de um acrónimo condicionador? Vamos experimentar e escolher um realmente gratificante quando estamos a trabalhar sobre isso. Supondo que nos contentamos com o título ligeiramente incomum ***THOTOL***. Isso deriva de "A Sagrada Árvore da Vida" (**T**he **H**oly **T**ree **O**f **L**ife), e pronuncia-se em inglês com "total". Existe, portanto, uma sugestão imediata da "completude"0 e "pensamento" (Thought), quase como "Pensamento Total" (Total Thought), ou "Consciência de tudo" (All Awareness). Certamente uma boa palavra inventada.

Com este dispositivo simples de consciência objetiva garantimos que a linguagem-Árvore e os seus Conceitos não sejam contaminados por interferências indesejadas ou outras intrusões, tanto quanto seja possível. Estipular que o nosso pensamento deve ser "Thotol", significa que ele teve que seguir o sistema e o padrão do plano da Árvore-Vida. Poderíamos ir um pouco mais longe e especificar que o nosso discurso Interno se está a traduzir em "Thotolês", ou que nós fomos "Thotolizados," em vez de pensar sobre e com a Sagrada Árvore da Vida. Quanto mais nos acostumamos com a palavra e lhe damos significado por a empregarmos, melhor. Isto é, contanto que não usemos a palavra em nenhum outro sentido, exceto para lidar de alguma forma com a Árvore. Tentar e fazê-lo significa que nada mais a iria estragar por completo. Enquanto a palavra não tem outro significado além da Árvore ela permanecerá potente. É bastante fácil de se adaptar com a gramática e encaixa-se naturalmente na fraseologia normal como um acrónimo.

Armados com a nossa nova palavra, podemos dirigirmo-nos aos Conceitos da Árvore com poder e precisão. Falar meramente no "Conceito 1" por si só, não concentra a consciência o suficiente. Que tipo de Conceito? Poderíamos dizer, na íntegra, "O primeiro Conceito da Árvore da Vida" e assim por diante, mas quão desajeitado quando comparado com "Thotol Um", que encerra todos os pensamentos concernidos com *Keter* a Coroa-cimeira nessa posição única e específica, uma vez que a consciência é devidamente compactada dentro dele. Isso só pode ser feito com muito trabalho e esforço tal como aprender estenografia, mas uma vez isso feito, as suas vantagens são enormes. Não é que nós queiramos pensar sempre em estenografia, e soletrar palavras por sílabas não é senão necessário para os bebés. Os adultos às vezes podem também aprender alguma coisa com isso. No entanto, um dom para a "velocidade de leitura" permite que os seres humanos cubram uma enorme quantidade de campo consciente, o que estende a consciência um longo caminho além dos limites da inteligência média. Portanto, "Thotol" será uma palavra vitalmente descritiva para nós, se não abusarmos dela. No início, devemos provavelmente ter que empregá-la bastante, a fim de ficarmos acostumados com isso, mas à medida que ela ganha significado, um uso ocasional será suficiente para servir os seus melhores propósitos, e embora nunca possa suplantar a frase completa de

"A Sagrada Árvore da Vida", é o complemento mais prático deste Projeto sublime a chegar a cena recentemente.

O objetivo para a primeira fase de compreensão do nosso alfabeto Thotol é um estado de familiaridade prática com todas as Esferas, e um reconhecimento das suas relações entre elas e com o Plano completo, de modo a que a consciência possa ser classificada e concentrada num instante para cobrir todos os trabalhos até à condição atual. Isso é realmente uma tarefa formidável, que tem que ser resolvida de maneira difícil inicialmente. Se a árvore é aprendida por qualquer sistema especial ou simplesmente por entendimento gradual e investigação, o resultado tem que ser a completa familiaridade com a sua forma e ideologia para um grau cada vez maior de consciência. Tudo também depende do interesse individual e determinação para descobrir os seus significados mais profundos. Até agora, ainda não parecem terem sido alcançados limites nessas possibilidades. Há sempre algo novo a ser descoberto sobre a Árvore em algum lugar. Quem sabe quais podem ser os limites à consciência humana? Para não falar de consciência experimentada e utilizada por mais tipos de vida coexistente connosco em condições de Cosmos quase além da nossa crença. Seres existentes em estados de energia independente do que chamamos "matéria", de cuja existência nós não temos nenhuma "evidência" de todo, exceto de forma intuitiva e, por inferência, de alguma maneira suportada por tais comunicações de consciência, que temos sido capazes de traduzir nos nossos próprios termos. No que nos diz respeito, eles são os nossos "Deuses", cuja linguagem estamos a tentar aprender através das nossas correntes de pensamento Thotolisadas. Pode ajudar um pouco se recapitularmos brevemente alguns títulos principais dos Dez Princípios-Conceito, tentando encontrar talvez um ângulo ou dois, que não tenham sido escritos nesta área anteriormente. O Conceito pré-primeiro é, é claro:

Thotol 0

A Existência Negativa Eterna. Tudo o que ainda não nos tornámos do que pretendemos SER, e tudo o que não temos a intenção de alguma vez nos tornarmos. O Universo Inexplorado. Vazio Aparente. A palavra "Nada", em hebraico deriva de duas pequenas interjeições – *"Eh na"* significando "E (ou onde) agora?" Na linguagem coloquial moderna, "E então?" Faz toda a diferença como o conceito Zero da árvore deve ser aproximado. É o Enigma Eterno da Vida que nós nunca iremos resolver nesta terra, ainda que contudo sem ele as nossas vidas sejam realmente como Nada. Levem-no para longe de nós e não temos nada realmente pelo que valha a pena viver. Altere as letras de *AIN* (Nada) para *ANI*, e isso significa "Eu, mim-quem-é." O Ser tornando-se. Em árabe a palavra *Ain* também significa uma nascente. A Fonte da Vida. O NADA que produz Tudo. No Ocidente, cometemos o erro de igualar a nossa palavra "Nada" com irrelevância e insignificância, enquanto, na realidade, é o supremo significado por trás de todas as possibilidades de ser alguma coisa. "Nada é maior do que Deus" significa exatamente o que diz. Infinidade por trás da Divindade. Uma Lei maior que a Vida. Não podemos pensar *sobre* Nada, mas apenas *com* ele. O máximo que podemos fazer é buscar simbologia, o que nos pode inspirar a tornarmo-nos Pontos de Interrogação vivos visando-nos numa realidade infinitamente recuada da Voz do Vazio. Para chegar a lado Nenhum, vamos encontrar tudo o mais no caminho. De qualquer maneira que nós nos conectarmos a este Pré-conceito da Santa Árvore, toda a cadeia de consciência tem que estar focada no pensamento através da utilização da fórmula mágica: Thotol Zero. A especificação e o numeral selecionados servem para o único propósito de coletar a nossa consciência relacionada com a Infinidade.

Thotol 1

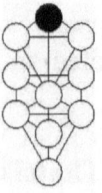

Aqui nós temos um conceito que lida com o Ser Último no Topo mais alto da Vida ou Coroa da Consciência. É o fim absoluto das nossas experiências evolucionárias e um Espírito Único, que contém toda a Consciência na Existência, de modo que as suas incalculáveis vidas individuais equivalem a apenas UMA. No fim de tudo, há apenas Um de nós todos. É isso. Thotol Um. Toda a ideia de Unicidade, as nossas menores suspeitas de uma Consciência Cósmica controladora, crenças na possibilidade de um Ser Supremo. A mera sugestão de um propósito na nossa corrente de Vida que nos está a levar constantemente para algum estado inescrutável da perfeição. Estes são todos indícios apontando na direção única do Thotol Um. Quer nós nunca cheguemos a este pináculo com consciência desperta em comunhão com a Sua Vida, e participando nos Seus poderes, ou, alternativamente, sermos partidos para combustível para abastecer os seus gastos de energia, Ele vai ter que nos empregar de uma maneira ou doutra porque nós somos essenciais para a Sua ecologia. A Árvore ensina-nos que temos realmente uma escolha ao decidir o nosso destino final, se realmente pretendemos individuar-nos através das nossas experiências de encarnação e evoluir para além dos tipos de corpo animal de habitação humana. Ele indica ainda que essa é a razão pela qual os nossos Deuses estão prontos para falar connosco, se formos capazes de os ouvir de forma inteligente. Eles, tal como nós, estão ligados ao Espírito de Vida Único evocado na nossa consciência comum pelo Conceito-Árvore Thotol Um. Eles têm funções específicas e obrigações a cumprir dentro da Grande Vida, analogamente às dos organismos Microcósmicos nas nossas vidas. É tudo parte da História em Série que eles nos estão a tentar contar para o bem da nossa eventual educação e possível inclusão na "rede de inteligência", o que equivale a um "sistema nervoso", distribuído por todo o *Corpus* Cósmico. Como eles, o ciclo completo da nossa existência começa e termina com o Thotol Um. Esta deve ser a "palavra mágica" a iniciar cada linha de pensamento que nos conduz por todas as linhas de conexão com este Conceito.

Thotol 2

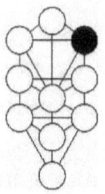

Agora chegamos a uma categoria especial de consciência, por vezes considerada "masculina" devido às suas características analíticas em contraste com o seu fluxo complementar intuitivo ou de consciência "feminina". É realmente um lado de uma energia polarizada que não pode existir sem a outra. Esta "duo-divisão" da Vida é o padrão primário da sua atividade inicial. As células vivas multiplicam-se e começam a fazer-se elas próprias em complexas construções pelo simples processo de divisão (mitose) e, subsequentemente, recombinando-se de outra forma. A Árvore faz exatamente o mesmo, e isto muito tempo antes da biologia se tornar uma ciência exata. A raiz "bios" (os dois), indica a natureza masculina e feminina de todas as criaturas vivas, mesmo quando ambos ocupam o mesmo corpo. Aqui nós temos a essência da masculinidade, *per se*, sendo o seu antigo título Sabedoria. Isto é um quebra-cabeças para algumas pessoas que associam essa palavra com a feminilidade nas Escrituras, devido à bivalência do género. Poderia ser usado de qualquer modo como a Sophos grega ou Sophia. A Sabedoria como um princípio, é comum a ambos os sexos, mas qualquer um a pode usar como a sua polaridade determina. Neste caso, estamos a considerar a metade masculina da humanidade, e o seu ciclo equivalente de energia na Consciência Criativa. Um ser humano ideal pode ser uma combinação de ambos os sexos perfeitamente equilibrados num indivíduo, mas nós ainda não evoluímos a esse ponto neste planeta, e portanto, devemos pensar em tomar os factos da vida como chegamos a eles. Nunca devemos esquecer, a Árvore da Vida é um Padrão de Perfeição, e nós temos que ver as suas Esferas e sistema apenas à luz do que quer que ajude a humanidade a desenvolver-se e crescer para uma condição de "Divindade" relativamente à nossa posição atual na escala de Existência. Assim, ao usar nos tipos de consciência Thotol Dois, nós devemos especificamente dirigir-nos em boas relações com a Deidade como um poder polarizado a partir do ângulo "masculino" de abordagem.

Thotol 3

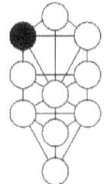

O Thotol Três é o complementar igual e oposto do Dois, e nenhum deles poderia existir sem o outro, como duas metades do mesmo corpo. Nós normalmente pensamos nisso como "feminino" porque a sua consciência é do tipo intuitivo. Pode-se dizer que é o tipo gestativo que se desenvolve criativamente e produz o que o Thotol Dois implanta embrionariamente. Se dois é a semente, então Três é o solo e a sua nutrição. Dois pode ser a inspiração de uma ideia, mas Três é o solo e o seu alimento. Mais uma vez, dois pode ser a inspiração de uma ideia, mas Três é a sua germinação até que esteja pronta para emergir como uma unidade independente da inteligência. Teologicamente, se Thotol Um fosse o Espírito Santo, e o Dois fosse Deus, o Pai, o Três seria Deus Mãe. Deus a Criança não aparece senão no Seis, o ápice da outra trindade. A sequência é logicamente Um, Dois, Três, Quatro, mas no projeto da Árvore, as Esferas Quatro e Cinco são essencialmente fatores de adaptação à vida que asseguram a mútua relação de Seis com Dois e Três. Considerada por si mesmo, o Três é a matriz da nossa consciência levando-a para a continuidade construtiva e mantendo-a indo de uma geração para outra até ao final do Tempo. Nascimento e morte são igualmente eventos semelhantes aqui. Esta é a mãe de cujo ventre saímos e cuja boca nos come no final de uma encarnação. Nós efetuamos o ciclo da nossa vida através dela. Ela é a Natureza num nível muito elevado de Vida, e nós somos apenas uma espécie de seus filhos Cósmicos a habitar este lar temporário. O nosso habitat mais feliz é a profundidade da Sua mente subconsciente, onde nós podemos sonhar de forma segura no Seu ventre, aguardando projeção em qualquer mundo objetivo em que Ela nos envie. Quando nós tivermos merecido sermos bem-vindos lá, Ela vai fazer-nos passar através de um processo regenerativo e pensar-nos de novo, desde que as nossas pequenas vidas contribuam com algo de valor para a ideia completa por trás de tudo. Convocar todos os contactos com esse tipo de pensamento pelo ponto de concentração única do Thotol Três, pode parecer uma proposição improvável, mas pode ser feito!

Thotol 4

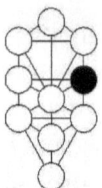

O Thotol Quatro poderia ser pensado como o *ne plus ultra* de "Viva e deixe viver." A Misericórdia numa escala quase semelhante à loucura, exceto que o método a salva de explodir e extinguir-se. Aqui temos a analogia do orgasmo humano no sexo masculino que derrama milhões de espermatozoides para fora com um abandono aparente. "Deixemo-los todos terem hipóteses iguais", grita o seu alegre Criador na linha de partida fazendo apostas sobre prováveis vencedores. Podemos muito bem imaginar um Deus Pai genial mantendo uma corrida humana para o seu entretenimento. Algum velho sagaz pensou que Deus inventou o Homem com uma gargalhada. Podemos esperar que não seja desinventado algum dia com um suspiro de arrependimento. O riso é na verdade uma forma muito elevada de adoração, e aqui está a sua origem na liberação da retidão como um enchente de realização. A providência com um P maiúsculo. Todos os recursos do Cosmos asseguraram a qualquer pessoa disposta a aceitá-los, independentemente da responsabilidade ou o preço de pagamento por eles, todos os benefícios de Júpiter com as suas maldições astuciosamente embutidas. Toda a ideia expansiva (e cara) de melhoria e valorização da Vida. Bênçãos, benefícios, e maravilhas trabalharam em nosso nome através do alinhamento com esta classe de consciência. Praticamente nenhum limite à liberalidade e compaixão de uma Consciência Criadora ansiosa para construir os seus bonecos humanos nos melhores exemplares que eles são capazes de se tornar. Posto em termos infantis, quanto melhores nos fazemos, mais feliz Deus ficaria para o Seu próprio bem. Embora o senso comum deva cercear as nossas noções de euforia, ainda é agradável pensar que nós podemos ter contacto com o Thotol Quatro na fonte, concentrando os seus significados através dessa única frase.

Thotol 5

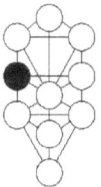

O Thotol Cinco traz-nos até uma pausa salutar. Esta é a lei da seleção rigorosa por razões de sobrevivência. Um espermatozoide em milhões é salvo. Um indivíduo entre muitos atinge a puberdade. Alguns de entre estes farão ossos velhos. A sobrevivência espiritual trabalha com o mesmo princípio. A menos que este fator de controlo limite a generosidade do Quatro, as nossas vidas nesta terra, e provavelmente em outros lugares, ter-se-iam tornado impossíveis há muito tempo. Ambos Quatro e Cinco são indispensáveis um ao outro para a economia da Existência. Podemo-nos lembrar da Fada madrinha Boa que desejava para a princesa mimada um pouco de dificuldades, para contrabalançar a pletora de presentes idiotas que os outros imortais apresentaram, mas ela sabia muito bem o que estava a fazer. É muitas vezes, verdade que o Thotol Cinco parece sobrecontrolar as nossas vidas, mas enquanto nós nos balançamos às voltas de forma ampla e descontrolada neste mundo, ele não tem outra opção. As leis Cósmicas da compensação são exatas no final, mesmo se elas levam muitas das nossas pequenas vidas para operar. Não há qualquer questão de "punição Divina", no sentido de um Deus ofendido a retaliar como uma criança chateada e em maus comportamentos humanos. Nunca houve. É simplesmente porque o Cosmos só pode ser mantido a funcionar corretamente, equilibrando a Sua condição continuamente. Nós temos que fazer o mesmo nos nossos pequenos estados de ser. Se os nossos corpos não podem corrigir os seus desequilíbrios adequadamente – eles morrem. Literalmente temos que acabar com milhões de vidas virais e microscópicas todos os dias a fim de continuar a viver. Deus também – connosco! Para salvar o que precisamos, devemos eliminar o que ameaça a sua integridade. Na medida em que nós mesmos estamos envolvidos com a Corrente da Vida da Consciência Cósmica, a Lei pela qual Ele vive obriga-O a tomar medidas equivalentes connosco. Se nos tornamos incompatíveis com essa Consciência, Ela deve finalmente e automaticamente ou nos neutralizar, ou nos converter em energias absorvíveis. Nada mais complicado do que isso. Há questões muito amplas envolvidas aqui com o Thotol Cinco, e todas elas virão sob esse título, assim que o possamos trabalhar como um sinal de chamada.

Thotol 6

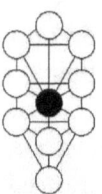

O Thotol Seis é o ponto de Equilíbrio e Harmonia em todo o Plano da Árvore. A imagem geral até agora é que a consciência se origina no Um, se separa em Dois, é gestada em Três, e expande-se em Quatro, contrai-se em Cinco, e agora instala-se na sua velocidade de Vida regular em Seis. Todos os sistemas de Vida têm ritmos naturais que são regulados por algum centro especial, e este é aqui, na Árvore, é por isso que corresponde ao coração de um corpo humano, ou o Sol no nosso esquema planetário. Toda a ideia que liga conceitos de centralização, relações harmoniosas entre grupos, belos arranjos de unidades associadas e conexões similares tem uma conotação com o

Thotol Seis. Na verdade, sem ele, a vida como a conhecemos não poderia continuar de todo. Quatro e Cinco anulam-se mutuamente no seu nível e curto-circuitam de volta às suas origens. Isso é o que acontece com as crianças nascidas mortas. Nascimento e morte cancelam-se um ao outro. Focalizada no Thotol Seis, a força da Vida pode continuar a projetar-se mais próxima do nosso mundo pelo seu procedimento normal de ir de um extremo para o outro e em seguida, chegar a um compromisso entre ambos. Esse é o modo como a vida funciona, e é por isso que o Thotol Seis está conectado com o "Princípio Redentor" da humanidade e associado com um Messias ou Conceito-Cristo. Se nós podermos, alguma vez passar o Cinco e chegar a Seis, temos uma hipótese de continuidade na consciência, e enquanto nós mantivermos contacto com o Seis de alguma forma, é improvável sermos eliminados da existência no Abismo dos Abandonados. Então todos os pensamentos ao longo de tais linhas em qualquer direção podem ser ligados entre si por Thotol Seis.

Thotol 7

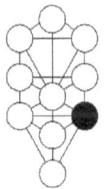

O Thotol Sete é uma qualidade de Vida, que equivale ao triunfo das nossas melhores emoções sobre os nossos piores sentimentos. Aqui estão todas as experiências ego-expansivas que nos desenvolvem em almas sensíveis e apreciativas, percebendo a beleza que pode haver na Vida para aqueles capazes de a viver com, nem que seja uma fração de Divindade, condicionando a sua consciência. Aqui, os ritmos do Seis são traduzidos em dança e música, movimento e canto. Esta é a consciência que nos permite melhorar constantemente os nossos padrões artísticos e estéticos de viver, fazendo-nos querer vidas mais finas e mais completas ao longo de tais linhas para cada outro ser humano. Ele governa o lado civilizado da nossa natureza de todos os ângulos da abordagem emocional e empática. Isto é o que dá profundidade real às relações sexuais entre as pessoas, e lhes confere de importância e significado espiritual. A consciência através desta Esfera é uma das nossas realizações mais maravilhosas neste mundo. Sem ela nós levaremos uma vida muito triste e sem cor, sem experiências vívidas e estimulantes para nos trazerem confiança, de que há mais Vida para além da simples sobrevivência de um corpo para outro. O Thotol Sete é onde ganhamos algum incentivo para olhar acima dos níveis mais baixos de mortalidade, e ver algo alegre e feliz por trás da superfície da existência de todos os dias. Pode ser que relativamente poucos seres humanos experienciem o Thotol Sete em graus muito intensos e muitas vezes por encarnação. Na verdade, pode ser insuportável, a um ponto de matar, para aqueles incapazes de mediar as suas energias correctamente. No entanto, mesmo uma garantia média da sua realidade interior de tempos a tempos, irá ajudar a maior parte das pessoas através de períodos que de outra forma seriam de desespero. O Thotol Sete detém mais do que linhas de vida agradáveis a seres humanos que de outra forma estariam desesperados em luta contra ondas da depressão e pior neste mundo frustrante. É um feito notável alcançar a capacidade de convocar o seu estado à vontade, por meio das Palavras-Chave ligando todos os contactos com as suas condições felizes de consciência.

Thotol 8

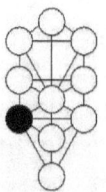

O Thotol Oito é o complemento do Sete segundo linhas puramente intelectuais. Isto é de onde a humanidade desenvolve a sua tecnologia e ciência, juntamente com a literatura e as habilidades conectadas com aplicações inventivas de consciência. Assim como o Sete estava ligado à música, o Oito está ligado à matemática. A nossa eletrónica moderna e outras técnicas para lidar com as forças mais sutis da natureza, derivam do nosso tipo de consciência Thotol Oito. Isso levou-nos ao longo de uma linha de investigações inteligentes sobre o funcionamento do nosso universo, enquanto nós dominávamos um segredo após o outro, o suficiente para ter produzido a nossa civilização atual, e agora está-nos a apontar um longo caminho percorrido neste planeta. Pequena maravilha foi chamada a Glória da nossa Árvore-Vida. É certo que as suas energias não compensadas poderiam muito bem destruir-nos, e nós precisamos aprender como tais freios podem sensatamente ser aplicados a regular um fluxo de consciência além do nosso poder de o manejar corretamente. O intelecto não diluído é um espírito muito cru para os seres humanos digerirem confortavelmente. O Thotol Oito é necessário para controlar o excesso do Sete tal como o Cinco trabalha com o Quatro, mas, de igual modo as suas restrições e especificações devem agir como condicionadores, que canalizam a consciência ao longo das linhas de vida que visam o aperfeiçoamento da nossa espécie como um todo. O intelecto é útil para racionalizar a emoção compativelmente com o avanço do nosso *status* espiritual, mas a menos que seja temperado com o carinho e a bondade dos sentimentos humanos, ele pode murchar as nossas almas numa extensão assustadora. Uma vez que a melhor combinação de consciência é feita no Thotol Oito, o resultado estará pronto para fluir para o Thotol Nove.

Thotol 9

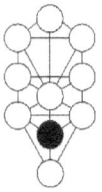

Trata-se de uma "recolha em" de consciência, a fim de fazer uma base, ou fundação, a partir da qual construir vidas que têm alguma coerência e continuidade de sentido. Nós poderíamos chamá-lo, um depósito de pensamento ou reservatório de crenças básicas. É cheio de sonhos, ideais, e memórias ancestrais, juntamente com todos os itens separados de consciência interna de que precisamos, para nos tornarmos no que quer que nos pretendamos tornar em cada encarnação. O Thotol Nove detém a nossa fonte imediata de fornecimento por trás do funcionamento da nossa consciência quotidiana. Talvez possamos pensar nisso como um armazém de venda por grosso no qual armazenamos o retalho, e onde transacionamos negócios com outros seres humanos como nós. Nós também poderíamos vê-lo em sentido inverso, como um ponto de coleta, onde entregamos quantidades de consciência que temos processadas pela nossa própria vida e pensamento, de modo a que estas possam ser enviadas de volta para a fonte ao longo das linhas de Vida que se ligam com as nossas origens particulares. Aqui nós temos uma consciência que fala connosco em símbolos, representações e impressões. Devido às suas características reflexivas, o Thotol Nove foi conectado com a Lua por estudantes Qabalístas precedentes. Na verdade, forma um filtro adaptativo que permite que os humanos lidem com segurança com intensidades de consciência modificadas, que os poderiam tornar loucos. Isto é algo semelhante à forma como a nossa atmosfera nos protege das radiações solares e outras, que nos matariam no seu estado puro. De uma forma ou de outra, precisamos do Thotol Nove toda a nossa vida para nos proteger de potências com que não poderíamos lidar sem proteção. Num sentido estranho, temos que confiar nos nossos sonhos para nos salvarem das nossas realidades, até tornarmos esses sonhos realidade suficiente para lidar com eles inofensivamente. Assim que apreciamos a função e o valor do Thotol Nove, podemos ter mais respeito pelas assim chamadas ilusões da Vida, e perceber por que é que é muitas vezes embrulhada em tantas camadas de proteção que rasgamos desenfreadamente à nossa conta e risco. Quantos de nós nos podemos lembrar do choque dos nossos nascimentos quando fomos subitamente despojados indefesos, disparados nus, molhados, e em lamentos neste mundo alarmante? O Thotol Nove tem uma função análoga à da placenta, enquanto estamos ainda espiritualmente dentro do ventre, esperando o nosso despertar em níveis de vida superiores. Ele faz isso por nós, e muito mais além do que nós podemos descobrir pela investigação.

Thotol 10

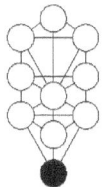

Todos nós devemos saber muito sobre o Thotol Dez, uma vez que é este mesmo mundo em torno de nós e da consciência que normalmente empregamos para viver o melhor que pudemos. Em particular, é a consciência preocupada com a melhoria contínua e o desenvolvimento da humanidade, como uma espécie de vida neste planeta, e as nossas perspetivas de viver longe dele em melhores condições ainda, seja na forma física ou não. Isso quer dizer que ele é realmente a consciência dos Deuses a trabalhar através de nós. Os seres humanos, sem pontos de vista mais amplos sobre a Vida do que os confinados às limitações de uma única encarnação, não são suscetíveis de apreciar este aspeto da consciência Thotol Dez, por muito que possa ser influenciada pela sua ação subtil neles. Porque é que alguém deveria supor que todo o seu pensamento e inteligência se originam apenas nas suas próprias mentes, incentivados por aquilo que os outros seres humanos estiveram a pensar, é um mistério bastante menor. Nos tempos antigos as pessoas acreditavam que os seus Deuses conversavam com eles através da Natureza. Hoje em dia, alguns poderiam supor comunicações telepáticas chegando-lhes de algumas outras dimensões da Vida, ou mais simplesmente através de formas de Vida do Espaço fora nosso sistema Solar. Seja como for, o efeito final é que o alcance da consciência humana seja, sem dúvida, estendido em espectro e qualidades ao longo dos séculos, e nós temos testemunhado um grande salto para a frente durante o último espaço de uma única encarnação. O Thotol Dez fez o seu mais impressionante movimento por muitos milénios.

Então, aqui estão eles, os dez tipos fundamentais de consciência que têm os poderes como Deus de levantar os seres humanos a partir de níveis puramente animais de vida, e fazendo-nos evoluir em espécimes totalmente superiores e mais refinados de seres sencientes. Deve ser particularmente entendido que os termos Thotol lidam exclusivamente com a consciência deste tipo aperfeiçoado. Se optarmos por ignorar os seus apelos em nós mesmos, e deliberadamente seguirmos contra a corrente por uma encarnação após outra, não poderemos culpar ninguém para além de nós mesmos por uma eventual redução à não-entidade. Esta consciência da imortalidade não fala apenas através de Árvore da Vida, é claro. Contata-nos, de todas as maneiras capazes de alcançarem o coração e a alma humana. O sistema Thotol é apenas uma forma concebida por seres humanos e os seus Deuses entre eles para a comunicação de uns com os outros para um certo grau de mútuo reconhecimento. Tal como com outros sistemas, é limitado pela capacidade individual dos seres humanos para alinharem os seus "Sensores Interiores" com o arranjo integral acordado, e a sua disposição de trabalhar com este até ser capaz de aplicar a arte para o seu pensamento e vida real.

A primeira etapa a concluir dessa habilidade é ganhar tanta familiaridade com os dez conceitos, que eles possam facilmente ser chamados à consciência focal por uma única convocação. Para mentes normais isto exige muita concentração e meditação todos os dias, até que seja possível realizar os Conceitos como estados de experiência Interior real por mais de alguns minutos. Isto significa dizer que, se estamos a trabalhar em Thotol Cinco por exemplo, temos que criá-lo como um estado de mente e alma em nós mesmos pela arte imaginativa, e permanecer nesse estado tempo suficiente para reconhecer as nossas relações com ele e perceber a sua importância nas nossas vidas. Por outras palavras, ele tem que ser tão real para as nossas mentes e almas como um contacto físico seria para os nossos corpos. Não há como negar que isso é necessário um grande esforço para se conseguir.

Nós temos que "Tomar os Conceitos para dentro, a partir de fora" por assim dizer, nós temos que os absorver como qualquer lição é aprendida, particularmente através de métodos ritualizados psicodramáticos. Atualmente, com o auxílio de fitas, arquivos, projetores, luzes coloridas, efeitos musicais, e todos os tipos de equipamento similares, agora ao alcance de até mesmo rendimentos modestos, podem ser ideados alguns arranjos bastante poderosos e interessantes. Imagine, por exemplo, um pequeno templo moderno criado para mediar uma experiência Thotol Quatro. A Iluminação com o azul correto a piscar em intervalos quádruplos, ou em grupos de quatro, seria um método de partida. Também o seria um plano da Árvore da Vida com todos os detalhes e com o local do Thotol Quatro iluminado. São possíveis muitos efeitos de iluminação. Cedro, ou algum aroma de Júpiter pode encher o ar. A música seria a condizer, talvez "Júpiter" de "Os Planetas", de Gustav Holst. Haveria veludo ou algum tecido rico similar para sentir, e nem o gosto deveria ser esquecido. Uma loja de doces é o lugar óbvio para procurar algo com um sabor Thotol Quatro, ou para os verdadeiros entusiastas, poderia ser inventada uma refeição completa para atender cada Conceito. Além disso, um projetor pode mostrar imagens em mudança, símbolos, ou até mesmo filmes inteiramente conectados com tópicos do Thotol Quatro. Qualquer coisa que esteja em correspondência desde que se ligue diretamente com o Thotol Quatro através de um sentido humano. Para aqueles com meios e capacidades, poderia ser um passatempo agradável planear e realizar todo um conjunto de experiências Thotol de uma extremidade da árvore à outra.

  Talvez nem seja preciso dizer, no entanto é aconselhável lembrar, nenhuma quantidade de procedimento elaborado e equipamentos dispendiosos é da menor utilidade, a menos que a atenção consciente dentro de tal quadro seja mantida e exercida estritamente de acordo com o espírito do Conceito que está a ser trabalhado. A mente, em especial, não deve ser autorizada a desviar-se da frequência fundamental do Conceito enquanto ele está sob consideração. E isso não é o suficiente. A alma também tem que coincidir nos seus sentimentos com o que a mente está a pensar. Tudo tem que ser uma experiência completa, integrada pelo indivíduo ou grupo que a conduz. Na verdade, não há realmente necessidade de qualquer material ritual caro e decorativo. É uma grande ajuda para aqueles que não conseguem manter as suas mentes focadas facilmente, e provavelmente, um benefício durante as primeiras incursões experimentais executadas através deste sistema, mas mais cedo ou mais tarde, os complicados exercícios iniciais têm que ser substituídos por técnicas mais puras, mais rápidas, e cada vez melhores. Normalmente as pessoas não continuam a comunicar através de livros ilustrados para o resto das suas vidas adultas.

O equipamento mais simplificado servirá perfeitamente. Um gráfico detalhado, feito à mão, da Árvore é essencial para começar. Se uma cópia de: *"O Ofício da Sagrada Árvore da Vida"* puder ser obtida, esta pode ser uma ajuda também. É uma coleção de declarações-invocações que lidam com as características tradicionais de cada Conceito, mais uma para cada Caminho que conjuga cada dois Conceitos. São estes especialmente com os que estamos preocupados aqui, já que estamos a considerar a base alfabética da nossa linguagem-Deus. Lendo o Ofício à razão de um Caminho por dia, é uma forma muito prática de começar o trabalho com o alfabeto da Árvore, mas não adianta avançar para isto até que cada Conceito possa ser chamado à consciência, banido, e substituído por um outro, em questão de instantes. Não se trata de um movimento súbito ocasional sem profundidade de contacto. Tudo depende da profundidade da consciência utilizada, mais do que a sua duração. No início, nós temos que trabalhar lentamente, de modo a conseguir uma penetração de perceção. À medida que progredimos, devemos atingir a profundidade desejada com rapidez crescente, em seguida, passar de Conceito a Conceito para que isto explicite o padrão, as sílabas, as palavras, e as frases da nossa linguagem-Deus. Desta forma nós em breve iremos, começar a construir um vocabulário Interior de expressão espiritual.

O que estamos a fazer é de facto aprender a falar de novo, mas desta vez em termos de "Linguagem-Deus". Estamos deliberadamente a associar itens de consciência em conjuntos, que estão especificamente relacionados com o Plano de Perfeição Divina por trás das nossas vidas e do Cosmos em que vivemos. Cada coleção de itens está a ser tomada como um som único. Combinações duplas de sons tornam-se letras, neste caso, apenas consoantes. As nossas cinco vogais associam-se com os Elementos da Vida, simbolizados por Ar, Fogo, Água, Terra e

Espírito ou Verdade. As consoantes são tidas como os corpos de palavras, enquanto as vogais são o Espírito que vivifica sem o qual as palavras por si só estão mortas. Assim, cada palavra é realmente uma concentração de consciência de uma vasta fonte de abastecimento, preocupada com a nossa sobrevivência e *status* como indivíduos completos da Grande Vida Una compreendendo o nosso Cosmos inteiro. Em outras palavras, estaremos a aprender a como falar de forma inteligível com as nossas próprias Identidades Imortais, e a reconhecer a realidade dos nossos eus espirituais com a nossa consciência ordinária de vigília.

Quanto tempo leva a conseguir um controlo básico dos Dez Conceitos da Árvore e as suas inter-relações, é uma questão para cada um descobrir pelos seus próprios esforços. Aprendizagem do tipo papagaio e roçar superficialmente o assunto não está, de modo algum, perto o suficiente para que se esperem quaisquer resultados visíveis a partir disso. A única coisa sensata a fazer, é continuar a trabalhar até que a árvore comece a "responder" entrando na mente por conta própria, e relacionando-se com situações de Vida específicas. Por exemplo, algo que poderia ter acontecido, que exigiu uma rápida e rigorosa contramedida de ação disciplinada. Se isso sugere automaticamente uma situação Thotol Cinco, então a Árvore está realmente relacionada com a Vida, através da consciência do indivíduo em causa. Por outras palavras, é "ganhar vida" ou fazer-se sentir dentro de alguém em conexão com experiências comuns. Quando começamos a medir a conduta das nossas vidas neste mundo desperto pela escala e padrões da Árvore Sagrada, então nós devemos estar prontos para fazer um uso mais elaborado das suas outras funções.

Há inúmeras oportunidades para a prática, e inventar exercícios é uma experiência interessante por si mesmo. Por exemplo, poderíamos procurar Conceitos Thotol onde quer que encontrássemos números no dia a dia. Tente olhar para o número de uma página do livro e vê-lo simplesmente como isso, então pense: "Estes são os números Thotol tais e tais." Faça um contacto-relâmpago com eles ao mesmo tempo. Em seguida, termine o contacto e veja-o como apenas um número de página novamente. Tente isto com números dos carros, números de telefone, qualquer tipo de números, até que eles comecem a sugerir os Conceitos por si mesmos, mas mantenha sempre o controlo da decisão de querer ver números ordinários ou as suas ligações Thotol. Desenvolva e pratique o dom de ver figuras a partir de qualquer ponto de vista à vontade. Olhe para um marcador de relógio e pense: "Passa meia hora da Harmonia" ou qualquer que seja. Às onze pode-se pensar no Abismo, e às 12, Zero, de modo a que o conjunto do esquema da Árvore poderia ser considerado ao longo de um dia. Para aqueles que gostam de contas de oração, o "Rosário Qabalístico" é um procedimento atraente. É semelhante ao rosário cristão em conjuntos de dez com contas individuais a dividir, e uma Árvore da Vida, em vez de um crucifixo. As contas grandes são para a meditação sobre as Esferas e elementos-Vida, enquanto as pequenas são os Caminhos entre elas.

Poderia ser um bom plano incluir o trabalho com o Elemento-Vida com aquele que é feito nos Conceitos-Esfera antes dos Trabalhos de Caminho começarem seriamente. O que isso representa, é uma compreensão da Vida em quatro categorias principais, agrupadas em torno de um Conceito central, e equilibrado entre as extremidades de Deus e do Homem. Esta disposição em Cruz Cósmica foi exaustivamente tratada noutro lugar, e aqui, nós estamos principalmente preocupados com a sua função comunicativa através das suas vogais associadas. Isto é suficientemente importante para pensar em alguns detalhes, uma vez que descreve os princípios envolvidos ao abordar as consoantes da nossa "Linguagem-Deus".

D. Vogais e Elementos da Vida

Os antigos e familiares Elementos Mágicos Ar, Fogo, Água e Terra supunha-se serem os quatro princípios dos quais a Criação viva foi construída. Os filósofos, eventualmente, acrescentaram um misterioso Quinto Elemento o "Aether" (Éter) ou Espírito, que era a Inerente Verdade da Vida. Foi cuidadosamente explicado aos Iniciados que os fenómenos percetíveis conhecidos pela humanidade como ar, fogo, água e terra, eram na verdade símbolos ilustrativos de energias desconhecidas responsáveis pela manutenção da Vida em todo o Cosmos.

As criaturas vivas respiram ou precisam do ar atmosférico de alguma forma para permanecerem vivas neste planeta. Elas também precisam de calor corporal, fluidos, e sólidos com o mesmo propósito. Mesmo se todos aqueles estivessem presentes, ainda teria que ser o princípio vital do "Espírito" a animar um corpo que de outra forma estaria morto. Assim, os Quatro Elementos da Vida são realmente pré-requisitos que fazem este mundo possível para o Quinto Elemento aqui se manifestar. Podemos chamar-lhes os mínimos básicos que nos permitem tornarmo-nos seres humanos. Estes Elementos da Vida, teriam algum tipo de equivalente em qualquer mundo em que vivêssemos, físico ou não. O que quer que os chamemos, eles constituem uma condição ambiental compatível com as nossas espécies de criaturas, por isso pensar neles como Elementos é uma descrição bastante válida. Toda a arte, ciência, ou construção de consciência tem os seus "elementos", e a vida é certamente tudo isso e infinitamente mais.

Os Elementos da fala e, consequentemente dos alfabetos são os sons das vogais, sem os quais as consoantes não podem ser combinadas para fazer qualquer sentido. Aquelas podem ser alinhadas com os Elementos-Vida desta maneira bastante simples:

A (pronuncia-se "ei[22]") como Terra, o som sólido de uma pancada.

E (pronuncia-se "ii") como Ar, o som leve de um assobio.

I (pronuncia-se "ai") como Fogo, o estalido de uma chama.

O (pronuncia-se "aou") como Água, o som de um rio a fluir.

U (pronuncia-se "iu") como Verdade-Vida, o reconhecimento da realidade.

---

[22] No original A "ay", E "ee", I "ah-ee", O "oh" e U "oo". A pronúncia apresentada é a das vogais inglesas. (N.T.).

O último som, *OO*, *HU*, ou *IEU* é um dos nossos mais antigos Nomes-Deus. A maioria dos "Nomes Secretos" dos Deuses eram combinações de vogais alusivas às forças fundamentais por trás da Vida de um ângulo ou de outro. O "Nome impronunciável – *IHVH*" transliterado a maior parte das vezes *Yahweh* ou *Jehovah*, foi a combinação vocal de *IAOUE*. Não pronunciada, mas respirada. Que é pronunciada sem fechar a boca. A sua forma latinizada é claro é *IAO-YO-WEH*, ou *Jove*.

Exercícios associativos que ligam as vogais e Elementos-Vida são bastante simples. Tudo depende de quão longe alguém está preparado para ir no exercício dessa prática. O objetivo é fazer com que cada vogal represente uma experiência real de vida ao invés de uma menção meramente intelectual dela. Nos tempos antigos, os iniciados mágicos foram literalmente empurrados para situações artificiais que positivamente os forçaram a concentrar a atenção com maior intensidade sobre o significado de tudo o que estava a ser conduzido para as profundezas da sua consciência. Eles não estavam apenas a contar coisas, a mostrá-las, ou aconselhar leituras sobre elas. As suas lições mágicas foram transmitidas como experiências de vida simbólicas que alteraram a perceção em níveis causais de consciência. Eles tiveram que trabalhar atentamente e podiam morrer devido a um único movimento descuidado. Nos nossos tempos as tropas são treinadas no terreno com munições reais acima das suas cabeças. Elas aprendem a baixar-se e proteger-se muito rapidamente. Podemos trazer algumas das velhas lições mágicas para o agora, sem aplicar muito drasticamente tais estímulos como os antigos métodos idealistas da exposição da pessoa nua aos ventos uivantes nos topos das colinas, enterramento até ao pescoço em terra, nadar em águas perigosas, e submeter-se a marcas com ferros quentes. No entanto, não se pode negar que tais provações suportadas por causa de ideias aceites alterassem certamente alteradoras a consciência de uma maneira muito definida. Hoje em dia, devemos chamá-las técnicas de *stress*.

Faltos de tais métodos, teremos que substituir procedimentos rituais mais regulares, e construir a casa pouco a pouco, nos pontos que de outra forma teriam sido trazidos para casa à força e de forma inesquecível. Agora é mais uma questão de arranjar psicodramas ilustrativos e impactantes, da associação de vogais com o fundamento da Vida. Se nós configurarmos as sensações-sónicas para cada um, podemos chegar a algo como isto:

A ("EI") TERRA

Toque: Qualquer coisa dando impressões de peso e solidez. A própria terra, pedras, manto pesado, etc. Rugosidade, peso, frieza, secura, lento.

Audição: Sons lentos arrastando e batendo, ecos cavernosos, batidas profundas, notas muito baixas, pedras a serem atingidas com pedras.

Visão: Escuridão ou luz muito fraca. Cavernas ou criptas. Cores-Terra. Símbolos sugestivos da Terra. Luzes devem ser rastreadas de modo a que nenhuma fonte seja visível. A cena pode ser à noite se necessário, mas sem estrelas.

Cheiro: Terra fresca, se possível. Caso contrário incenso denso e pesado, como dictamo ou papoila.

Sabor: Cogumelo cru, ou o que estimular Ideias de Terra. Talvez raízes de algum tipo.

Ação: Dança em ritmo lento regular, canto baixo e profundo, invocação da Mãe-Terra ou Arquétipos da Terra como o Arcanjo Auriel. Prostrações, acentuação considerável de *IH* ou som *EI*, períodos de meditação sentada silenciosa. Mimética de escavação, batendo uma vara no chão. Deitado com a orelha na terra a escutar.

E ("EE") AR

Toque: Qualquer coisa muito leve e insubstancial. Roupa livre e solta, ornamentação com penas. Brisa a soprar com intensidade variável.

Audição: Som do vento nas árvores, sibilante, instrumentos de sopro devidamente orquestrados. Canto de aves.

Visão: Cor azul do céu, efeitos de nuvens, símbolos de Ar. Luz da aurora de preferência. Nascer do sol.

Cheiro:	Qualquer um fresco, aroma natural nascido da brisa ou um incenso sugestivo de algumas florestas de pinheiro, saúde, perfumes florais leves.
Sabor:	Sabores efervescentes e "frescos". Bebidas gaseificadas. Água de soda.
Ação:	Movimentos de dança graciosos "voo" imitando os pássaros. Invocação dos Arquétipos do Ar, como o Arcanjo Rafael. Assobiando numa nota alta, com acento no som *II*. Exercícios com a espada girando ou atividades abanando. Imitações do chamamento de pássaros.

I ("AI") FOGO

Toque:	Sentimento de calor contudo roupas leves. Lugar deve estar bem aquecido, seco e o suor estimulado. O ar pode circular, mas deve ser quente. Permitida a nudez se empregues altas temperaturas.
Audição:	Chamas crepitantes. Qualquer música "fogo", especialmente orquestrada para cordas.
Visão:	Iluminação brilhante ondulante para o efeito de fogo. Símbolos de Fogo. Iluminação da Lua cheia. Cores a corresponder.
Cheiro:	Cheiro a madeira. Cozinha agradável ou cheiros de assados. Franquincenso.
Sabor:	Especiarias quentes. Vinho de gengibre ou bebidas quentes. Hortelã-pimenta.
Ação:	Dança semiestática balançando, variando de "chama viva" a movimentos de "brasa brilhante". Invocação dos Arquétipos do Fogo, tais como o Arcanjo Michael, em tons de toque firmes. Acentuação do som *AH*. Grande cuidado deve ser tomado para enfatizar o aspeto beneficiante do Fogo em todos os momentos. Podem ser acesas lâmpadas ou velas. Oferenda de incenso.

O ("OU") ÁGUA

Toque:	Teoricamente deveria ser água, mas as dificuldades

práticas impõem problemas. Poderia substituir-se por uma bacia de água em que as mãos são mergulhadas e o rosto lavado. Entusiastas podem nadar numa piscina ou dançar à chuva. Qualquer coisa para transmitir humidade.

Audição: Gravações de sons de água e orquestrações adequadas. Tamborilar da chuva, tinidos. Sistro a abanar.

Visão: Iluminação verde-azul, efeitos de ondas. Símbolos de água. Iluminações noturnas. Pôr-do-sol no mar.

Cheiro: Litoral, algas e ozono. Perfume de lírio ou odor similar.

Sabor: Água doce, de preferência de uma nascente.

Ação: Movimentos de natação, incluindo boiar. Invocação de Arquétipos da Água, como o Arcanjo Gabriel. Acentuação do som *O*. Lustração num banho ritual. Meditação, enquanto se balança suavemente, como se movido por ondas. Lavagem das mãos.

U ("IU") ESPÍRITO-VERDADE

Toque: Sensação normal de roupa confortável a uma temperatura agradável. Nada constritivo ou constrangedor. Tudo suave e fácil.

Audição: Fundo natural de vento, mar, cascalho, fogo na praia, ou peças orquestrais adequadas. Música de órgão. Canto.

Visão: Cores da luz diurna de todos os tipos. Símbolos de todos os elementos. Efeitos iridescentes. Tempo e mudanças estacionais de iluminação.

Cheiro: Aromas variados de tipos estimulantes.

Sabor: Mudanças de brando a forte, quente, amargo, doce, etc. Complete com algo que deixe uma sensação de satisfação.

Ação: Abrangente. Caminhe, corra, dance, pule, salte, fique em pé, sentado. Mova-se como que inspirado. Invoque a Verdade Universal da Vida sob qualquer Arquétipo reconhecido. Acentuação do som *IU*. Invocar a sua ação na e dentro da própria vida individual. Cantar ou recitar código de crença e padrões seguidos na busca da Verdade aprendidos através do viver.

Este é o mais breve esboço do ritualismo Elementar. A ideia é ajustar cada agente de consciência de acordo com o Elemento que está a ser trabalhado. Uma experiência completa é dramaticamente inventada para condicionar a consciência global em máxima harmonia com o tema central a ser mediado. Como regra geral, não é necessária a prática de tal performance, senão umas poucas vezes, antes da ideologia se tornar enraizada com suficiente profundidade numa mente e alma a operar por conta própria, com talvez um ocasional estímulo para a manter no caminho certo. Rituais muito elaborados são principalmente para cursos iniciais de condicionamento da consciência. Mais tarde, eles devem ser reduzidos e condensados até que sejam praticamente impercetíveis para um observador casual, ainda assim permanecendo totalmente eficazes de ângulos Interiores do Espaço-Tempo que não têm invasões visíveis nas nossas dimensões normais de Vida. É como se pegássemos numa secção inteira da nossa consciência Eventos-Espaço-Tempo e a transformássemos em ângulos retos dentro de nós mesmos. Isto quer dizer que uma série de eventos ao longo de uma hora normal de tempo podem ser polarizados, de modo a que todo o seu conteúdo seja reatravessado numa pequena fração de segundo, com apenas um lampejo de tensão muscular em qualquer lugar. No entanto, o valor intrínseco total de tal consciência comprimida permanece constante. As nossas vidas por inteiro são tudo o que nós já fomos, dissemos, pensámos, fizemos, ou tencionámos, completamente concentrados no instante em divisão do nosso AGORA. Ele e a nossa Eternidade são idênticos em princípio, embora constituindo o Alfa e o Ómega do Tempo nas nossas dimensões-Vida.

Se as associações de vogais podem ser feitas para as profundezas necessárias de consciência sem todo o condicionamento sensorial, então tudo o que é supérfluo pode ser dispensado. Poderia ser possível obter a identificação associativa por meios menos complicados através de apenas simples estímulos audiovisuais. Por exemplo, olhando para as vogais pintadas em cores e formas apropriadas, enquanto se está a escutar ou recitar versículos mnemónicos curtos. Pode ser feito um conjunto de cartas com as vogais, versos, e talvez os símbolos mágicos dos Quadrantes sobre eles. Um treino breve com estas, em oportunidades esporádicas acabaria por as levar aos poucos, para os níveis causais da consciência, subjacentes ao nosso estado de vigília comum de consciência.

Por meio dessas, e de quaisquer outras disponíveis, temos que reconhecer e perceber os Elementos-Vida em nós mesmos e no nosso Universo. Por exemplo, com *I* (ai) nós ressoamos o calor dos nossos corpos, força das nossas mentes e fervor das nossas almas. Com um *A* (ei) as estruturas sólidas dos nossos corpos, os pensamentos estáveis e confiáveis das nossas mentes, e as qualidades duradouras das nossas almas. Com *E* (ii) a respiração dos nossos corpos, liberdade das nossas mentes, e as aspirações das nossas almas. Com *O* (aou) os fluidos do nosso corpo, a fluência da mente, e a fluidez da alma. Com *U* (iu) a Verdade de nós mesmos relativamente à Vida através de todos os seus Elementos. Tudo se eleva a condensar e concentrar a consciência de amplos campos em focos de força muito refinada. Essa é a essência dos exercícios em que estaremos envolvidos neste trabalho. Há muito tempo existiu uma crença mística de que tudo o que existe pode ser resumido numa única palavra, e essa palavra era o "Nome Inefável" de Deus. Se hoje em dia pudéssemos conceber toda a energia como redutível de volta a um Poder Uno Primordial, podíamos obter uma compreensão mais moderna do Universo.

Esta é uma questão de relação entre dois estados de Vida totalmente diferentes. Como é que é podem os Deuses e os humanos falar uns com os outros, a menos que ambos concordem em algum esquema mutuamente aceite de consciência? Se os nossos milénios, não são senão momentos de "Vida-Deus", que espécie de volta-tempo seria necessária para adaptar o seu pensamento com o nosso? Eles teriam que usar algum tipo de "engrenagem de redução" que relaciona a nossa consciência com a deles, e nós correspondentemente iríamos ter que acelerar a nossa consciência até que os dois fluxos alterados de perceção viessem dentro do alcance reconhecível um do outro.

Vamos colocar isto desta forma. O que equivale a uma única palavra da "fala de Deus" pode cobrir uma extensão da nossa consciência que levaria milhões de palavras para descrever em linguagem humana comum. Então, se nós pudéssemos representar essa mesma medida da consciência por um único símbolo ou curta combinação de símbolos, poderíamos chegar muito mais perto de aprender a língua dos Deuses. Da mesma forma, se "conversassem" connosco por combinações de consciência-Vida básica reduzida a termos que nós somos capazes de apreciar, eles aproximar-se-iam para aperfeiçoar a parte que nós fomos projetados para desempenhar na sua ecologia Cósmica. Tudo isto é exatamente o que estamos a tentar fazer através deste sistema de "linguagem-Árvore". Fazendo com que cada letra do nosso alfabeto resuma e simbolize coleções de consciência que nos levaram séculos de estudo e aplicação a adquirir, estamos a desenvolver um código calculado para comunicar com aqueles cuja consciência contém a nossa, como uma mente mantém todos os seus pensamentos individuais.

Ao nos acostumarmos primeiro à associação de vogais, estamos a preparar a forma de lidar com as consoantes, que são um pouco mais complicadas, uma vez que são resultados de combinações de dois conceitos. Não há nenhuma vantagem real em nos tentarmos precipitar adiante com consoantes até que as vogais sejam adequadamente absorvidas. Isso será conhecido quando começarem a "responder" pela sua própria vontade. Quando as associações elementais colocam as letras na mente, elas estão a atingir níveis básicos. Talvez a escavação no jardim sugira o som A (ei), o vento nas árvores a assobiar E (ii), acender o gás ou fogo desperta o I (ai) em nós, e lavar-se sussurra o O (aou). Não continuamente, é claro, mas o suficiente para soar como se a fonte viesse de fora da nossa consciência comum como os pensamentos que chegam inesperadamente e que reivindicam atenção.

Utilizadores perspicazes do Tarot naturalmente veem os Elementos como os quatro naipes de cartas, e não há nenhuma razão pela qual eles não o devam fazer se isso os ajudar a classificar os Elementos-Vida através de um Conceito Thotol após o outro de cima para baixo da Árvore. Os criadores originais destas cartas notáveis consideraram que a Vida como a conhecemos na Terra foi dividida em quatro partes, nomeadamente. –

	Alegria COPAS **ÁGUA**	
Aprender PAUS **FOGO**		**Ganhar** OUROS **TERRA**
	Tristeza ESPADAS **AR**	

Ou o Bom (Copas), o Mau (Espadas), Obrigações (Ouros) e Oportunidades (Paus). Outras comparações podem ser feitas sob quaisquer títulos quaternários adequados. Marcando uma escala de um a dez, foi feita uma tentativa para cobrir todas as contingências da vida, do topo para o fundo da sua Escada. É por isso que as cartas se alinham com a árvore e têm paralelismo com os seus Caminhos. Qualquer visão decimal da vida a partir de quatro ângulos deve fazer o mesmo. As pessoas eram classificadas pelas cartas da Corte, também em quatro tipos de características dominantes. Tolerante (Copas), Exigente (Espadas), Esforçado (Ouros) e Sociável (Paus). Eram ainda divididas em masculinas e femininas de naturezas maduras ou imaturas. Homens maduros são os Reis, e imaturos os Cavaleiros ou Príncipes. Mulheres maduras são as Rainhas, e as imaturas são os Pajens ou Princesas. Qualquer indivíduo humano é obrigado a fazer parte de uma dessas categorias, a menos que seja insano ou fora da companhia humana média. Os Tarots aparentemente não foram concebidos para lidar com os detritos da Vida, mas apenas com as suas propriedades resgatáveis ou perfectíveis, humanas ou não.

Assim, de acordo com os Tarots nós reagimos à Vida com alegria ou tristeza, enquanto aprendemos e ganhamos o nosso caminho através do Cosmos com ele. Uma maneira bastante razoável de olhar as coisas de um ponto de vista humano. Combinados formam as quatro vertentes da Corda da

Verdade que conecta os incidentes da existência uns com os outros como um *continuum* de consciência. Para ver como esta discussão quaternária junta todos os conceitos Thotol numa Árvore apresentada com o Tarot, podemos começar a olhar ao longo destas linhas.

Thotol 1

Copas	Alegria na Vida	Esperanças celestes	Prazer
Ouros	Esforço na Vida	Trabalho voluntário	Lucro
Paus	Interesse na Vida	Atenção alerta	Propósito
Espadas	Tristeza na Vida	Cuidado limitador	Dor

Thotol 2

Copas	Sabedoria alegre	Experiência agradável	Escolha feliz
Ouros	Sabedoria ganha	Experiência gratificante	Escolha cuidadosa
Paus	Sabedoria aprendida	Ganho de inteligência	Decisão determinada
Espadas	Sabedoria triste	Mais triste, mas mais sábio.	Decisão difícil

Thotol 3

Copas	Compreensão alegre	Alegre concórdia	Agradável encontro
Ouros	Entendimento ganho	Descoberta merecida	Design dedicado
Paus	Entendimento Adquirido	Conhecimento adquirido	Ampliando perspetivas
Espadas	Entendimento triste	Experiência amarga	Aflição infeliz

Thotol 4

Copas	Misericórdia alegre	Beneficência bem-vinda	Ideias gentis
Ouros	Misericórdia ganha	Recompensas justas	Apreciada riqueza
Paus	Misericórdia aprendida	Pensamentos de agradecimento	Sentimentos festivos
Espadas	Misericórdia triste	Sofrimento poupado	Paz depois da dor

Thotol 5

Copas	Severidade contente	Felicidade sacrificada	Ilusões perdidas
Ouros	Severidade ganha	Privação angustiante	Perspetivas pobres
Paus	Severidade Aprendida	Lição salutar	Ensinado através dos problemas
Espadas	Severidade triste	Esquemas derrotados	Luta abandonada

Thotol 6

Copas	Harmonia alegre	Beleza bendita	Simpatia doce
Ouros	Harmonia ganha	Prazer merecido	Paciência recompensada
Paus	Harmonia aprendida	Controlo cultivado	Dignidade exibida
Espadas	Harmonia triste	Tranquilidade nos problemas	Proteção no perigo

Thotol 7

Copas	Vitória contente	Ambições sedutoras	Sucesso aparente
Ouros	Vitória ganha	Progresso do paciente	Trabalho que vale a pena
Paus	Vitória aprendida	Habilidade situacional	Oposição superada
Espadas	Vitória triste	Triunfo vazio	Perigos retardados

Thotol 8

Copas	Honra contente	Busca de satisfação	Busca de glória
Ouros	Honra ganha	Realização honesta	Atividade admirável
Paus	Honra aprendida	Alcançar objetivo	Tentativa louvável
Espadas	Honra triste	Dever imperioso	Posição precária

Thotol 9

Copas	Base contente	Desejo do coração	Desejo ganhou
Ouros	Base ganha	Sucesso social	Prazer proporcionado
Paus	Base aprendida	Lição aprendida	Aviso e preocupação
Espadas	Base triste	Medo do fracasso	Lamento triste

Thotol 10

Copas	Mundo contente	Brilho benigno	Felicidade pela frente
Ouros	Mundo ganho	Assuntos vantajosos	Processos prósperos
Paus	Mundo aprendido	Informações recolhidas	Factos encontrados
Espadas	Mundo triste	Traição sangrenta	Ruína e escombros

Então, aqui estamos nós. Os Tarots são um conjunto de símbolos que abrangem quase todas as possibilidade de vida comum que os seres humanos são suscetíveis de encontrar neste tipo de mundo. Lê-los é uma questão de interpretações à luz dos significados modernos e focando os fundamentos para baixo até bons pontos de projeção. Eles podem certamente ajudar muito consideravelmente a pensar em conceitos e ideias relacionadas com os Elementos-vida tais como são traçados através da Árvore. Um único Elemento poderia ser tomado e seguido para cima e para baixo na Árvore, de Conceito a Conceito. Então, novamente, uma carta poderia ser selecionada e empurrada ao longo da sua linha de significado de um ângulo de significado para o outro. É um esquema útil manter um "caderno de Tarot", com as folhas soltas, de modo a que os significados de cada carta possam ser prorrogados por meditação e pensamento, à medida que novas ideias sobre elas chegam. Possivelmente as cartas da Corte podem ser comparadas com pessoas reais conhecidas, para o gravador, ou figuras públicas que se relacionem. Os Trunfos poderiam estar relacionados com os incidentes reais relacionados com a sua própria vida ou experiências de outras pessoas que pareçam pertinentes. Deste modo, as cartas poderiam interpretar o viver em termos familiares para o requerente, que é realmente o objetivo para o qual elas foram projetadas, mais do que para dizer a fortuna.

O significado de cada carta não está no seu *design*, mas sim em qualquer que seja o que a sua fórmula fundamental evoca a partir da consciência de um intérprete. Em certa medida, as cartas são como manchas Rorschach que sugerem todos os tipos de coisas para diferentes pessoas, mas têm limites específicos de interpretação racional com cada. Por exemplo, se fosse pedida a uma pessoa inteligente para classificar a alegria da Vida em dez etapas de importância com um exemplo de cada um, deveríamos ter o conceito da pessoa sobre o naipe de Copas do Tarot. O mesmo poderia ser feito com os outros naipes e os Trunfos identificados por vinte e duas ideias-Chave sobre a Vida, Morte, e o Universo. Em outras palavras, cada indivíduo pensante tem um Tarot já nele. Os baralhos que usamos não são mais do que conceções de artista da ideologia comum, relacionando os seres humanos com o seu estado compartilhado da existência de um ponto de vista ocidental.

Teoricamente um baralho de Tarot não precisa de ter mais de setenta e oito cartas, com nada além dos nomes de cada uma, para efeitos de identificação. "2P" deve ser o suficiente para invocar todas as ideias sobre o Dois de Paus numa mente de um utilizador de Tarot qualificado. As cartas são apenas cabeçalhos de capítulos longos da consciência no Livro da Vida. Não obstante, vários *designers* ao longo dos séculos padronizaram de algum modo a sua apresentação visual, e nós temos mais ou menos vindo a aceitar muitas das suas características no seu valor-face. Ao mesmo tempo, não há dúvida de que baralhos específicos servem a intérpretes individuais melhores do que outros, e torna-se uma questão de descobrir que baralho é o melhor para uma pessoa em particular. A solução está em encontrar o baralho que evoca a reação mais vasta e mais profunda do subconsciente de alguém. Isto só é possível se são estudados vários, e se são tomadas notas cuidadosas dos resultados, para decidir a questão. Possivelmente o mais evocativo dos baralhos modernos é a edição Waite-Smith Coleman (Baralho Rider-Waite), devido à sua riqueza de detalhes e simbologia envolvida, mas também deve ser feita uma menção ao baralho Regardie-Wang baseado em ideias da Aurora Dourada (Golden Dawn). Esta série é clinicamente clara, sem desvios supérfluos, e liga-se com a maioria dos estudos avançados que cobrem a psicologia humana. No final, no entanto, a escolha do baralho depende do que tem a mais estreita afinidade visual com a mente subconsciente de alguém.

Assim que todos os Elementos-Vida e Conceitos Thotol foram conectados com as vogais com a ajuda da simbologia do Tarot, podemos começar a concentrarmo-nos nos arranjos consoante-Caminho. Desde que o trabalho preliminar necessário tenha sido feito fielmente, esta última etapa não deve ser muito difícil, porque as técnicas iniciais aprendidas são as mesmas que se aplicam aqui. Caso muitos "senãos" graves sejam encontrados, isso significará que o trabalho prévio não foi realizado adequadamente, e que uma revisão deverá ser realizada até a consciência estar suficientemente condicionada. Isto será conhecido pela facilidade com que Conceitos combinados são identificados na mente pelos seus códigos-chamada, e as impressões que eles transmitem da ligação da mente preocupada com eles para fontes superiores de inteligência. Vamos a seguir fazer uma tentativa através do plano dos Caminhos consonantais da Árvore e ver o que acontece.

E. O Alfabeto da Árvore, os Trunfos do Tarot e Trabalhos de Caminho

Cada consoante do alfabeto da Árvore é formada pela confluência dos dois Conceitos. Para as pronunciar conscientemente, temos que focar a consciência em ambos os Conceitos simultaneamente. No início, talvez devamos pensar neles sequencialmente, mas passo a passo isto tem que ser avançado até que as duas extremidades se misturem num único meio-resultante simbolizado pelo som alfabético. Este não é realmente mais do que o princípio da Árvore de "direita-esquerda-centro", ou "Plus-Minus-Neutro" estendido à prática. É uma Lei básica da Vida. Segue sempre o caminho do centro entre extremidades. Entre o Preto e o Branco, siga a fina linha de Ouro. Buddah chamou-a "Norma" e fez dela o ponto central da sua filosofia de vida. A nossa Árvore-Vida está disposta nos Três Pilares da Vida, e estão-nos sempre a dizer o quanto é importante considerar o Pilar do Meio como a forma ideal de vida, apesar de tão poucos seres humanos o poderem realmente seguir. Aqui nós estamos a tentar fazer exatamente a mesma coisa entre os Conceitos da Árvore, tratando cada par como

Pilares exteriores, e fazendo do Pilar do Meio um Caminho para a relação significativa entre ambos.

Isto não é fácil, exige uma capacidade de manter dois enormes reservatórios de consciência, focados cada um sob um único cabeçalho-símbolo, em seguida, misturá-los em relações reativas uns com os outros, de modo a que um remoinho de energia seja criado entre eles e que assuma uma identidade própria, simbolizada por uma consoante alfabética. Uma vez que cada conceito já tem vogais conectadas por meio das suas associações Elementais, há sempre uma boa reserva destas para conectar as consoantes em palavras pronunciáveis.

A antiga maneira de pensar sobre os Caminhos da Árvore era através de números. Os conceitos estavam numerados de 1 a 10, em seguida o primeiro Caminho do Conceito 1 ao 2 tornou-se o Caminho 11 e assim por diante. Estritamente falando, isso foi um equívoco, uma vez que um Caminho não é um Conceito, mas uma conexão entre dois deles. Pode ser difícil alterar a ideologia já aceite, mas seria mais correto pensar: "Thotol 1 e 2 – B" em vez de "Caminho Onze". Em primeiro lugar nós estamos a identificar os conceitos em questão, ligados com um símbolo representativo. Na segunda instância nós estaríamos a usar uma enumeração imprecisa para Conceitos confluentes, uma vez que Um e Dois não podem fazer onze, mesmo esticando a imaginação. Se nós estivéssemos a dispor a Árvore através de um sistema com o ponto de partida no Zero, poderíamos dizer razoavelmente que o primeiro Caminho foi o ponto Décimo primeiro da Árvore e continuar a partir daí. Mas não estamos a fazer isso. A Tradição é muito enérgica e persistente em dizer "Dez e não Nove, Dez e não Onze." Não há nenhuma Décima Primeira esfera e nunca houve. Nós só usamos uma ideia "Onze" com a árvore, tornando-a "Dez mais Um", e assim por diante. Portanto o Caminho identificado por figuras comuns foi uma conveniência que serviu a um propósito útil, mas estava pouco de acordo com os fundamentos por trás do *design* da Árvore.

Se vamos empregar números convencionais para simbolizar os Conceitos Esfera da Árvore, parece mais razoável manter os números para esse fim específico e adotar os símbolos das Letras para identificar os Conceito-duais dos Caminhos.

Isto, de facto, parece ter acontecido com as antigas atribuições das letras hebraicas. Aqui elas estavam evidentemente destinadas a ser pensadas sonicamente em vez de numericamente. Usando a nossa ligação alfabética, em inglês moderno com os Caminhos, devemos ter, pouca dificuldade em pensar "Caminhos B e C", em vez de "Caminhos Onze e Doze" (ou mais corretamente Caminhos Um e Dois). É provavelmente pedir algo demasiado grande a pessoas acostumadas a pensar em termos das enumerações anteriores dos Caminhos que alterarem os seus ângulos de abordagem, mas na verdade, é mais uma questão de os melhorar do que de os abandonar. Em vez de pensar "Caminho Treze" (ou Caminho Três), temos apenas que pensar "Thotol D" e dizer: "O Caminho da Sagrada Árvore da Vida que liga o Primeiro e o Sexto Conceitos." Adicionalmente, é claro, todas as implicações de ambos os Conceitos combinados para formar um fluxo harmonioso de consciência a agir na sua própria frequência.

Colocar dois conceitos de qualquer coisa juntos para a produção de um, é um lugar-comum da consciência humana, embora principalmente em escalas menores. Nós fazemo-lo cada vez que misturamos duas cores ou acordes greves. Fazemos isso sempre que dois seres humanos se combinam para gerar um terceiro. Aqui nós estamos a criar um "filho da consciência" cruzando dois Conceitos-Árvore. Nós não podemos fazer isso a menos que os próprios conceitos tenham sido criados nas nossas mentes primeiro e amadurecido aí ou "crescido até à puberdade" o suficiente para garantir a sua fertilidade. Uma ideia imatura não pode propagar a sua espécie assim como um humano não-adulto é incapaz de perpetuar a nossa raça. É por isso que é tão importante amadurecer as nossas ideias-Conceito corretamente antes de pudermos razoavelmente esperar para começar a reprodução delas. A consciência é uma força viva e consequentemente, está sujeita às leis da Vida, como outras energias vitais.

Combinar Conceitos através de meios humanos sensoriais é essencialmente um processo audiovisual. O método mais simples é voltar várias vezes ao gráfico colorido da Árvore com os Caminhos identificados por consoantes, enquanto audivelmente se repete uma fórmula padrão para imprimir as combinações nos níveis retentivos da consciência. Esta é também, é claro, a via mais fácil. Métodos alternativos de experiência podem ser muito mais impressionantes e elaborados para se começar com eles como base, mas no final, eles têm que ser condensados a processos momentâneos de perceção demasiado pequenos em duração para serem medidos, exceto teoricamente. Por outras palavras nós estaremos a fazer algo muito semelhante ao que um computador faz. Literalmente milhões de fatores são todos tomados em consideração, em menos de um segundo, embora cada um tenha que ser programado no esquema separadamente. Nesta fase, devemos estar a criar profundamente na nossa consciência os números inteiros de um computador, que são calculados para "imprimir" em alguma forma o "discurso de Deus".

Deve ser preciso um pouco de imaginação para elaborar formas interessantes de combinar Conceitos-Árvore na nossa consciência. Uma "Árvore Elétrica" poderia ser construída com luzes coloridas iluminando cada Esfera ligada a um teclado, de modo a que um único, combinado, ou qualquer coleção de Conceitos possa ser selecionada à vontade. Isso pode ser elaborado pelos Caminhos identificados por letras iluminadas e sendo mostrados por misturas de cores de ambas as Esferas. Relativamente ao áudio, a cada Conceito pode ser atribuído uma nota específica, enquanto o Caminhos serão harmonias, ou uma gravação feita para cada Caminho como o meu *Ofício da Sagrada Árvore da Vida*. Mais uma vez a gravação pode compreender um breve recital de Conceitos e Caminhos de cima para baixo da árvore, e então ser ouvida outra vez até que o esboço comece a ficar na memória. Algo como isto:

> Thotol A (ei) é Terra Viva,
> Thotol B é Um e Dois,
> Thotol C é Um e Três,
> Thotol D é Um e Seis,
> Thotol E (ii) é Ar Vivo,
> Thotol F é Dois e Três,

e assim por diante, até ao fim do alfabeto. Como alternativa a letra pode ser enfatizada no fim de uma linha da seguinte forma:

Thotol Terra de Vida faz A (ei)
Thotol Um e Dois faz B
Thotol Um e Três faz C
Thotol Um e Seis faz D
Thotol Ar da Vida faz E (ii)
Thotol Dois e Três faz F

e assim por diante até ao fim do alfabeto. Ao cantar ou recitar alfabetos, as vogais devem ser incluídas por uma questão de continuidade. Sobre a lista mais curta e mais rápida seria:

Terra é A (ei),
Um Dois B
Um Três C
Um Seis D
Ar é E (ii),
Dois Três F, e assim por diante até ao fim do alfabeto.

Qualquer dessas fórmulas servirá ou podem ser feitas outras facilmente para atender às necessidades individuais. Contanto que as conexões entre Conceitos e códigos de Caminho sejam claras e indicadas com precisão, que é o que realmente importa.

A prática dos "trabalhos de caminho" (Pathworking) é um exercício Thotol bastante antigo, favorecido muito pela Golden Dawn e escolas de pensamento derivadas. Em muitos casos, consistia numa sessão de meditação, durante a qual a consciência deveria ser totalmente confinada a um único Caminho entre duas esferas. Se a atenção vagueasse, tinham que ser feitos esforços para a recordar e dirigir ao longo das linhas escolhidas. Isso deu origem a uma boa prática de sintonizar a consciência com frequências específicas e mantê-la nessa direção sob vontade. Ela também ajudou a "Carregar os Caminhos", com unidades de consciência para a formação da reserva, a partir da qual os significados podem ser atraídos pelo uso futuro de códigos-Chave. Havia um outro ângulo importante raramente mencionado pelos praticantes. Este era a comunicação da mente por meio deste sistema através da "consciência comum" compartilhada por aqueles que pensavam nos seus termos de referência.

O que isto significa é que as mentes que habitualmente usam um código simbólico de consciência em comum, eventualmente comunicam umas com as outras ao longo daquelas linhas através do que Jung chamou o "inconsciente coletivo", ou talvez melhor "A Mente Universal". Seja o que for que esta possa ser, na realidade, é certamente algo a que todos temos acesso em níveis particulares. Parece ser estratificada, ou então "sensível à frequência" talvez seja um termo melhor, de tal modo que os tipos específicos de mentalidade têm as suas próprias áreas especiais de ação. Isto quer dizer que a nossa consciência comum não é uma massa conglomerada de impressões desconectadas dos demais humanos, mas um arranjo ordenado de consciência classificável em todos os tipos de categorias, tal como no caso de uma mente individual. Nós não somos coletivamente insanos, pelo menos não tanto quanto os cínicos possam ser tentados a questionar esta declaração. É claro, os seres humanos variam enormemente na capacidade de tocar e usar este incrível reservatório de consciência por trás dos nossos seres encarnados. Toda a gente tem algum grau limitado de capacidade, embora provavelmente muito poucos se estendam perto desses limites. Não há muitas pessoas que se apercebem que elas estão apenas a usar o equivalente a um consumo de consciência mínimo tal como um motor em marcha lenta, e que essa taxa poderia ser consideravelmente aumentada, fazendo uns poucos esforços necessários. Um desses esforços é o exercício dos trabalhos de caminho.

As chaves para fazer o contacto com a nossa consciência comum são mantidas em sistemas-Símbolo aplicados a níveis superficiais, onde eles penetram para fontes mais profundas de abastecimento e libertam longas cadeias de inteligência conectada. É por isso que eles foram chamados de "Chaves". Uma chave é um implemento empurrado para dentro de um mecanismo e operado de modo a que uma barreira seja aberta e obtido o acesso a alguma área desejada. Isto é exatamente o que um símbolo-Chave é suposto fazer, e é por isso que toda a Árvore da Vida consiste numa enorme coleção deles, proporcionando a entrada em câmaras internas, de consciência, que de outra forma estariam ocultas. Consideremos esta comparação. Um alfabeto comum é uma série de símbolos-Chave oferecendo aos seus usuários uma participação em toda a consciência acessível impressa ou escrita, acumulada por toda a humanidade desde que a alfabetização começou neste mundo. A mente comum hesita nas tentativas de compreender ou apreciar a incrível importância deste facto, o que é um dado adquirido tão casualmente por milhões de seres humanos que não pensam. Quando pensamos no quanto devemos a um pequeno conjunto de símbolos apenas, espanta-nos pouco que os alfabetos fossem tratados como sagrados nos tempos antigos. O falecido Aleister Crowley queixou-se com desdém sobre ser-lhe solenemente confiado o alfabeto hebraico como um segredo de Grau durante uma primeira iniciação. Se ele tivesse procurado a simbologia do ato, em vez de ficar ofendido pelo que parecia ser um insulto à sua inteligência, poderia ter aprendido muito mais. Não vale a pena tirar conclusões precipitadas durante as operações ocultas.

  Com o alfabeto Thotol estamos a usar os nossos símbolos comuns de literacia, mas especializando-os, de modo a que eles transmitam tons bastante mais recônditos do significado do que quando utilizados na sua forma normal. Um alfabeto pode ser empregue para soletrar qualquer linguagem fonética do mundo, contudo as palavras só seriam entendidas por aqueles capazes de pensar nessa linguagem. Na realidade estaremos a utilizar o nosso alfabeto para "pensar Thotolês", e uma vez que cada letra está ligada a valores espirituais específicos, pode-se dizer que estamos a tentar aprender a "Linguagem dos Deuses." Ele também nos deve colocar em contacto telepaticamente com outros seres humanos e ordens de Vida Interior, que compartilham o mesmo sistema-discurso nas profundezas da nossa consciência comum.

  Muitos autores ocultistas fizeram compridas listas de "atribuições" para os Caminhos consistindo em diferentes cores, perfumes e outros itens esotéricos que eles consideravam ser apropriados. Poucos são de muita ajuda, exceto talvez os Trunfos do Tarot contanto que o padrão correto seja aplicado. Até agora, a disposição mostrada em "A Árvore Falante" não foi nem seriamente desafiada nem substituída. *(Este trabalho enorme e muito detalhado sobre as atribuições do Tarot para os*

Caminhos da Árvore da Vida Kabbalística tem estado fora de catálogo desde há vários anos, e parece que o seu tamanho e atração para apenas o aluno mais sério deste assunto, fez com que ele ficasse fora de impressão. Veja a ilustração abaixo para as atribuições de William Gray dos Trunfos do Tarot para os Caminhos. - Jacobus G. Swart).

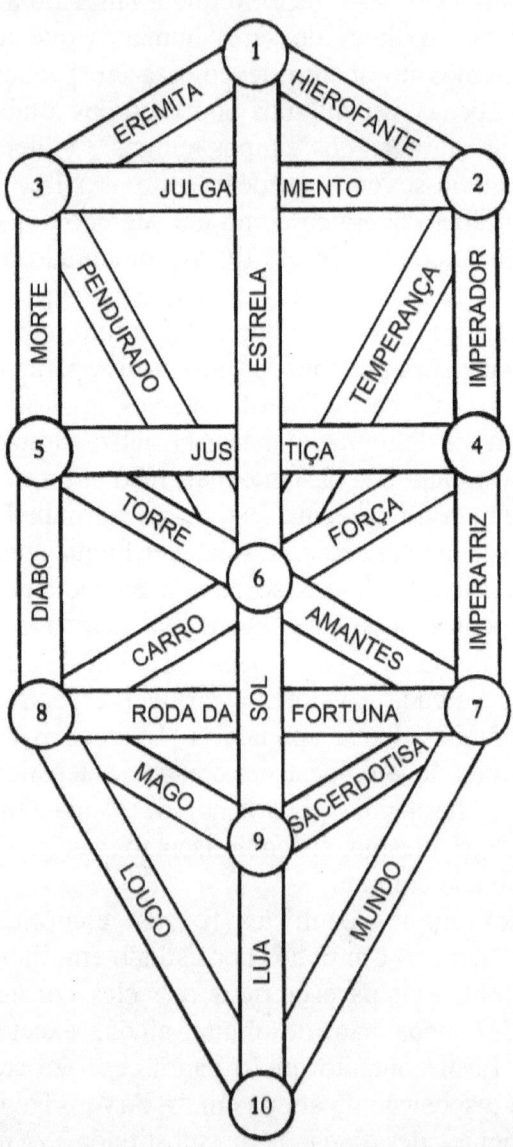

No final, há apenas uma maneira de alcançar os Caminhos. Ir a cada um de cada vez pessoalmente e experimentá-los. Observe e registe as experiências como elas chegam, em seguida, some cada uma olhando para as características dominantes. Isto em cada caso será qualquer que seja o fator desse Caminho que deixe uma marca máxima na consciência dos meditadores individuais. Isso, ou o seu símbolo, será o que eles precisam para os colocar em contacto com o Caminho de forma rápida e confiável. O objetivo final, é claro, é atingir este contacto por meio do símbolo-Letra, assim, dando mais um passo em busca de uma linguagem comum compartilhada por uma *intelligentsia* Interior.

Organizar experiências psicodramáticas para trabalhos de Caminho nem sempre é um projeto fácil. O *"Ofício da Sagrada Árvore da Vida"* foi compilado para esse efeito, mas ele restringe a prática a um rito religioso. Os requisitos básicos são bons símbolos audiovisuais indicando o Caminho a ser trabalhado em conexão com a sua letra-código. Outros sentidos são muito difíceis de manusear. O toque pode ser utilmente introduzido, por meio de um alfabeto sólido do tipo daqueles usados para ensinar crianças pequenas. Se a letra do Caminho é sentida e tocada durante o exercício, isto muitas vezes ajuda a reforçar a impressão que está a ser construída na mente. Perfumes adequados poderiam ser escolhidos para cada Caminho inequivocamente, eles iriam ser valiosos. Possivelmente, as mais práticas seriam as misturas de ambos os aromas das Esferas envolvidas, assim como as cores. As combinações gustativas poderiam ser um assunto fascinante para experiência. Como regra geral, algum incenso genérico, não muito fortemente presente, é um fundo bastante bom para a maioria dos propósitos em trabalhos de Caminho. O fator realmente importante de todo o processo é confinar a consciência inteiramente dentro dos limites de qualquer Caminho que está a ser trabalhado. Todos os símbolos a serem empregues só devem estar presentes para atuar como lembretes constantes para este efeito.

Nós só podemos estar conscientes de um Caminho, se estivermos constantemente conscientes dos Conceitos entre os quais ele está. Isto significa que, durante a totalidade do exercício, ambos os Conceitos devem medir os limites da consciência entre eles. Podemos começar a pensar num e depois no outro, mas no final, eles têm que formar os Pilares do lado direito e esquerdo do nosso progresso. Isso poderia ser ritualizado, literalmente colocando uma representação de cada Conceito em Pilares Físicos do Templo e localizar a letra-Caminho entre eles. Com isto, ou algum arranjo similar, um bom exercício de começo pode ser trabalhado, algo como isto:

Primeiro chamar mentalmente uma condição do Conceito principal e mantê-lo momentaneamente. Depois projete-o para a esquerda à volta da sala, e assim que ele atingir a meia marca oposta, sinta-o mudar a condição à medida que ele retorna pela direita, como o Conceito de conclusão. Sincronize a respiração, e inale durante um Conceito depois expire igualmente com o outro. Seja consciente da consoante-código iluminada em algum lugar acima do centro. Se possível imagine a Figura Telésmica do Caminho estacionada em frente e a governar a passagem. Mantenha-a indo a uma velocidade crescente até atingir um máximo, mas tenha muito cuidado para não hiperventilar. Enquanto mantém a respiração constante, imagine cada respiração cobrindo mais e mais ciclos. No início, um ciclo por sopro, depois dois, depois quatro, e assim por diante. Eventualmente conceba os ciclos de modo tão rápido, que não possam ser contados por nenhuma consciência normal, mas perceba que eles estão a produzir uma "plataforma de poder" que fornece a energia para animar as experiências Interiores peculiares a esse Caminho. No final do exercício inverta firmemente o procedimento para que o círculo seja retardado até que os Conceitos voltem ao descanso novamente. Se a Imagem Telésmica é utilizada, faça-lhe sempre algum reconhecimento cortês como se fosse ativada por uma entidade Interna real, e que o será, eventualmente.

Variações deste exercício podem ser bastante interessantes. A antiga prática da imagem espelho também é divertida. É melhor fazer um conjunto de cartas-letra para isso. Elas não necessitam de ser maiores do que as normais cartas de jogar. Em cada uma, figura a consoante mostrada centralmente, e os Conceitos indicados por números das formas mais simples e eficazes. Também será necessário um conjunto de vinte e dois discos ou cartas coloridas em cada lado como um Conceito dos Caminhos com símbolos apropriados. Qualquer escrita ou figuração sobre estas, terão que estar escritas em espelho. O próprio espelho deve refletir a cabeça e os ombros a dois ou três pés de distância, ou então uma imagem mais próxima e mais nítida pode ser obtida por meio de um espelho convexo de condução.

Para começar o exercício, instale o espelho com luzes ao lado de modo a que seja obtida uma boa imagem. Esta iluminação pode ser colorida para se adaptar com os Conceitos-fim concernidos. A carta-letra é colocada logo acima do espelho centralmente contra um pano de fundo de uma cor relacionada com o significado do Caminho. Como um ultra refinamento, uma simples fita em torno da cabeça pode ser usada com um espelho plano circular ajustável na testa. Este é fixo de modo a que reflita a carta-letra para ser legível na imagem-espelho onde é claro irá aparecer da forma correta. Selecione a carta-Conceito do Caminho a ser trabalhada e segure-a sobre a borda ao nível do peito para o espelho. Quando tudo estiver pronto e o operador num estado correto de mente, comece com a assunção de que a pessoa vista no espelho é na realidade um proponente do Caminho semelhante a Deus que irá falar e dirigir toda a ação. Em outras palavras, o "você no espelho" é a personalidade-Terra do operador, e o "você que fala" é o seu ou sua "Eu Superior", Sagrado Anjo Guardião, ou como quer que alguém goste de designar o seu ou a sua identidade interior. "Personificar um Deus" é uma prática mística muito antiga, calculada para pôr as pessoas em contacto com os seus princípios imortais. Quando esta disposição de consciência foi devidamente atingida, comece a falar e a pensar algo segundo estas linhas:

"Ouça, fulano de tal, eu vou mostrar-lhe o Caminho tal e tal da Árvore Sagrada. Agora vou começar por lhe enviar uma das suas Esferas. Quero que você a capte, que a absorva, a mude para a outra e a envie de volta. Eu devo devolvê-la a si de novo, e assim o jogo continua por algum tempo. Então, seja qual for a que você me envie eu vou mudá-la e devolver-lha. Apanhe isto, pense, e então altere-a para a outra. Isto é chamado a prática "carta-Caminho", onde você vai aprender uma única letra da língua de Deus, de modo a manter isso em mente à medida que avançamos. Agora prepare-se, porque eu vou começar."

Depois disto, proceda exatamente como delineado. Com cada "lanço", volte o disco apropriadamente de modo a que a imagem-espelho responda às instruções. Mais tarde os papéis podem ser revertidos e o operador em *propria persona* irá responder ao que quer que a "Imagem de Deus" no espelho mostre. O ponto importante é sentir o estado-Esfera tão completamente quanto possível, depois trabalhar a passagem correta para o Caminho e experiência da outra Esfera no mesmo grau. Isto deve ser ritmicamente feito, e um metrónomo ou batida musical pode ser muito útil para guiar a ação que aumenta em velocidade à medida que a mestria é ganha.

Todos os tipos de variações podem ser feitos sobre este tema. Contudo, pode ser preparado outro conjunto de cartas, desta vez com apenas uma letra-Caminho, e só uma cor-Conceito em cada uma. Estas devem ser baralhadas aleatoriamente. À medida que cada aparece, a cor complementar é fortemente imaginada. Isto é, na verdade, um exercício importante, porque move o foco da consciência em torno da Árvore das formas que ela teria que seguir se as palavras fossem sendo soletradas. Pequenos conjuntos de bolso destas cartas podem ser feitos para ocupar momentos ociosos. O objetivo é atingir uma resposta condicionada com cada consoante, de modo a que automaticamente cause um estímulo-Esfera na mente desencadeado pelo que produz o caminho entre eles. Uma vez que nós só queremos que esta reação ocorra quando se lida com o alfabeto da Árvore da Vida, e certamente não quando a ler jornais diários ou literatura corrente, a palavra-chave "Thotol" deve ser pensada pelo menos no início do exercício.

Os hipnotistas, desde há muito que estão familiarizados com os princípios desta técnica que alguns chamam "Libertação pós-hipnótica." A ideia é fechar um item instruído ou outro de consciência num "Compartimento" da mente subconsciente, onde ele vai ficar inativo, mas potente, até ser libertado por um sinal sonoro ou visual aceitável para o sujeito hipnotizado. Por essa razão a chave de liberação tem que ser algo muito improvável de ser encontrada, exceto sob circunstâncias ou condições que precisem do seu emprego imediato. Aqui estamos a usar a palavra "Thotol" de forma semelhante para mudar a nossa consciência de um alfabeto comum para a consciência dele, como um meio de comunicação com seres mais elevados do que os humanos que têm o seu equivalente nos seus estados normais de existência. É assim que uma "palavra mágica" trabalha. Ela não altera nada por si mesma. O que altera é a consciência que lida com ela. Quando um hipnotizador entrega a um sujeito um lápis e lhe diz que é um martelo pesado, esse lápis simboliza impressões sensoriais de um pesado martelo que o sujeito aceita na sua mente em detrimento do que aquilo que os seus dedos, olhos e senso comum lhe estão a dizer. Estes dizem ao seu cérebro com bastante clareza: "Isto não é senão um lápis comum", mas a sua mente rejeita isso e sobrepõe-se ao cérebro em favor de um martelo que é o que ele quer acreditar, de modo que é nisso em que a sua consciência se torna interessada.

Algo semelhante está a acontecer aqui através do que poderia ser descrito como auto-hipnose. Os nossos cérebros são visualmente ou auditivamente estimulados para reconhecer as letras familiares de um alfabeto que consideramos comum. Por causa de todo o condicionamento das nossas mentes que foi voluntariamente passado em relação a essas mesmas letras, assim que a nossa atenção foi desencadeada pela palavra "Thotol", vemo-las como símbolos que representam as unidades básicas de discurso espiritual. Thotol é uma palavra para "ligar". Agora também vamos precisar de uma palavra para "desligar", que vai enviar o Thotolês de volta para o nosso subconsciente até que precisemos dele novamente. Isto vai-nos permitir usar a linguagem dos seres humanos literatos para fins diários. Para isso, iremos ter que cunhar alguma outra palavra incomum, e uma sugestão prática é simplesmente reverter Thotol, em "LOTOHT," pronunciado em inglês algo como "Low-Toht". Vagamente reminiscente de "Lot-out," ou "Tudo para longe." Uma palavra-chave que não é um mau banimento.

É aconselhável começar a usar a fórmula Ligar / Desligar logo desde o início dos exercícios no início e no final de cada sessão Thotol. Isto porque nós precisamos de manter a consciência Thotolizada como um fluxo claro, não confundido com a consciência normal. Pessoas que misturam "mensagens Internas" com o pensamento comum, são suscetíveis de se tornarem mentalmente desequilibradas se um conjunto de valores for confundido com o outro. O nosso interruptor verbal Ligar / Desligar não apaga uma única impressão em níveis subconscientes. O sistema Thotol estará a trabalhar com segurança lá longe todo o tempo, comunicando interiormente com os que falam a sua linguagem e aguardando a sua ligação com a consciência focal através das suas palavras-Chave. Num sentido isto não é diferente de criar um dispositivo de telefone electrónico de atendimento ou um gravador "controlado por voz". Uma vez que o sistema está a funcionar de forma eficaz todas as "mensagens recebidas" serão automaticamente gravadas para posterior reprodução. Interpretá-las correctamente entretanto, não é tão simples assim.

    Então a única coisa a fazer, nesta fase de estudo, é trabalhar primeiro no alfabeto até que a familiaridade e o uso permitam rápida identificação e carregamento de cada símbolo-letra. Aqui as letras sólidas podem ser uma ajuda considerável. Misture-as num saco ou caixa, e escolher uma de cada vez, sem olhar. No escuro, sob uma mesa, ou no bolso serve. Identificar cada uma pelo toque apenas, e mentalmente chamar os Conceitos, cores, símbolos, ou qualquer coisa associada com esse Caminho. Estes não devem ser simplesmente vistos ou ouvidos mentalmente, mas convocados como uma experiência real da alma pela mais breve fração de segundo. Isto é muito importante. Estas letras internas não são apenas para olhar, mas são para *viver com*. Elas são, afinal, as letras da Árvore da Vida, e até que sejam vivificadas pela vontade e consciência de quem as está a criar, elas não vão falar nada senão uma língua morta. Toda a gente tem que trazer o seu próprio alfabeto Thotol para a vida através da consciência criativa. As letras por si só são mortas, mas o Espírito a falar através delas é essencialmente *vivo*. Isso faz toda a diferença.

    Suponha, por exemplo, que estamos a abordar o Caminho simbolizado pela letra **L**. Aqui devemos tratar essa letra apenas como indicando um estado espiritual real de equilíbrio entre os Princípios da Misericórdia e Severidade. Um senso de Justiça é absolutamente essencial para seguir neste Caminho, daí a pertinência do símbolo do Tarot. A menos que uma condição de consciência de acordo com este e todos os outros significados possa ser conjurada e considerada um facto da Vida Interior, a letra não está a ser "trazida à vida" corretamente. Portanto não se pode esperar que faça muito sentido na alma do seu utilizador.

Embora todos devessem experimentar cada Caminho por si, e manter algum tipo de registo relativo ao que eles encontram sobre o mesmo, pode haver algum valor em fazer estimativas aproximadas do que qualquer um poderia esperar em conexão com os diferentes caminhos. Deve ser óbvio o suficiente que se um guerreiro severamente feroz apareceu no Caminho Thotol **M**, algo estaria errado, e o exercício deve ser reexaminado em busca da falha. É sempre bom construir um quadro para avaliação com o qual trabalhar. Isso não significa que qualquer coisa que não caiba nesse quadro deva estar necessariamente errada. O quadro em si poderia ser inadequado e precisar de ajuste. O que quer que se pareça com um desajuste deve ser examinado para descobrir o porquê, e se possível direcionado para o Caminho onde devia estar. Este era o significado do "banimento Mágico", que não significa mera demissão, mas o mais importante, realocar itens de consciência nos seus devidos lugares. O guerreiro feroz provavelmente deve dizer respeito ao Caminho **P**, mas poderia ter aparecido no **Q**, ou muito menos provável nos Caminhos **X** ou **Th** dependendo do contexto. Muito, dependeria de quem ou o quê, fosse suposto ele estar a lutar a favor ou contra. Portanto, nós podíamos também passar rapidamente através dos Caminhos recebendo ideias gerais do que deveriam transmitir à nossa consciência. Isso não é mais do que a verificação de um mapa antes de fazer uma viagem por território estrangeiro. O mapa fornece informações sobre rotas, características geográficas e assim por diante, mas não pode dizer como o tempo vai estar e o que vai acontecer ao viajante. Estes irão ter que ser descobertos por experiência, contudo o conhecimento do mapa deve contribuir para o êxito da excursão.

F. Procurando Objetivos Definidos

Quando o reconhecimento rápido por meio das letras-Caminho da Árvore é alcançado, os Trabalhos de Caminho tornam-se muito mais práticos. Um bom teste é feito com as letras sólidas soltas. Selecione-as aleatoriamente de uma caixa, saco, ou do bolso sem olhar. Apenas pelo toque elas devem evocar todos os atributos principais dos seus Caminhos. Cor, nomes de Deus das Esferas, e cada ponto saliente de ambos os conceitos devem vir claramente à mente. Quando isto acontece de forma consistente, irá significar que os caminhos estão de facto a estabelecer-se adequadamente no subconsciente. Os utilizadores do Tarot podem encontrar como primeira imagem por trás da carta, o Trunfo desse Caminho, que é um símbolo inteiramente válido uma vez que faz com que as Esferas e os seus detalhes também apareçam nitidamente.

Nos Trabalhos de Caminho o próprio Caminho é primeiro invocado por qualquer ou todos os meios considerados anteriormente. Outros métodos devem também ser estimulados a produzir resultados equivalentes. Assim que o Caminho está claramente na mente, há vários procedimentos possíveis. Pode-se permitir que os Conceitos-Esfera se aproximem das margens direita e esquerda do espaço interior onde eles são mantidos semissubjectivos, para controlar as forças livres de consciência entre as que o operador está a lidar. Aqui, eles podem ser visualizados como formando uma espécie de anel grande em torno do perímetro da consciência, enquanto a atenção está focada no espaço vazio dentro. Por exemplo, com o Caminho **L** um meio círculo azul à direita seria compensado por um meio círculo vermelho do lado esquerdo, fazendo um fundo púrpura contra o qual as imagens mentais poderiam ser recebidas ou projetadas. Este fundo pode ser transformado num cenário adequado para o Caminho, do qual os acontecimentos devem começar a aparecer e a ação começar.

Alternativamente uma viagem pode ser imaginativamente feita a partir de uma esfera para outra ao longo de um Caminho conector. Primeiro, terá que decidir em que Esfera começar. Crie a condição dessa Esfera conscientemente em torno de si mesmo, experimente-a, então, seja consciente do chamamento da outra Esfera à distância de um Caminho. Viaje em direção a ela mentalmente, buscando aventuras no caminho. Estas devem mudar de carácter à medida que o progresso é feito, primeiro de acordo com a Esfera de partida, depois, sendo simbolizando ambos, no meio onde o som da consoante do Caminho é mais claro, finalmente alterando em carácter com a Esfera de destino à medida que esta é alcançada, e a consoante desaparece como um murmúrio distante. As Esferas podem ser consideradas como dois países diferentes, com o Caminho como uma fronteira de estrada entre eles e um posto, exigindo passaportes e controlos de identidade, ou algum procedimento semelhante para a admissão. Se isto é realizado ritualmente, os estímulos sonoros e visuais ou outros terão que fazer a mudança também. Muitos efeitos musicais interessantes poderiam ser planeados para garantir que este é um exercício fascinante.

Depois, há a ideia-Busca. Deve ser pensado um objetivo definido, o qual é suscetível de ser encontrado em algum Caminho particular. Então, o Caminho é inserido imaginativamente e o objetivo-Busca procurado. Ele não precisa, necessariamente, ser encontrado, porque as próprias aventuras de busca são o verdadeiro propósito deste exercício, uma vez que a consciência é intencionalmente projetada através do Espaço Interior em busca de um propósito. Seguindo esta ideia pensamento, uma prática antiga útil era o questionamento de cada figura inesperada que aparecia no Caminho, algo como nos antigos rituais de iniciação. O que quer que aparecesse como entrando no campo de consciência por si próprio sem ser intencionalmente convocado, tinha que ser parado, desafiado, e obrigado a dar alguma explicação de si mesmo. Era-lhe perguntado sobre quem ou o que era, porque é que ele estava lá, onde é que ele estava a ir, e outros pontos pertinentes. Em particular, era perguntada a sua conexão e função com esse caminho particular. Se as respostas não fossem satisfatórias, então a figura tinha que ser banida no sentido mágico, rejeitando-a para onde quer que a pessoa a trabalhar esse Caminho sentisse que ela pertencia corretamente. Desta forma, uma valiosa associação era feita, e mais importante, a consciência estava a ser posta sob o controlo cada vez maior do praticante.

Alguns trabalhadores descobriram que uma maneira razoavelmente rápida de entrar num caminho era simplesmente imaginar uma porta à frente deles com o nome do Caminho e alguns detalhes pintados sobre ele. Os seus postes, lintel e limiar tinham as cores ou as características das duas Esferas em questão. As batidas corretas para as Esferas e Caminho tinham que ser feitas na porta, que então se abria. Para ajudar a imprimir esta ação na mente, uma porta real era marcada de alguma forma facilmente removida e atravessada ritualmente talvez apenas uma vez para cada Caminho da Árvore. Depois disso, a ideia de entrar em cada caminho pelo seu próprio portal, devia ser impulsionada profundamente o suficiente no subconsciente, para fazer a recuperação da memória prática para todo o uso futuro. Os trabalhadores com uma predileção por procedimentos arcanos compuseram senhas e contrassenhas para cada Caminho, algo semelhante a entrar numa loja. Até certo ponto isso ajudou a estabelecer uma via de reconhecimento.

Assim que uma técnica adequada tenha sido adotada para entrar num Caminho, é bom ter algumas ideias antecipadas sobre o que esperar nele. Não há uma grande quantidade de benefício a ser obtido em olhar as listas que os trabalhadores anteriores encontraram na forma de plantas, animais, pedras, signos do Zodíaco e assim por diante, porque esta não é mais do que a maneira pela qual a sua consciência individual interpretou as influências que eles sentiram sobre aquele caminho no seu tempo. O fator decisivo na determinação dos fenómenos do Caminho é a sua relação motivacional com o propósito espiritual prevalecente do próprio Caminho. Isso significa que é apropriado para a natureza de um determinado Caminho, ou não? Se sim, então ele pertence, se não, então ele deve ser enviado para outro lugar. Esta é a essência de todo o exercício. Por isso, vamos obter algumas ideias do que os 22 Caminhos podem provavelmente apresentar em termos gerais.

Os quatro primeiros Caminhos da Árvore, **B C D F**, conectam-se com os Conceitos Supernos acima do Abismo. Eles estão relacionados com a consciência pura em três correntes distintas. Se nós considerarmos a consciência como um espectro de energia, **B** seria a extremidade superior, **C** a parte inferior, **D** o centro, e **F** como uma ligação entre a parte superior e inferior. Eles são, por vezes, codificados com cores, sendo o **B**, prateado para o lado de Pilar branco da Árvore, **C** sendo bronze para o Pilar preto, e **D** é de ouro para o Pilar do meio. **F** é metade de prata, metade de bronze. As próprias Esferas são mostradas como 1 sendo branco brilhante, 2 cinzento claro, e 3 cinzento muito escuro. É um erro mostrar 3 como preto. O preto só surge na parte inferior da Árvore como a tonalidade inverno em 10, onde equilibra muito bem o brilho de 1. As cores reais da Árvore começam por baixo do Abismo, onde a prata se torna azul, o bronze vermelho e o dourado amarelo.

É um bom plano, se possível, tentar e fazer Conceitos acima do Abismo relativamente fora das limitações da história humana. Isso quer dizer que os figurinos, os acessórios e os efeitos cénicos devem ser tão atemporais e "de outro mundo", quanto se possa imaginar. Quanto mais baixo na Árvore ficamos, mais contemporâneos nos podemos tornar. Os círculos Cósmicos de Tempo, Espaço e Eventos começam com as Supernais, e ligam com os Princípios Divinos da Omnipresença, Omnisciência e Omnipotência. Embora estes se devam naturalmente aplicar a todos os Caminhos da Árvore, eles são geralmente tomados como sendo simbolizados pela Cosmo-Omnisciência-Espaço associando-se com o lado do Pilar Branco da Árvore, Cosmo-Omnipresente-Tempo pertencendo ao lado do Pilar Negro, e Cosmo-Omnipotência-Eventos que está ligada com o Pilar Médio. Os fenómenos de perceção dos Caminhos podem muito razoavelmente ser classificados sob os cabeçalhos de Pessoas, Lugares e Coisas. Também a pessoa que está a trabalhar o Caminho não se deve esquecer da sua própria adaptação ao Caminho na forma de aparência e comportamento. Estes têm de estar em conformidade com os acontecimentos do Caminho também. Assim, tendo todos estes pontos em mente, vamos dar uma primeira vista de olhos em:

Thotol B

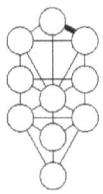

Este é o movimento original do Espírito para a Matéria, pelo caminho da Sabedoria. Não a sabedoria como o resultado da experiência e da aprendizagem, mas a capacidade de Sabedoria como um potencial de poder-Vida inerente nas almas individuais. É a Sabedoria já dentro de nós à espera de realização através da evolução. Para nós humanos, é a nossa Sabedoria herdada do lado masculino da nossa genética, que naturalmente varia de uma encarnação para outra. Poucos humanos chegam perto de realizar a sua cota de Sabedoria, que veio com eles no momento do nascimento neste mundo. A parábola dos talentos não utilizados aplica-se certamente aqui. A verdadeira Sabedoria é ganha, não aprendida, e a sua essência é algo que levamos pelos portões do nascimento e da morte igualmente. Este é o Caminho onde devemos chegar a um acordo com a Sabedoria Interior com que nascemos, e que deve enriquecer pelas nossas experiências de cada encarnação. Portanto, as nossas impressões imaginárias audiovisuais são mais suscetíveis de ser:

PESSOAS: Figuras do Pai e Arquétipos do tipo Omnisciente. Seres mais velhos e superiores de uma ordem muito alta. Não simples instrutores, mas *transmissores* reais de Sabedoria por contacto de consciência apenas. Alguns destes Seres não aparecem necessariamente tanto como anciãos como quanto sem idade, tendo uma autoridade absoluta inquestionável. Eles só podem ser abordados com respeito e reverência, no verdadeiro sentido do termo. A sua finalidade unida seria para despertar e incentivar a capacidade de Sabedoria no viajante do Caminho, de modo que ele seja inspirado para buscar a Perfeição na cúpula da Árvore-Vida.

LUGARES: Muito provavelmente vistas magníficas em grandes escalas como topos de montanhas, bem iluminadas e bastante claras. O símbolo fálico do pico de uma montanha pode ser percebido. Aí poderia haver um Templo, com nove pilares, devido a este 10 - 1 na Árvore descendente. Ou podem ser vistos dois monólitos verticais com um lintel sobre eles, porque este é o Caminho 1 + 2. Há sempre uma sensação de altitude aqui. Outra impressão é às vezes um mosteiro ou retiro de montanha de "Mestres dos Mistérios", onde a Sabedoria Antiga está protegida contra profanação mundana, e passada de uma geração de iniciado para outra. As muralhas mais altas do Castelo do Grail seriam apropriadas aqui. Uma característica ímpar deste Caminho é que o viajante nunca parece estar sozinho, contudo raramente vê o seu companheiro imediato que ele sente como estando um pouco atrás ou acima dele.

COISAS: Raramente é aconselhável sobrecarregar os Caminhos Supernos em particular com uma pletora de artigos atribuídos. É melhor deixar que estes façam a sua própria aparição, e depois questionar a sua pertinência. Pergaminhos de Sabedoria certamente são apropriados aqui, um tipo comum é o Rolo da Lei apresentado como um único rolo por causa do simbolismo fálico. A Lança do Santo Grail também é válida pela mesma razão. Assim também o é a Tocha da Sabedoria iluminando passagens duvidosas da Vida. Há uma possibilidade de que o trabalhador do Caminho possa ter a sensação de estar sentado como um Hierofante encarregado de mediar a Sabedoria de Deus para as mentes dos homens, ou esta ideia pode ser visualizada de qualquer outra forma. Muitos símbolos associados com o Espírito puro e o Princípio da Sabedoria são prováveis aqui.

Thotol C

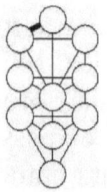

Este é o caminho que liga o Eu Superior com o caminho para a Vida através do Princípio do Entendimento. Aqui nós temos uma herança do lado feminino da nossa genética permitindo-nos compreender sobre o que é a Vida, não tanto por aprender qualquer coisa, mas por ser capaz de apreciar o significado inerente das coisas, devido a uma resposta automática das nossas profundezas Interiores que correspondem a este nível da Árvore. Por conseguinte, a influência aqui é maternal. No Thotol B tivemos Deus-o-Pai, e aqui temos Deus-a-Mãe para combinar. Dela nós herdamos todas as nossas habilidades intuitivo-instintivas que são tão vitais para a Vida em todos os níveis. Nós entendemos coisas, principalmente porque os seus princípios estão já em nós a partir da experiência adquirida em encarnações anteriores, mais o que os nossos antepassados deram aos nossos genes. O entendimento é algo que temos que desenterrar a partir da matriz das nossas próprias naturezas. Para classificar alguns encontros esperados neste Caminho:

PESSOAS: Imagens-Mãe de todos os tipos. Idosos simpáticos e compreensivos, é mais provável serem do sexo feminino do que do sexo masculino. A Sofia ideal. Atena e a sua coruja. As pessoas neste Caminho podem parecer um pouco sérias, e aqui não há muita probabilidade de dar gargalhadas. Podem ser mais sorrisos tranquilos. Pode haver uma nota sombria aqui e ali à medida que são dados avisos ou feitas advertências, mas nunca qualquer tristeza ou dor opressiva. Apenas silêncio pensativo e "prenhe".

LUGARES: Frequentemente fundos noturnos ou

sombreados. Iluminação suave, tranquila e ambientes dignos. Pode ser uma praia com um mar muito calmo, ou simplesmente o oceano sozinho. Condições do ventre simbolizadas aqui. Uma câmara confortável com cadeiras almofadadas muito suaves e um tapete de espessura profunda. Nada apressado ou a correr, tudo muito organizado e controlado. Ambientes sugestivos de atemporalidade. A ermida, em condições abrigadas não é incomum. Às vezes aparecerão, piscinas de água escura refletindo um ponto de luz, ou poços profundos com uma estrela refletida nele. Pedras planas polidas, geralmente em cinzento profundo. Ocasionalmente, um Templo-caverna. A noite de vigília da capela do Grail.

COISAS: Símbolos do útero de todos os tipos. A Taça do Santo Grail. O Caldeirão da inspiração. Lâmpadas do santuário. Os seios femininos e emblemas dos mesmos. Uma arca como um peito para conter o Rolo fálico da lei do Thotl B. Um íbis ou garça é às vezes aqui visto em pé na água, porque sugere contemplação, enquanto espera pacientemente para apanhar um peixe. Isto simboliza encontrar comida do oceano do pensamento. Assim, uma imagem de um Pescador poderia pertencer a este Caminho. Nenhum Caminho é exclusivamente masculino ou feminino, é simplesmente uma questão de relação proporcional entre os sexos. Aqui, o feminino predomina. O símbolo do Eremita por exemplo pode ser de qualquer um dos sexos. Há muitas vezes uma sensação neste Caminho de ser envolto num manto pesado com capuz, tal como os eremitas têm a reputação de usar. Isto é obviamente uma referência ao útero.

Thotol D

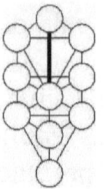

Este é o Caminho médio Dourado da Vida, que mergulha passando o estado Supernal de pura consciência através do Abismo, e emerge numa condição de Energia Expressiva simbolizada como poder Solar manifestando-se no nosso universo. O Eu Superior liga-se com os núcleos mais Íntimos em torno dos quais construímos os nossos seres microcósmicos. O Espírito fala a Palavra que nós reconhecemos como o nosso Logos Solar. Aqui, com Deus-a-Criança, nós tornamo-nos os Filhos da Criação, relacionando-nos diretamente com os nossos Pais Originais como filhos dos Deuses no mais verdadeiro sentido do termo. Este Caminho atravessa o Abismo pela Porta da Vida Eterna, e aqui temos que reconhecer que cada alma é de facto uma Estrela, e que todos os eventos que experimentamos na Vida nos devem ajudar a trazer as nossas Identidades Imortais para mais perto da consciência. Aqui nós esperaríamos encontrar:

PESSOAS: Seres radiantemente belos cheios de energia e Vida. Eles são demasiado brilhantes para nós os identificarmos, mas de alguma forma nós sabemos que eles são Figuras-Avatares passando para dentro e fora da encarnação em prol da salvação humana. Podemos encontrar seres humanos de aparência transcendente irradiando um tipo de felicidade harmoniosa desconhecida na terra, e tão intensa que pode ser bastante insuportável para os comuns mortais materialistas. Aqui, as pessoas aparecem como elas são, na sua maior forma espiritual mais próxima da absorção no Absoluto. Podemos estar cientes de uma

	estranha tristeza agridoce, devida à comparação entre o estado deles e o nosso.
LUGARES:	Realmente não há padrões terrenos de comparação para descrever as situações neste Caminho. Eles podem ser comparados aos ambientes mais maravilhosos imagináveis para o trabalhador do Caminho e depois extrapolados a partir daqueles. Toda a ideia humana do "Céu" aplica-se aqui. Há um brilho e intensidade aqui, que só pode ser chamado uma condição de perfeição prístina. Se algo fosse mais perfeito não poderia existir de todo. Uma espécie de *ne plus ultra* para a humanidade um pouco menos do que entrar na Divindade.
COISAS:	Quase tudo o que está associado com bem-estar totalmente harmonioso e perfeitamente equilibrado. Instrumentos musicais capazes das sonoridades mais sublimes e magníficas imagináveis. Símbolos solares de conexão com um Cosmos de Estrelas. Nós temos que nos lembrar aqui da conexão com Apolo e a sua associação com a medicina e a música. Uma vez que nenhuma doença pode atravessar o Abismo todos os processos de cura devem ser mantidos no fim Solar do Caminho. De um ponto de vista puramente moderno as naves espaciais podem ser aqui consideradas, porque é onde o nosso sistema Solar termina e alcança as galáxias em busca de Vida em outros planetas. Aqui esperamos fazer contacto consciente não só com outros do nosso tipo em outros lugares no Espaço, mas também alcançar a consciência de espécies muito mais avançadas de Vida do que a nossa que nos vão ajudar a evoluir para a Identidade Infinita.

Thotol F

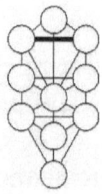

Este Caminho liga os Conceitos de Sabedoria e Entendimento juntos nos níveis Supernais da Vida, por isso está relacionado com um fluxo de consciência pura a que chamamos Julgamento. Esta faculdade de avaliar com precisão, estimar e nos ajustar a qualquer circunstância ou condição do Cosmos é quase a nossa mais elevada capacidade, e as nossas vidas estão constantemente a depender dela. Sem ela, nós não devemos sobreviver por muito tempo neste lado do Abismo. Aqui estão misturados os lados racional e intuitivo das nossas naturezas, para que juntos nos guiem através de cada Caminho da Árvore da Vida. Nem a Sabedoria do lado paternal, nem a Compreensão do lado materno da nossa natureza seriam suficientes por si só para esta tarefa enorme. Combinados e concentrados numa capacidade única consciente de Julgamento, aqueles que percorrem o seu caminho Interior podem viajar de um extremo da Criação ao outro. Este é o Caminho onde temos de adquirir essa faculdade, e onde é provável que a encontremos:

PESSOAS: Figuras mistas masculinas e femininas de grande capacidade, perspicácia, e dotadas de excecional precisão para resumir situações em todos os níveis da Vida. Elas são capazes de dirigir a consciência para que tudo seja avaliado corretamente de acordo com o seu próprio lugar no Cosmos, e, portanto, tratados exatamente como deveriam ser relativamente ao resto das suas conexões com a Criação. Esses seres estão muito acima de qualquer possibilidade de enviesamento ou erro. Eles lidam com cada decisão inteiramente com base nos méritos intrínsecos de todos os fatores envolvidos. Este é o lugar onde nós temos que tomar aquelas decisões profundas que, uma vez feitas irão alterar toda a nossa vida, e estes são os *Inners*[23] que nos vão ajudar a alcançá-los corretamente.

LUGARES: Salas de julgamento. Qualquer cena em que a deliberação calma é possível, e talvez a discussão para decidir sobre o resultado de questões vitais. Tribunais presididos por sábios e compreensivos juízes. Salas de conferências. Câmaras de consultoria. Capítulo do Concílio do Castelo do Grail. Ao ar livre, em qualquer ambiente favorável para promover o objetivo deste Caminho. Possivelmente um jardim agradável, ou paisagens impressionantes com vistas para o mar e montanhas.

COISAS: Qualquer coisa calculada para ajudar as faculdades de julgamento. Normalmente combinações de símbolos masculino-feminino. Por exemplo, a caneta fálica e o tinteiro feminino. O selo masculino a ser impresso em pergaminho virgem. As balanças do Julgamento com os pratos a segurar o homem e a mulher ou outros símbolos sexuais. Tudo aqui tem que sugerir combinações de consciência entre os sexos, resultando em cursos de ação e procedimentos corretos. Igualdade sexual espiritual é a nota chave essencial deste Caminho.

---

[23] William Gray refere-se às "Inteligências Espírito" que estão em contacto direto connosco a um nível pessoal como "Inners". Pode se aplicar igualmente a expressão "Inteligência Interior", ou "Inteligências Espírito". (N.T.)

Thotol G

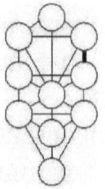

Este Caminho atravessa o Abismo pela Porta do Nascimento. Aqui nós entramos na existência estendida entre a Sabedoria e a Misericórdia através do processo do nascimento. É interessante notar que a Sabedoria deve governar a Misericórdia para prevenir que esta qualidade se torne uma mera permissividade excessiva. Temos que aprender aqui que a Misericórdia e a Sabedoria devem ser utilizadas conjuntamente. A menos que o amor e a compaixão sejam controlados pela Sabedoria, eles podem ter resultados fatais, como tantos humanos descobriram às suas custas. Por outro lado, a Sabedoria sem Misericórdia pode impor uma terrível ameaça à Vida. Teoricamente deveríamos entrar na vida encarnada, porque atingimos suficiente Sabedoria para reconhecer o valor do verdadeiro Amor. Almas sábias no lado Supernal do Abismo devem ser atraídas por almas dedicadas deste lado, e assim entrar no nascimento por meios conjugais. Sabemos que isso pode feito muito raramente de facto, mas nós ainda estamos à procura dos Caminhos da Perfeição, e este é um onde devemos aprender a como combinar a Sabedoria e o Amor, a fim de tornar mais próxima a identificação com a Intenção Divina que nos anima. Neste caminho podemos encontrar:

PESSOAS: Bons governadores e governantes justos. Isto é o que o Imperador do Tarot aqui significa. Tais figuras são símbolos que nos mostram o que nós mesmos devemos ser nos Caminhos. O autogoverno é vital antes de tentarmos qualquer envolvimento na vida de outras pessoas. Aqui devemos aprender a governar os nossos "Impérios invisíveis" e controlar a nossa consciência tal como um governante poderia dirigir o seu Estado para o benefício de todos os que vivem nele. Aqui, também, devemos descobrir o que significa Responsabilidade Real, e como se comportar regiamente no âmbito da nossa vida. É suposto que aqueles que encontramos neste Caminho nos ajudem a descobrir as Regras de governar.

LUGARES: Salas de tronos. A cena da Távola Redonda com a Figura do Rei centralmente e a sua corte num círculo em torno dele. A história do Bom Rei Venceslau. Quase todos os cenários para um Rei Amável, sendo sabiamente generoso com o seu povo. Poderíamos encontrar muitos risos e felicidade neste Caminho. Eventos ao ar livre podem ser o anúncio de uma amnistia, ou a proclamação de um benefício público. Multidões e arautos ajustam-se aqui. Pátios e varandas do Castelo do Grail.

COISAS: Símbolos de Sabedoria e Misericórdia. Espadas embainhadas. Livros de regras com procedimentos para o bom governo. Insígnias reais como cetros e orbes, mas não as coroas, uma vez que estas estão associadas com o Thotol 1. Um governante aqui iria usar um Chapéu de proteção e coroa aberta apenas. Podem também ser vistos neste Caminho berços, e qualquer coisa ligada quer com o nascimento Real, quer com a encarnação entre pais que se amam.

Thotol H

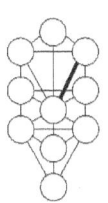

Este Caminho cruza o Abismo pela Porta da Graça. Aqui nós temos que considerar a Sabedoria de viver numa Harmonia bela e em equilíbrio com o Cosmos. Este é o lugar onde devemos chegar à conclusão de que a saúde, a felicidade, e tudo o mais que vale a pena na Vida, depende de uma condição de equilíbrio ponderado entre cada extremidade da existência. Evitar extremos e manter-se perto dos caminhos do meio entre eles é a principal mensagem deste Caminho. É por isso que o trunfo do Tarot a Temperança se encaixa muito bem aqui. A Temperança nunca deve ser entendida de nenhum modo como matadora dos prazeres. Não significa abstenção, mas o gozo de tudo até aos limites onde um excesso iria pôr em risco o bem-estar das pessoas que têm direito à sua utilização. Então esse é o Caminho sobre o qual nós devemos adquirir os elementos do senso comum que nos permitirão um máximo de liberdade na Vida dentro de um mínimo de perigo. Aqui nós aprendemos a como lidar com forças, equilibrando-as umas contra as outras e com vantagem para nós mesmos. Aqui é onde somos ensinados sobre o valor da moderação em todas as coisas. Portanto podemos esperar encontrar:

PESSOAS: Tipos de "Anjo da Guarda", aconselhamento de freio contra ações precipitadas ou apressadas. O "amigo fiel" que sempre parece disponível em tempos de angústia ou dificuldade, para dar conselhos sensatos e assistência. Companheiros confiáveis e de confiança nos quais se pode confiar completamente. Seres sabiamente benevolentes e bonitos.

LUGARES: Pode ser qualquer cena adequada para pensar as coisas ou falar sobre elas. Possivelmente uma biblioteca ou claustros. Um lugar agradável no campo com um alegre sol. Uma caminhada favorita com amigos próximos e longe de multidões. Este é um Caminho íntimo para compartilhar apenas com uma companhia que se valorize. Há sempre uma atmosfera brilhante e esperançosa.

COISAS: Símbolos de moderação e tolerância. Uma mão calmante sobre um punho cerrado, ou para prevenir uma arma de ser puxada. Água em vinho. Tempestades a abaterem-se. Ventos temperados. Ferro quente a ser temperado. Espátula Maçónica nivelando gesso áspero. Qualquer coisa dobrada ou irregular a ser suavizada. Equilibrando pesos ou alturas. Símbolos que sugiram paciência a resolver problemas. Equilíbrio abalado restaurado. Pilares a balançar substituídos com firmeza. Ritmo irregular regulado.

Thotol J

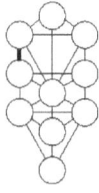

Este caminho atravessa o Abismo, do Entendimento à Severidade pela Porta da Morte. Aqui temos que descobrir a necessidade da morte como um complemento ao nascimento. A morte não é um oposto à Vida, mas uma Parte essencial dela ao longo do nosso progresso para a Perfeição. Encontra-se entre o Entendimento e a Severidade em função das "Economias da Existência". Sem a morte, nós nunca nos poderíamos tornar mais do que meros mortais ligados a corpos animais até à nossa extinção. Precisamos da morte, a fim de encontrarmos formas superiores de Vida noutro lugar nesta Terra. Este é o Caminho no qual nós temos que chegar a um acordo com as ideias de despedida dos nossos corpos físicos para que possamos fazer mais progressos ao longo de linhas mais elevadas de vida. Por outras palavras, nós devemos ver a morte como a nossa grande oportunidade Cósmica de melhorar as nossas identidades. Quer nós a agarremos e a usemos corretamente, ou a perdamos e tenhamos que ser reciclados de volta para o nascimento sem muito avanço real nas nossas situações espirituais. A Morte como um fenómeno corporal, é um facto da Vida, mas aqui nós temos que a ver à luz do seu significado espiritual. Os seus horrores permanecem abaixo do Abismo, enquanto as suas esperanças surgem eternamente acima desse Abismo que divide a nossa consciência da consciência da Divindade. Neste caminho peculiar podemos esperar:

PESSOAS: Possivelmente uma figura do "Anjo da Morte" de alguma forma muito agradável, tal como uma Mãe Negra que nos silencia para dormirmos no seu peito. Ela poderia usar um manto cinzento-escuro forrado com um vermelho quente. Aqui também podemos encontrar heróis de guerras e catástrofes que deram a vida pelos outros. Aqueles que entendem a morte, e tendo-a experimentado talvez muitas vezes eles próprios, tentam ajudar outras almas através do seu temido portal. Aqui encontramos aqueles guardiões Internos, e se formos sensíveis, podemos ouvir atentamente o que eles nos dizem. Podemos também encontrar alguns outros tipos de seres que supervisionam o processo de purificação, dirigindo o lixo para o Abismo para reconstituição desintegrativa, enquanto o restante é enviado para as Supernais para incorporação na Identidade Divina. A limpeza do Cosmos depende muito do seu "Departamento de Saneamento", e este é um Caminho onde os trabalhadores estão sempre plenamente a trabalhar.

LUGARES: A Ponte perigosa antes do Castelo do Grial. Avenidas de ciprestes altos. A beira do Abismo. Campos Elísios. Um oceano escuro encontrando impercetivelmente um céu da mesma tonalidade. Tudo para sugerir um pensamento sério e voltado para a mudança ou uma viagem para o desconhecido. Uma sala de espera para uma entrevista muito importante que altere a vida. Na parte inferior do Caminho, campos de batalha, leitos de morte, ou cenas associadas com a severidade que é necessária para restaurar um estado de ruína.

COISAS: Todos os símbolos da Morte e da Mudança. Ampulhetas e Gadanhas, etc., mas símbolos de ressurreições, tais como uma trombeta, deveriam estar lá também. Os cristãos podem ver um Sepulcro Pascal aqui, ou uma Cruz vazia, mas nunca um crucifixo com um corpo de Cristo nele. Esse símbolo pertence ao conceito central do Rei-Sagrado. Poderiam estar alguns apetrechos de batalha, mas na parte mais baixa do Caminho apenas, e eles devem ser vistos como se estivessem em retrospetiva, ou como estando a ser abandonados em preferência da paz. Pode ser útil recordar que este é um Caminho de Saturno-Marte, então tanto artefactos de aço como de chumbo se conectariam através do simbolismo das espadas e de prumos de chumbo.

Thotol K

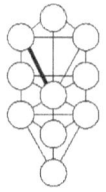

Este é o último Caminho que atravessa o Abismo pelo Caminho da Obrigação. Aqui vêm aqueles que ainda estão ligados à encarnação principalmente por causa de algum dever que eles ou assumiram ou foram obrigados a aceitar a fim de promover a causa Cósmica da evolução em direção à Perfeição Final. Isso pode ser por causa de trabalho incompleto, iniciado em vidas anteriores e que eles estão a pedir tempo e oportunidade para terminar. Entre a Compreensão e a Harmonia, vem o nosso último pagamento de dívidas Kármicas e a libertação dos últimos laços que nos ligam à contínua existência material. Às vezes pode haver apenas uma única ponta solta para atar, antes que estejamos livres para buscar o céu no seu verdadeiro sentido. Este é o lugar onde temos que reconhecer as nossas responsabilidades-Vida equilibradas entre Vida superior e inferior, e reconciliá-las com o nosso principal objetivo de vida. Este é também um Caminho de Sol-Saturno, assim as associações alquímicas seriam apropriadas com a simbologia da transformação a corresponder. Em especial este é o Caminho de equilíbrio perceptivo, e sobre ele, é provável que se encontrem:

PESSOAS: Aquelas alternando entre caras graves e alegres. Podemo-nos lembrar do Pendurado do Tarot e o seu significado. Aqui nós temos almas com motivos sérios de missão que estão alegremente confiantes no sucesso diante delas. Elas estão todas profundamente convencidas de um objetivo maior por trás das suas vidas, tendo um forte sentido de dever para com suas religiões, países, famílias, ou onde quer que suas lealdades se apoiem.

LUGARES: Onde quer que alguma causa particular esteja a ser mantida para o avanço da humanidade para a Divindade.
Possivelmente um Templo. Um anfiteatro para a apresentação de dramas incentivando as pessoas a buscar os mais altos ideais de vida. Poderia ser um laboratório dedicado à pesquisa de benefícios humanitários. Pode até ser um hospital na parte inferior do Caminho, mas é claro que nenhuma sugestão de doença deve ser permitida acima do Abismo. Talvez um navio navegando através dos dias e das noites numa viagem de busca. Muitos lugares são possíveis neste Caminho, desde que não vão contra o que sugere o seu propósito.

COISAS: Simbolismo Saturniano-Solar. Ouro oculto no chumbo, objetos de valor encerrados em proteções que os escondem. Caixão de chumbo de Pórcia? Capas escuras com revestimentos de ouro. Maioria da simbologia alquímica e itens sugerindo a transmutação da natureza humana comum em puro ouro espiritual. Por outro lado, lembremo-nos do efeito de blindagem do chumbo em radiações prejudiciais à vida como a conhecemos. Observe também o simbolismo maçónico de um fio-de-prumo (Pendurado), para garantir a retidão e, portanto, estabilidade e resistência.

Thotol L

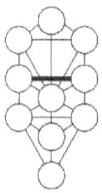

Este Caminho entre a Misericórdia e a Severidade é o inequívoco da Justiça simples. Não retribuição ou vingança de qualquer modo que seja. Simplesmente a reparação dos erros e equilíbrio de energias ao longo de todos os ciclos da Vida. A Lei da Compensação Cósmica em ação. O método do "pau e da cenoura" de controlar o comportamento humano. O bom e velho antigo sistema de psiquiatria infantil – "Faz isto e terás um doce, faz aquilo e terás uma palmada". Nada na natureza é mais eficaz para obter resultados rápidos e certos. Aqui é onde aprendemos o que fazer ou não fazer, a fim de nos alinharmos com as Leis da Vida. Recompensa e punição podem ser antiquados, mas eles continuam a funcionar bem para os seres humanos incapazes de entender alguma coisa melhor. Não é que alguma vez sejamos punidos por alguma Divindade ofendida. Nós temos que nos lembrar do adágio: "Nós não somos punidos *por termos* pecado, mas *pelos* próprios pecados." Em outras palavras nós punimo-nos pelo nosso próprio comportamento. Este é o Caminho no qual nós devemos entrar em acordo com o Karma feito por nós próprios e escolher o mecanismo compensatório da sua ação de causa e efeito nas nossas vidas. É um Caminho mais do que importante, pois aparece centralmente através do Plano da Árvore deste lado do Abismo, e é o único caminho que atravessa três outros de igual importância. Os da Graça, da Obrigação e da Imortalidade. A conexão destes com o Princípio da Justiça deve ser bastante óbvia. No Caminho L podemos esperar encontrar:

PESSOAS: Aquelas preocupadas com os processos de Justiça, no sentido de recompensa e corrigir o errado. Cavaleiros do Santo Grail. Manutenção da paz pelos governadores militares e soldados das suas forças. Enfermeiros e exames médicos que tentam lidar com feridas e lesões sofridas por guerras e desastres. Aqueles que tentam lidar com causadores de problemas numa sociedade ordenada. Defensores dos fracos e desesperados.

LUGARES: Salão da Justiça do Castelo do Grail. Tribunais de Justiça em qualquer lugar. Opostos de ação tais como campos de batalha e câmaras de conferência de paz. Hospitais para os feridos e zonas de prazer para os ajustados. Desertos e jardins. Cenas de contraste convertíveis umas nas outras, contanto que uma represente a Misericórdia e a outra a Severidade ou a Economia.

COISAS: Simbolismo Marte-Júpiter, Balança da Justiça e Espada cega da mesma. Raio e Cornucópia. Qualquer coisa agridoce. Fogo e Água. Ferro e estanho. Barcos de guerra e cruzeiros de recreio. Bombardeiros e aviões. À medida que descemos a Árvore também podemos permitir que as nossas imagens se tornem mais modernas. Poderíamos contrastar aqui a riqueza imerecida e os pobres privados. Ou receita *versus* Imposto de Renda!

Thotol M

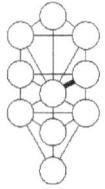

Este Caminho conecta a Misericórdia com a Beleza. Uma combinação verdadeiramente poderosa. Não a força em forma de energia explosiva ou violenta, mas o poder firme calmo que permeia tudo e no final, supera toda a oposição ou antagonismo. Daí o símbolo do Tarot da Força, que não deve ser tomado no sentido de "força bruta e ignorância", mas pura resistência espiritual e indomável coragem que persiste até ao ponto de imortalidade. Bem podia Pórcia chamar a Misericórdia "poderosa entre os poderosos", porque esse é de facto o seu atributo subjacente. A Verdadeira Misericórdia só pode vir da Força, pois implica tolerância do forte para com o fraco. A Beleza tem a sua própria força também, que vem diretamente do Espírito, e é portanto, indestrutível. Os objetos mais bonitos neste mundo podem ser fisicamente reduzidos a átomos, contudo só os artefactos foram destruídos, não a sua beleza, que é e permanecerá dentro das mentes daqueles que já os viram. Neste caminho temos que aprender o poder real da Paciência e o que pode ser alcançado com a sua ajuda, mesmo se for preciso esperar uma vida após a outra até eventual realização de objetivos. Talvez não seja uma lição fácil, mas é inteiramente essencial se quisermos subir a Árvore-Vida até ao seu ápice com algum sucesso. Aqui estamos sujeitos a encontrar:

PESSOAS: Aquelas que personificam a característica deste Caminho com força Interior tranquila e digna e fortaleza espiritual que prevalece contra todo o mal. Este é um Caminho Sol-Júpiter, por isso podemos esperar nele tipos muito magníficos de pessoas, não apenas em aparência, por qualquer meio, mas especialmente em termos de qualidade e comportamento. Eles têm um brilho neles que é inconfundível. Magnânimos e fortes, eles são um apoio infalível de todos os que sinceramente utilizaram a sua ajuda para continuar a viver neste mundo.

LUGARES: Onde quer que possamos satisfazer as instâncias da aplicação paciente e pacífica de poder no desempenho de um propósito. O que cobre uma área enorme. Os exemplos poderiam incluir locais de construção, transatlânticos, aviões, barragens, estações elétricas, pilhas atómicas, salas de motores, quedas de água e assim por diante. Em níveis intelectuais podem ser estúdios, salas de leitura, câmaras de meditação, oratórios, em qualquer lugar que permita uma tranquila concentração da consciência.

COISAS: Simbolismo Solar-Jupiteriano. Ornamentações em estanho e ouro. Podem ser dínamos, motores, prensas hidráulicas, a cantaria e a talha Maçónica, a Vara como uma alavanca. Vestuário de proteção para além da armadura militar. Abrigos. Abastecimento e provisões, contanto que estas sejam para algum propósito beneficente. Uma central ou equipamento de energia solar. Alguma forma completamente nova de energia que não tenha sido descoberta ainda.

Thotol N

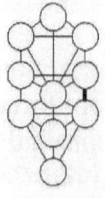

Outro Caminho encantador ligando a Misericórdia à Vitória ou Realização. Não é uma realização final, mas qualquer uma numa longa fila que se soma até um nível elevado. Aqui, as conquistas podem não ser surpreendentes, mas valem pelo menos a pena serem feitas no nosso caminho para o topo da Árvore. Tal como podemos esperar com uma conexão Júpiter-Vénus, a Imperatriz do Tarot liga-se aqui. Isso é porque este é o lugar onde nós temos que aprender a governar as nossas emoções, o que é uma grande conquista na vida humana. O governo das emoções não significa a sua supressão ou eliminação, mas o pleno gozo delas sob controlo consciente das suas energias. "Amor sob Vontade." Emoções não controladas normalmente trazem-nos sofrimento e infelicidade terríveis, como a maioria de nós aprendeu da maneira mais difícil. Assim que elas possam ser governadas para a ordem, elas vão trazer apenas alegria e tranquilidade, fazendo sair o melhor possível de situações muito tristes. A Vitória aqui é sobre as nossas próprias naturezas defeituosas, e é muitas vezes a luta de uma vida inteira. Equilibrar tensões sexuais pode ser a grande conquista de uma vida, ou para esse assunto, de várias encarnações, mas mais cedo ou mais tarde, isso tem que ser enfrentado neste Caminho, e também com sucesso. Este é um Caminho de grande atividade e excitação, onde os nossos sentimentos têm de ser exercidos e controlados, como potros jovens que se tornam gradualmente acostumados a aproveitar e a estabelecer uma boa relação com os seres humanos que os alimentam e cuidam deles. Neste caminho, podemos encontrar:

PESSOAS: As que dominam os seus sentimentos e impulsos emocionais. Nenhum puritano ou moralista de qualquer tipo, qualquer que seja, mas aqueles que usam as suas sensibilidades em vez de deixar as suas emoções determinar o seu comportamento. Artistas das artes, mestres músicos, dramaturgos, mestres pintores, escritores, todos os envolvidos com os assuntos da alma e do coração. Especialmente aqueles de modos régios capazes de grandes gestos.

LUGARES: Estúdios, teatros, jardins, templos, locais de pompa para a alegria e expressão emocional sob circunstâncias controladas. Podem ser estádios desportivos. Também poderiam ser ambientes para fazer amor. Em qualquer lugar

	onde o sentido de realização, em algum sentido cultural é possível.
COISAS:	Simbolismo Júpiter-Vénus. Artefactos de bronze. O que quer que forneça uma sensação de conforto e satisfação em viver. Há algo luxuoso sobre o sentimento deste Caminho, e uma impressão do direito às suas vantagens. Mesmo assim, deve-se perceber que toda a sua riqueza e maravilhas são apenas transitórias e impermanentes. Elas estão lá com o propósito de encorajamento para os padrões mais elevados de Vida espiritual além das limitações corporais.

Thotol P

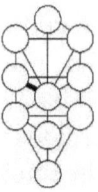

Mesmo nas melhores vidas há sempre algum elemento de confusão e perturbação enquanto vivemos longe da própria Perfeição. Este é o lugar onde encontramos uma das suas formas mais dramáticas na Árvore. O Caminho entre a Severidade e a Harmonia, quando a Harmonia só pode ser restaurada por alguma ação drástica ou possivelmente desesperada. Talvez o sacrifício de uma vida para o benefício de muitas, ou a prevenção de um grande desastre através de um menor. Aqui poderia significar o rompimento das ilusões, a fim de encontrar a Verdade. A queda de mentiras e enganos para que a verdade possa vir à luz. Uma espécie de válvula de segurança para aliviar as pressões do viver, ou um fusível queimado para proteger os circuitos delicados. Este é o "interruptor de sobrecarga" do Caminho da Vida, e a Torre Fulminada é um bom símbolo do Tarot. Aqui nós temos que aprender a "libertar o vapor" de forma segura e se possível sem destruir a estrutura da nossa Vida ou ferir os outros, ou pelo menos, com um mínimo de danos, se for completamente inevitável. Nós também temos que aprender que a violência por si própria ou a destruição sem sentido nunca é admissível, e nada, a não ser a restauração da Harmonia e do equilíbrio na Vida seriamente ameaçados, alguma vez justifica métodos drasticamente energéticos para lidar com as situações. Por exemplo, o Grande Incêndio de Londres foi restringido explodindo casas no seu caminho para criar lacunas ao fogo. Isto é definitivamente um Caminho de tais procedimentos de emergência, exigindo ação rápida quando necessário. Nós podemos esperar encontrar nele:

PESSOAS: Reformadores que possam ser considerados uma maldição pelos que eles perturbam, mas são necessários para a ecologia da Existência. Às vezes, estes podem ser revolucionários contra governos totalmente corruptos e opressivos que resistem a todas as outras tentativas de reforma. Especialistas em demolição, mas *nunca* destruidores deliberados. Aqueles que expõem o mal em todos os lugares. Atacantes de inverdades. Destruidores da escravidão a tudo o que é mau ou vicioso. Podem ser aqueles que se precisam forçar a sair dos seus próprios maus hábitos ou apegos nocivos. Cavaleiros do Grail em ação.

LUGARES: Onde quer que as circunstâncias exijam que reações drásticas se apliquem. Pode ser uma batalha. Um confronto. Uma reunião política. Destroços submarinos a serem limpos com explosão. Um incêndio para ser extinto. Uma ruína perigosa para destruir. Amontoado de ervas daninhas para limpar. Equivalentes intelectuais destas situações. A remoção cirúrgica de algo em crescimento num teatro de operações, ou cortar um membro gangrenado. Queimadas em campos.

COISAS: Simbolismo Marte-Solar, ferro e ouro. Espada afiada, bisturi. Sensação de desconforto em alguma causa legítima. Cheiros adstringentes.

Antissépticos. Cautérios. Uniformes e armas. Limpeza de sujidades em equipamentos. Pinga-lume de Jardim. Escavadoras. Desinfetantes e produtos de limpeza químicos. Fogueiras. Relâmpagos.

Thotol Q

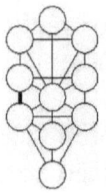

Aqui está outro caminho cansativo, contudo necessário entre a Severidade e a Glória ou Honra. Ele é bem simbolizado pelo Diabo do Tarot. Ele não é o "Autor do Mal" ensinado pela fé Cristã, mas sim o Espírito de Oposição encontrado por todos durante o curso das suas vidas em que nada parece dar certo, e a própria Vida parece aparentemente contra os nossos melhores esforços e esquemas. O Diabo do Tarot é também o Testador, cuja ações adversas determinam como podemos enfrentar as provações e dificuldades. Quer nós sobrevivamos e as superemos, ou elas nos batam e nos deixem derrotados até à morte, do outro lado da esfera dá outra oportunidade para viver e resgatar a nossa ruína. Aqui temos que equilibrar a Honra contra o Rigor e aprender como combiná-los de forma a orientar um caminho através das oposições e dificuldades que a Vida nos atira, e emergir com uma sensação de glória espiritual. Nós temos que fazer resistência à tentação de perder tempo estupidamente, e em falsas atividades que apenas retardam o real progresso espiritual. Muitos destes conectam-se com as pseudoglórias de snobismo, distinções sociais, culto à riqueza e limitações desse tipo. Aqui é o lugar onde devemos aprender a distinguir entre Glória genuína, e o que a sociedade humana em geral usa como substitutos dela. Neste Caminho, nós devemos literalmente lidar com o Diabo e colocá-lo no seu próprio lugar, que não é nenhum tipo de Inferno, mas uma posição na nossa própria estimativa. Nós devemos vê-lo como o Provocador e o

Desafiador que teremos de superar na nossa luta contra as adversidades que encontramos na Vida. Pode ser significativo que nas antigas peças de Mistérios, os demónios sempre foram enganados ou ludibriados por seres humanos inspirados. Este é Caminho de Marte-Mercúrio, e quem deve saber melhor como confundir demónios que Hermes, o do discurso de prata? Entre a disciplina de ferro de Marte, e a astúcia inteligente de Hermes, que Diabo deve ter alguma hipótese contra qualquer um que tenha dominado os segredos deste Caminho, em que são suscetíveis de encontrar alguns tipos muito interessantes:

PESSOAS: Estes são o que Jung teria chamado de tipos "Figura-Trapaceiro"[24]. Nas antigas iniciações eles agiram como testadores de carácter por situações inventadas e calculadas para enganar os candidatos, se possível, fornecendo contudo pistas para levantar suspeitas e levar à descoberta da verdade pela investigação inteligente. "Perceção através da provocação" conforme o adágio. O objetivo era estimular o pensamento original, a fim de lidar com problemas difíceis e inesperados.
Possivelmente um bom lema para este caminho seria o dos Escoteiros – Sempre alerta - para quase tudo.

LUGARES: Pode ser qualquer lugar em que as circunstâncias difíceis e enganosas possam ser encontradas. Casas, escritórios, locais públicos, hospitais, em todos os lugares que os humanos se juntem e seja provável que se imponham entre si. Antigas cavernas de iniciação, Antigas Lojas Maçónicas, Universidades, escolas, reuniões políticas, há quase um sem fim de probabilidades neste caminho...

COISAS: Simbolismo Marte-Mercúrio. Ferro e mercúrio. Itens falsos em aparência tais como membros artificiais, dentes, etc. Maquilhagem.

---

[24] *Trickster* no original em inglês. (N.T.)

Máscaras. Documentos e dinheiro falsos. Falsos cheques e cartões de crédito. Brincadeiras. Promessas não cumpridas. Becos sem saída e esquemas falsos. Joias falsas. Instrumentos imprecisos. Qualquer coisa para estorvar ou irritar.

Thotol R

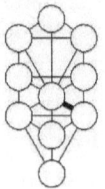

Este Caminho faz uma mudança agradável em relação aos dois últimos. Ele junta a Vitória à Beleza e está agradavelmente personificado no Tarot pelos Amantes. O que é que na Vida é mais triunfantemente belo do que o amor? Este é o caminho no qual devemos experimentar as maravilhas do amor verdadeiro entre as almas humanas. Não simplesmente o sexo entre corpos sem qualquer outra coisa, mas a beleza quase inacreditável e a sensação de uma conquista imortal conjugando a consciência-Vida partilhada por almas de polaridade complementar que encontram uma na outra o que necessitam nelas para o bem do progresso rumo à Perfeição. Em outras palavras, o equivalente espiritual de um ato sexual físico, que pode ou não ser coincidente com essa experiência. É verdade que muitos humanos podem nunca encontrar este Caminho na vida como uma realidade, mas isso não é razão para que eles não devam explorá-lo imaginativamente. Talvez a sua visita aqui seja apenas momentânea, mas, mesmo isso criaria uma lembrança inesquecível para o resto de uma encarnação. O amor é de facto imortal, e se nós só voltássemos a nascer através dos Portões do Amor, que mundo maravilhoso poderia ser este. Neste Caminho, nós temos a oportunidade de aprender como o Amor triunfa sobre a Morte, e conquista apenas pelo poder da sua Beleza. "*Amor omnia Vincit*" é um bom mote aqui. Este é um Caminho radiante quente e adorável, difícil de se afastar, mais uma vez, é uma experiência transitória da Vida nos nossos presentes níveis. Além do amor entre os sexos, este Caminho pode incluir outros amores na vida. O amor pela Natureza, o amor pela música, as artes, tudo o que podemos descrever como adorável num sentido amplo. Um amor pelos filhos, jardinagem, animais, tudo o que considerarmos digno de amor neste mundo. Neste caminho que devemos encontrar:

PESSOAS: Arquétipos do Amante, de Adão e Eva até a Abelardo e Heloísa. Seres belos e adoráveis, alegria na sua ligação um ao outro. Também aqueles que verdadeiramente amam a Vida, de uma forma ou de outra. Músicos, dançarinos, e aqueles que amam a Tradição Órfica. Românticos.

LUGARES: Jardins e parques belos. Lagoas e praias de areia macia. Isto é, antes um Caminho de luxo, por isso tudo deve ser visto tão agradavelmente quanto possível. Quartos ricamente mobilados e outros apartamentos. Galerias de arte, salas de concerto. Em qualquer lugar em que se poderia imaginar a ser acompanhado por um parceiro de vida verdadeiramente amado. Um restaurante de primeira classe, por exemplo. Uma Corte de Amor medieval. Este Caminho é de verdadeiro prazer em todos os lugares, ainda que não deva ser dada preferência indevida, antes de outros igualmente importantes para a experiência de vida.

COISAS: Simbologia Sol-Vénus. Ouro e Cobre. Lâmpadas e cintos. Ramos de palmeiras, qualquer coisa associada com configurações românticas. Pátios de recreio. Roupas macias e bonitas de natureza sensual. Joias. Perfumes agradáveis. Sussurros íntimos, acessórios das artes amatórias. Afrodisíacos.

Thotol S

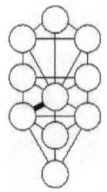

Este caminho é de Sol-Mercúrio, ligando a Glória com a Beleza, outra esplêndida via de Vida. O símbolo do Tarot é o Carro, que tem tanto significado no sentido de viagem espiritual através de todo o Universo em busca da Verdade. Os carros celestiais eram símbolos muito antigos do Sol, levando Deuses importantes através dos céus. Hoje em dia eles simbolizam naves espaciais levando outras formas de vida que não humana em missões conscientes ligadas com a Humanidade. Não há razão para que não devamos ver o símbolo do Carro do ponto de vista moderno. A roda do carro sempre foi um sinal Solar, e Hermes, o patrono das viagens, especialmente voa. Se naves espaciais são movidas a energia solar e pilotadas por seres inteligentes com tecnologia extremamente avançada, a sua ligação com esse caminho é certamente inconfundível. Aqui é onde nós temos que desenvolver todas as habilidades debaixo do Sol, a fim de avançarmos, ao longo da Linha da Luz que leva à Divindade. Tudo o que vem de uma inteligência iluminada e a glória de uma mente humana no seu melhor, pertence aqui. Este é o Caminho da capacidade técnica em todos os campos, científico, mecânico, matemático, eletrónico, e os ofícios em geral. Também de interesses ocultos na forma hermética, como a magia cerimonial, o Rosacrucianismo, a Maçonaria, e assim por diante. A literatura académica e filosófica pertence a este Caminho tal como o humor académico. O que quer que move a mente para fazer viagens definitivas em busca de objetivos específicos está conectado com este caminho, que é para o investigador, não para o sonhador. Nele iremos provavelmente encontrar:

PESSOAS: Viajantes no espaço-tempo. Buscadores de inteligência segundo quaisquer linhas. Buscadores do Grail. Agentes de autoridade

Interior. Telepatas. Também os trabalhadores de comunicação, detetives, especialistas em transporte, não esquecendo os aviadores e os marinheiros. Possivelmente telecinesistas do futuro. Figuras de Herói do passado. Uns poucos Qabalistas envolvidos no "Trabalho da Carroça".

LUGARES: Variados demais para especificar. Pode ser absolutamente qualquer lugar acessível por imaginação no passado, presente ou futuro. Pode ser demasiado turvo para focar adequadamente, mas pode haver impressões de interiores de veículos, terminais de tráfego, estradas, trilhos, caminhos de ferro, ou qualquer coisa sugerindo viagens e movimentos ativados.

COISAS Simbolismo Sol-Mercúrio. Ouro e mercúrio. Equipamento alquímico, cenas científicas, veículos espaciais, tapetes voadores, cavalos dourados. Todas as formas de transporte. Asas, balões, artes de voar. Pode ser debaixo de água também. Qualquer coisa a ver com a mobilidade da mente e Buscas.

Thotol T

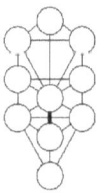

Este é um Caminho extremamente importante, sendo a secção média do Pilar do Meio, conjugando o Sol e a Lua pela conexão Beleza-Fundação. Uma vez que é central para o esquema da Árvore da Vida, e é bem representado pelo símbolo Solar do Tarot. Entre as Luminárias, ele carrega uma intensidade de Luz para além da capacidade de suportar dos mortais comuns. A sobrevivência humana aqui é puramente em níveis espirituais, e só possível através de um processo de purificação às vezes chamado de "autossacrifício", que tem que ser muito acuradamente interpretado, e certamente não significa deixar todos imporem maus-tratos em alguma vítima masoquista. Isso faz parte do Pilar do Meio, que é o Caminho Místico diretamente para a Divindade que tão poucos seres humanos podem seguir. Ele exige um absoluto e inequívoco sacrifício de todos os pseudoautointeresses, e assim a aceitação de modo firme da intenção do Self Supremo por trás do ser individual. Nenhuns sinais gestuais ou substitutos simbólicos são do menor valor aqui. O sacrifício tem que ser uma realidade em todos os níveis de Vida. Isso raramente prova ser possível para a grande maioria dos mortais, e além disso é normalmente impraticável, porque as rotas alternativas pelos caminhos Órfico e Hermético estão sempre disponíveis, embora, naturalmente, consideravelmente mais lentos e muito mais tortuosos. Não obstante precisamos apreciar este Caminho teórica e imaginativamente, porque apesar das suas dificuldades para os seres humanos, um bom número tentaram isso antes de saírem, em busca de trilhos mais fáceis para a verdade. Neste Caminho a partir de um ponto de vista humano tudo é intensamente brilhante e incrivelmente bonito, e nele podemos encontrar o aparecimento de:

PESSOAS: Avatares e super-almas que procuram ligar a Humanidade e a Divindade. Aqueles que se elevaram para além da necessidade de reencarnação, exceto para a causa do Amor Cósmico pela criação.

Aparentemente os seres angélicos que são formas de Vida noutros mundos. Uns poucos seres humanos tentando o Caminho do At-One-Ment[25] através de sacrifícios de autointeresses.

LUGARES: Esta palavra dificilmente se aplica ao Caminho T. Há certamente uma sensação de ambiente, mas que descreve uma condição aqui, mais do

---

[25] Termo criado por William Gray, indicando a intenção subjacente ao processo de "tornar-se um" ou retornar para a unidade a partir da palavra inglesa "attunement", que significa sintonização. (N.T.)

que uma localização de qualquer tipo. Pode ser melhor para trabalhar com ideias de um estado Céu em níveis sub-Eternos. Uma espécie de lugar paradisíaco, com duração e extensão limitadas.

COISAS: Simbolismo Sol-Lua. Ornamentação em Ouro e prata. Esplendores de todo o tipo. Um altar de sacrifício com fogo brilhante e incenso. Música maravilhosa. Cores brilhantes.

Thotol V

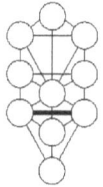

Aqui estão ligados os Princípios da Vitória e da Glória, uma combinação Vénus-Mercúrio. Emoção e inteligência unidas. Neste Caminho, há um balanço constante entre as diretivas do coração e as da cabeça nas nossas vidas, onde factos e sentimentos estão muitas vezes em oposição à medida que tentamos encontrar um equilíbrio entre eles. Às vezes chegamos a conclusões surpreendentes se não mesmo muito precisas, que nos servem por algum tempo até que as substituímos com o que parece mais provável no momento. Isto contribui para o que chamamos os "altos e baixos" da Vida, de modo que o Caminho é realmente mostrado como o Trunfo do Tarot da Roda da Fortuna. Nestes níveis mais baixos da Árvore é principalmente a desigualdade de Vida que constitui o fenómeno interessante. Aqui é onde nós temos hipóteses com tudo e com frequência dependemos da "Senhora Sorte", ou a Deusa Fortuna para nos ajudar. Aprendemos também que muito da Vida é uma questão de ciclos, onde os períodos de boa e má sorte se perseguem às voltas e voltas numa incessante cadeia de eventos que os Budistas deploram e da qual buscam a liberdade eterna. Aqui nós temos que aprender tanto quanto possível sobre o funcionamento desta "roda", e como nivelar as desigualdades e, eventualmente, emancipar-nos das suas fascinações. Aprender a lidar com o Amor e a Sorte é uma das lições mais difíceis da Vida, mas este é o Caminho onde temos que começar a triagem de nós mesmos ao longo destas linhas. Aqui é também onde homens e mulheres humanos devem aprender a viver uns com os outros, quer de forma inteligente quer afetuosa, porque isso faz a melhor aposta para o sucesso na lotaria do casamento. No total, um Caminho complicado, tal como se poderia esperar de qualquer coisa ligada com Hermes, mas é atravessada por muitos milhões de seres humanos a maior parte do tempo das suas vidas, de modo que poderia ser dito que é bem batido. Sobre ele vamos encontrar:

PESSOAS: Todos os tipos de pessoas a correr riscos na Vida. Ricos e pobres trocando de lugar. Alternando tristeza e alegria em todos os lugares. Mostra pessoas de todo tipo. Parcerias entre marido e mulher. Tipos espirituoso e cativante em contraste e combinação. Jogadores. Adivinhos. Hermes, sendo patrono dos ladrões e dos mercados, poderia colocar alguns personagens antigos neste Caminho. Também, poderia encontrar Vénus no seu aspeto Afrodite.

LUGARES: Onde as fortunas mudam. Mercados de ações, pistas de corrida, etc. Também onde a vida amorosa se pode alterar drasticamente, e que estão abertos a interpretação ampla. Uma casa comum, um palácio, um teatro, circunstâncias em que se tem que decidir o lugar. A funerária *não* seria pertinente para este caminho, por exemplo, mas uma prisão pode, dependendo da história de apoio.

COISAS: Simbolismo Vénus-Mercúrio. Cobre e mercúrio. Qualquer coisa associada com a sorte. Dados, cartões, roletas, bilhetes de lotaria, até mesmo Títulos de Obrigações do Governo ou títulos e ações. Todos os sinais do Amor e da Sorte, como ferraduras, anéis de casamento, nós de amantes, etc.

Thotol W

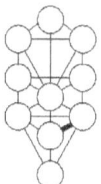

Aqui estamos entre a Vitória e a Fundação. Vénus e Lua. Um Caminho difícil, porque temos que aprender a lidar não apenas com as nossas fantasias sexuais, mas com os nossos sonhos, crenças, ideais relacionados com a religião no aspeto devocional, aspirações românticas, e ideologia similar. Além disso, temos que fazer isso não por quaisquer contactos diretos com fontes Interiores, mas reflexivamente por processos inferenciais. É como se estivéssemos a trabalhar através de um espelho para guiar os nossos movimentos e impressões. Este é o lugar onde temos que descobrir como viver através dos instintos, mais do que pela razão. Uma vez que é característico de uma natureza feminina confiar em reações emocionais e instintivas, mais do que considerações calculadas e lógica fria, a Sacerdotisa do Tarot simboliza este Caminho com muita precisão. Muitas vidas foram salvas por descobertas instintivas de alguma mulher, contanto que estas sejam dirigidas pela intenção divina dentro delas, e não pelas suas próprias inclinações pessoais. Daí o significado da Sacerdotisa. Neste Caminho devemos descobrir como ser "guiados por Deus" por meio dos nossos sentimentos e reações reflexivas com tudo o que encontramos na Vida. Isso exige grande habilidade em mediação e meditação, especialmente de natureza Órfica, que é definitivamente uma faculdade "Sacerdotisa", não obstante o sexo físico de qualquer que seja o viajante do Caminho. Esotericamente os homens devem aprender a ser mulheres, e as mulheres aprender a serem homens, enquanto ambos descobrem como se tornar em nenhum deles nos Caminhos para a Perfeição. Neste caminho específico nós devemos desenvolver a arte da devoção a qualquer Divindade que desejemos contacto próximo através do intenso sentimento pela Sua imagem. Aqui nós temos que lidar com as bases das nossas crenças de Vida, do ponto de vista – "Eu não sei se é ou não, mas eu sinto que deve ser, e isso decide a questão para mim por agora." Fé com base no sentimento. Milhões vivem as suas vidas apenas assim e dão-se bem o suficiente com isso. Devemos encontrar neste Caminho:

PESSOAS: Freiras e religiosas consagradas. Enfermeiras. Aquelas que dedicam as suas vidas por boas causas. Provavelmente, a maioria do sexo feminino, embora possam haver homens de uma natureza sensível, possivelmente poética. Tipos introspetivos dados a pensar. Artistas religiosos. Arranjadores de flores nos Templos e sacristãos.

LUGARES: Os templos, catedrais, mosteiros, capelas de Nossa Senhora e oratórios dedicados às Deusas. Hospitais, creches, mas poderia ser em qualquer lugar onde a atmosfera deste Caminho é encontrada. São prováveis belos jardins e cenários naturais. Também o são o luar e a água calma com reflexos.

COISAS: Objetos devocionais agradáveis. Cobre e prata. Contas de oração, saltérios iluminados. Bordado. Paramentos ricos, tecidos suaves. Arte religiosa. Brinquedos de tipo delicado para crianças. Flores. Todos os tipos de simbologia Vénus-Lua.

Thotol X

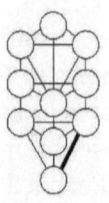

Este Caminho liga a Vitória ao Reino, ou Vénus-Terra. Um Caminho direto e positivo, no qual os seres humanos têm que resolver as suas necessidades sexuais e chegar a um acordo com o sexo como um impulso da Vida neste mundo, de modo a ter o melhor relacionamento com ele que consigam. Aqui deveríamos aprender que o sexo como um impulso puramente biológico é apenas a parte inferior da escada, e nós temos que subir daí até que possamos vê-lo como uma atividade que é capaz de ampliar a nossa experiência espiritual em campos muito mais amplos do que este mundo pode oferecer. Este é o Caminho no qual nós temos que decidir, se vamos aceitar o sexo como algo puramente relacionado com este mundo, tirar o que podemos tirar dele e deixar as coisas assim, ou procurar algo maior e melhor do sexo em níveis mais elevados e mais finos da vida. Isso quer dizer que nós limitamos as relações sexuais aos corpos apenas, ou vamos procurá-las com as nossas almas também? O que quer que seja que façamos, este Caminho está onde essa decisão deve ser feita. O seu Trunfo do Tarot é o Mundo, porque este é onde temos que nos decidir se restringimos a nossa consciência puramente a assuntos mundanos e não nos preocuparmos com as investigações esotéricas, ou começarmos a olhar para a Vida ao longo das linhas que levam para fora de ambientes terrestres. Nós podemos agradarmo-nos como queiramos. Existem apenas três Vias para sair deste mundo em direção à Divindade. A Hermética, a Órfica, ou a Mística. Este Caminho é o primeiro passo ao longo do Caminho Órfico se o quisermos seguir. O gozo das emoções e a realização de sentimentos. É verdade que muitas experiências aqui podem ser efémeras, e de significado não profundo, mas elas são necessárias para a Vida, e fazem parte do nosso processo de Perfeição assim que saibamos como as avaliar e empregar corretamente. Sem elas nós não somos exemplos proporcionais de humanidade. Estamos neste mundo para o experimentar e evoluir até que aprendamos a viver de outra forma e nos emancipemos da encarnação. Neste caminho podemos ter quase certeza de nos encontrarmos com:

PESSOAS: Aqueles que amamos, ou temos sentimentos fortes como companheiros que nos atraem. Pessoas que admiramos ou gostaríamos de conhecer. Pessoas sociáveis e divertidas de um tipo simples em cuja companhia nos pudemos sentir felizes e relaxados. Bons amigos e vizinhos agradáveis. Talvez não de forma permanente, mas definitivamente bem-vindos enquanto o conhecimento dura, talvez uma encarnação.

LUGARES: Quase em qualquer lugar em que relações humanas felizes sejam possíveis. Lugares de prazer, cenas sociais, ambiente intimista, etc. Certamente nada evocando sentimentos tristes ou amargos. Podem ser ambientes bastantes comuns como casas, lojas, escritórios, locais de trabalho, e assim por diante.

COISAS: Simbolismo Vénus-Terra. Cobre e combinações de argila. Erotismo. Qualquer coisa conectada com amigos e familiares. Equipamento culinário. Equipamentos desportivos. Material doméstico de todas as variedades. Roupas, modas, adornos. Seja o que for o que sugira a atmosfera deste Caminho.

Thotol Y

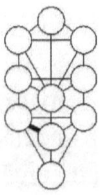

Este Caminho é realmente o equivalente masculino do W, e junta a Glória à Fundação, ou Hermes à Luna. É essencialmente um Caminho mágico e cerimonial, preocupado com a mente e os processos de raciocínio. Um Mago é uma "Imagem de Transformação", e, portanto é o Trunfo do Tarot aqui. Este é o lugar onde temos que contar com a razão de uma forma mágica, e aprender a fazer as nossas mentes servirem as nossas vontades na nossa busca da verdade. Novamente temos aqui o elemento reflexivo de Luna, o que significa o uso de inferência e dedução em vez de encontro direto. Ainda assim, o Espelho Mágico é uma boa ferramenta de investigação se nos lembrarmos de inverter os significados nas nossas mentes. A pompa ocultista e o psicodrama fazem muito parte deste Caminho, e quer o ritual, quer a rubrica da prática religiosa estão estreitamente ligados a ele. Para aqueles que acham as performances misteriosas e os costumes um fascinante estudo, aqui é onde a perícia nesses assuntos é adquirida. É também um Caminho científico no sentido de que a metafísica é abordada mais de um ângulo lógico e razoável do que alguns abordagens extravagantes e distantes apenas alcançadas pela fantasia. Aqueles que viajam frequentemente por este Caminho têm uma predileção por aparelhos elaborados como equipamentos "psionicos", e eles favorecem o simbolismo sólido de natureza mecânica ou eletrónica. Especialmente se esta é suscetível de confundir ou impressionar os outros por causa da sua suposta importância. Hermes ama realmente os seus pequenos truques. Este é o Caminho onde temos que empregar os nossos talentos criativos inventivamente, de modo a estender e expandir as nossas mentes, também para melhorar as nossas habilidades na gestão da mente. O uso prático da psicologia é aqui também essencial. Como uma regra geral, este Caminho é demasiado ativo para muita meditação ou trabalho contemplativo. O pensamento é traduzido em ação experimental com a rapidez que se espera de Hermes, embora muitas vezes com as fantasias que associamos à Luna. Aqui aprendemos a verdade por inferência a partir dos nossos erros, que é um procedimento humano bastante normal, embora desaconselhável para repetir *ad nauseam*. Esperamos encontrar neste caminho:

PESSOAS: Cerimonialistas de toda a espécie. Sacerdotes, magos, membros de Ordens Maçónicas e Ocultas, psiquiatras, médicos, atores, todos os pensadores e oradores brilhantes. Escritores de ocultismo e literatura relacionada, tal como ficção científica. Compositores de música clássica conectada com tais temas. Qualquer pessoa associada às "Artes interiores".

LUGARES: Templos Ocultos, Lojas, em qualquer lugar que sejam realizadas cerimónias secretas. Também estágios, salas de consulta, laboratórios. Em qualquer lugar que as atividades sejam realizadas em conexão com trabalhos mentais e investigação de assuntos Internos.

COISAS: Todos os tipos de utensílios Herméticos. Simbolismo Mercúrio-Lunar. Prata e mercúrio. Vestes cerimoniais. Insígnias usadas nas Lojas. Livros rituais.
Equipamentos eletroquímicos ou instrumentos musicais utilizados em atividades ocultas ou psicológicas.
Mecanismos hipnóticos. Qualquer coisa que possa estar relacionada com esta linha de comportamento humano.

Thotol Z

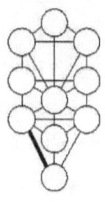

Este penúltimo Caminho entre a Glória e o Reino, ou Mercúrio e Terra, é o do Homem, o Investigador Científico. Aqui nós não sabemos nada, enquanto perguntamos sobre tudo, e vamos em busca de segredos para nos tornarmos bem-sucedidos na Vida. Daí o símbolo do Louco do Tarot, que realmente significa o "Inocente", ou não conhecedor no inicio de uma Busca. O Homem corre para onde os anjos têm medo de pisar, e exige que a Deidade responda a tudo o que ele pede. Ele não percebe que está a insistir em obter os meios da sua própria destruição, se a sua loucura não puder ser controlada. Aqui é o Caminho onde nós temos que aprender a controlar a loucura natural na humanidade por meio do senso comum terreno e da racionalidade Hermética. Caso contrário, estamos a viver à beira de um Abismo como o Louco na imagem. É um símbolo apto de muitas maneiras aqui, pois o Homem é verdadeiramente louco de muitas maneiras. Louco por dinheiro, poder, sexo, fama, admiração, e um milhão de outras sementes de autodestruição. Os loucos não são contudo idiotas, eles podem voltar à razão se sinceramente quiserem, que é do que trata este Caminho. Há um antigo truísmo de que apenas um tolo pode ser feito sábio, o que é claro significa um estado necessário de não-conhecimento antes que o processo de transmissão da sabedoria possa começar. Também é um truísmo dizer que um especialista em algum tipo de conhecimento específico pode ser um idiota absoluto noutras direções. Muitas vezes encontramos brilhantes cientistas ou estudiosos em assuntos especializados que são inocentes completos noutras áreas bastante conhecidas para as pessoas comuns. Então aqui é o Caminho em que devemos converter a nossa loucura natural em cautela, e a nossa inocência em experiência. Simplicidade e sofisticação têm que ser misturadas, a fim de produzir um ser humano razoavelmente inteligente que se possa obter pelas muitas maneiras pelas quais somos suscetíveis de entrar neste mundo. Neste caminho particular, vamos certamente deparar-nos com:

PESSOAS: Mortais médios de todos os tipos, mas principalmente, aqueles com algum objetivo na Vida, ou ambição para prosseguir em busca de alguma distinção. Isto é mais provável nos campos profissionais científico, de engenharia, literário ou médico. As atividades de negócios, políticas, e comerciais também são de destaque aqui. Não de todo, tipos muito espirituais. Diz o tolo no seu coração: "Deus não existe".

LUGARES: Lojas, escritórios, fábricas, navios, aeronaves. As pessoas deste Caminho encontram-se quase em qualquer lugar deste mundo, mas muito raramente, em igrejas ou Templos, a menos que seja como vítimas de fraude ou de imposição por parte de "chantagistas religiosos".

COISAS: Simbolismo Mercúrio-Terra. Mercúrio e argila.

Roupas comuns para a profissão ou representativas do trabalho. Objetos deste Caminho são mais provavelmente relacionados com tecnologia do que artes ou religião. Poderiam ser teatrais em caráter.

Engrenagem musical improvável, mas equipamentos matemáticos bastante prováveis. Equipamento educacional também.

Thotol Th

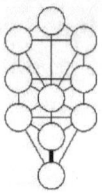

Por último o Caminho final na Árvore ligando a Luna à Terra. Um fator interessante aqui é que este Caminho é o primeiro a ser realizado como uma realidade física pela Humanidade. Pés humanos, literalmente, viajaram à Lua. No entanto as mentes e as almas humanas devem ainda progredir ao longo deste caminho à sua própria maneira, se quisermos ganhar alguma estatura espiritual no nosso Universo. O símbolo do Tarot é a Lua, e representa as nossas primeiras lutas para levantar os nossos eus Interiores longe dos níveis da terra para a Luz da Verdade por trás dos nossos seres. Os esforços humanos iniciais para se adaptarem com a estrutura espiritual subjacente à Criação são tão incertos, instáveis, e muitas vezes tão patéticos ou cómicos como um bebé a tentar gatinhar na sua forma vacilante para um parente mais velho de confiança. No entanto, sem esses passos vacilantes nunca teria aprendido a andar, de todo. Aqui nós deparamo-nos com os equivalentes Internos daqueles primeiros passos até ao Pilar do Meio do Caminho para a Luz. Olhando ao longo da história humana, podemos ver a maioria dos nossos erros e fracassos do passado juntamente com os nossos sucessos parciais ao longo desta secção do nosso trilho da Verdade. Além disso, também podemos ver como nós os temos traduzido nos nossos próprios tempos. Cultos estranhos de todo o tipo, trajes e costumes de "sair", crenças passadas, alteradas em aparências pseudomodernas. Os "Espíritos-guia" do século passado voltaram como "Homens espaciais" neste. Por outro lado, há uma muito genuína e profunda sinceridade mostrada pela sincera necessidade humana para o contacto com as realidades espirituais, não obstante o quão fracamente compreendidas elas sejam. Este é o Caminho onde nós "vemos num espelho sombriamente", pela Luz Lunar mais fraca, em vez de corrermos o risco de ser cegados por olhar para o Sol diretamente. É espiritualmente muito mais seguro ver as coisas por reflexão, em vez de perder a visão por completo pela exposição à radiação imprudente. Então, aqui é onde nós lutamos e nos atrapalhamos para encontrar quase qualquer tipo de apoio para o pé no primeiro degrau na escada da vida em direção à Luz Derradeira. Este Caminho detém tanto alegria como tristeza ao longo dos seus atalhos estranhos. Vamos conhecer algumas pessoas muito estranhas, e ter algumas aventuras estranhas, enquanto estamos nele, pois é um Caminho misto e pantanoso, com muitas reviravoltas, nenhuma levando à Verdade, mas oferecendo-nos todas as pistas sobre onde procurar a seguir. Neste caminho podemos achar difícil evitar:

PESSOAS: Entusiastas religiosos, místicos, e idealistas de todas as variedades concebíveis. Pessoas com abordagens excêntricas, ecléticas e individualistas do Absoluto e os Seus Aspetos sob qualquer forma. Padres e pastores de todas as fés. Cultuadores e seguidores de todos os credos, não importa o quão peculiares sejam. Nos nossos tempos, neopagãos, espiritualistas, ocultistas, e qualquer pessoa com ideias sobre os Mundos Interiores que estão à procura nem que seja um vislumbre de Luz refletida acima dos níveis de vida Terrestres.

LUGARES: Igrejas, Templos, Lojas, Círculos, Locais Sagrados, Casas, Cavernas subterrâneas. Topos de montanhas. Ermidas, arenas, salas de convocação, qualquer lugar em que as reuniões com as pessoas deste Caminho sejam

COISAS: prováveis. Poderia ser uma cabine telefónica, uma biblioteca, ou onde quer que um encontro previamente combinado possa ser mantido.
Símbolos Lua-Terra. Prata e argila. Itens aqui são demasiado numerosos para possivelmente especificar. Engrenagem religiosa e mística de toda a variedade imaginável, incluindo livros, fotos, instrumentos musicais, e todo o trabalho de arte/artesanato ligado a elas. Espelhos, telas, cristais, varinhas de vedor, e assim por diante. Trajes coloridos ou uniformes e hábitos que refletem todo o esforço humano na evolução espiritual. O todo da nossa "Ordem Externa", juntamente com todos os seus brinquedos e enfeites.

Tudo o que antecede é apenas um esboço muito básico do que poderia ser esperado em cada um dos Caminhos como orientações muito gerais. Apenas algumas poucas sugestões para atuar como pontos de partida, a partir dos quais desenvolver os canais mais amplos e mais profundos de consciência que estão à espera para serem explorados pelas mentes e almas inquiridoras. Não importa o quanto a pessoa que trabalha o Caminho possa ter feito porém, o propósito dela nunca deve ser perdido de vista ou não adianta fazê-lo de todo. Este propósito está a empacotar um montante máximo de consciência categorizada por trás do ponto focal mínimo de um único símbolo sumativo. Essa consideração deve ser habitada e reiterada tantas vezes quantas as necessárias para a tornar uma diretiva de cada aventura Interior na Árvore. O processo é simbolizado na tradição esotérica como a relação do Macrocosmo com o Microcosmo, ou dito de outra forma, a ligação entre Deus e o homem. Isto é ilustrado esquematicamente pelo bem conhecido Hexagrama dos triângulos entrelaçados. O triângulo descendente mostra a focalização da consciência Divina para contactar o Homem como uma "microminiaturizada" semelhança a Deus. O triângulo ascendente indica a humanidade concentrando praticamente toda a sua história num único ponto destinado ao Absoluto. Assim é como o contacto mútuo é estabelecido. Isto é o que se entende pelo mandamento: "Ama a Deus com *toda* a tua mente e alma" Nós precisamos apontar os nossos Eus por inteiro para a nossa "Imagem do Infinito". Não apenas alguns poucos pensamentos aleatórios e sentimentos que passamos, mas tudo o que fomos, somos agora, e alguma vez seremos. O todo de nós. As nossas encarnações passadas, atuais, e cada vida futura necessária para chegar a essa Realidade Última. Isso é o que devemos aprender em todos os Caminhos da Vida, seja pelo sistema da Árvore, ou de qualquer outro que tentemos trilhar.

De qualquer forma, agora que nós aprendemos como carregar um alfabeto comum com toda uma massa de significado de Vida, teremos que descobrir o uso desta para telecomunicações com "habitantes dos Mundos Internos" que estão dispostos a trabalhar o mesmo sistema para contactar a nossa consciência com a deles. Esta poderia ser tanto uma experiência interessante quanto agradável.

G. Thotolês: Conversando com "Deuses"

Aprender a usar "Thotolês" não é de todo diferente de aprender a comunicar-se em código de Morse. A fim de aprender Morse, um operador deve ser capaz de contar a uma velocidade muito elevada, estimar intervalos de tempo de sinais e silêncios à mesma taxa, enquanto associa letras do alfabeto e números ou pontuação com cada combinação distinta de unidades-código. Isto é uma ação mental inteiramente automática, não necessitando de conhecimento do real significando transportado pelos próprios sinais.

Para ilustrar este ponto, um exemplo da prática do Corpo de Cameleiros no Egito durante a Segunda Guerra Mundial será muito útil. Os seus operadores de sinal eram então principalmente Sudaneses que nem falavam nem escreviam em Inglês, contudo recebiam e enviavam mensagens de rádio em Inglês a velocidade considerável. Eles estavam tão treinados que sabiam que ao ouvir sinais de Morse nos seus auscultadores, tinham que fazer marcas distintivas em papel que lhes disseram que eram caracteres do alfabeto inglês, mas a linguagem em si não lhes foi ensinada. Por outro lado, eles foram treinados a quando vissem um carácter Inglês no papel, o traduzirem em movimentos com o dedo numa chave de Morse. Deste modo, os homens estavam a comunicar-se numa outra língua que era ininteligível para eles, embora, naturalmente, conhecida para os seus oficiais. Assim, a mente humana é perfeitamente capaz de lidar com um significado a um nível puramente mecanicista, enquanto é incapaz de compreender o seu significado intelectual ou espiritual em níveis mais elevados de expressão.

Durante a leitura de texto comum, nós temos que interpretar os espaços entre as letras e palavras tanto quanto seguimos as linhas de cada letra. Na verdade, o que nós realmente lemos é a diferença entre os dois. O negativo do espaço e o positivo da carta, torna-se a linha neutra de linguagem que transformamos em significado dentro das nossas mentes. No caso do Thotolês, temos que combinar dois valores-Vida fundamentais para ver uma única consoante da nossa língua. Assim, o sistema de comunicação que vamos trabalhar é mais ou menos como se segue. Devemos "pensar nos Deuses" conscientemente, através de símbolos alfabéticos que o nosso subconsciente tem associados a experiências específicas de Vida. Os "Seres-Deus" que estão constantemente em contacto com a nossa consciência profunda, interpretam essas impressões em termos da sua própria consciência. Eles devolvem as suas reações para connosco "pensando em nós" através de variantes da Vida, que as nossas mentes traduzem como combinações alfabéticas ligadas à nossa linguagem. Isto pode soar a uma forma elaborada de comunicação com o próprio subconsciente, mas é realmente um método de comunicação com outros agentes de consciência *através* da própria mente subconsciente, por meio de um código combinado de consciência.

Na verdade, tudo o que estamos realmente a fazer é reorganizar e trazer para níveis de reconhecimento inteligente, um processo perfeitamente natural de reação instintiva com as forças-Vida que normalmente estão fora do alcance das nossas mentes racionais. Uma vez que as nossas vidas neste mundo são em grande parte dirigidas e controladas a partir desses pontos focais, é uma grande vantagem ligá-los através das nossas conexões subjacentes com a Vida, por termos literatos e compreensíveis de expressão que usamos entre nós durante a realização dos nossos assuntos-Vida nesta Terra. Ao mesmo tempo, tem que ser completamente percebido que os limites deste esquema são determinados inteiramente por habilidades individuais de literacia e construção de conceitos em termos de pensamento formalizado. A menos que as pessoas sejam realmente capazes de trabalhar com as palavras e fazer sentido com elas, elas não podem traduzir mensagens recebidas subconscientemente para qualquer língua humana. Assumindo um grau médio bastante bom de literacia inteligente no entanto, isto é como os primeiros passos práticos em Thotolês são sugeridos.

Quando a proficiência nos Trabalhos de Caminho é obtida até ao ponto em que a concentração numa única letra, irá simultaneamente chamar condições de Caminho para a consciência do trabalhador, todas as palavras podem ser enviadas desta maneira para os níveis subconscientes e ainda mais longe. Primeiro pense em alguma frase muito breve, impactante e significativa, calculada para atrair a atenção das fontes Interiores de inteligência. Tal como: "Desperta e responde." Escreva isto num papel em maiúsculas. Transmita-as uma a uma para o subconsciente, preenchendo a área focal da consciência completamente, e exclusivamente, com o significado Thotol das letras por um breve momento por letra, permitindo pausas entre as palavras. Risque as letras em papel à medida que são enviadas. Se ajudar, os números dos Caminhos podem ser escritos em cima e de baixo de cada letra no início, embora a mensagem no papel seja somente para os exercícios preliminares, e tem que ser abandonada por completo quando a prática a tornar desnecessária. Eventualmente tudo deve ser feito na e pela mente sozinha.

Ao se tornar consciente de cada Caminho, é importante que isso seja feito, tanto tempo quanto possível, com toda a consciência por talvez uma fração de segundo. É realmente um Trabalho de Caminho completo, comprimido na menor unidade de Espaço-Tempo apreciável pela inteligência humana. Nós temos que fazer mais do que piscar um pensamento casualmente de Caminho para Caminho à medida que passamos por eles. Nós devemos viver cada Caminho momentaneamente à medida que mudamos a consciência de um para outro. Ou seja, temos que "ligar" um Caminho, experimentá-lo, "desligá-lo", e depois prosseguir para o próximo Caminho em menos de um mini-segundo. No início, isto pode ser considerado impossível ou improvável, mas é apenas uma questão de prática e perseverança antes que uma velocidade bastante razoável possa ser trabalhada. Uma boa oportunidade para um tal exercício é ao fazer dactilografia comum. Com os dedos pairando sobre as teclas, deixe que a mente fique em cada letra simples como um valor Thotol antes de as atingir. Identifique cada letra de acordo com o seu lugar na árvore à medida que ela é atingida. Isso vai reduzir a velocidade de dactilografia consideravelmente no início, mas também irá acelerar o reconhecimento do Caminho para uma medida compatível. Pode ajudar aqui, começar com um plano da letra-Caminho facilmente visível, em seguida, coloque isso ao lado para ocasional referência, se necessário, em seguida, vire-o de face para baixo ou cubra-o de modo a que apenas o desespero o leve a olhar para ele.

Para praticar a receção só é necessário inverter este processo, calmamente contemplando o nosso próprio estado interior, e permitir que mensagens-soletradas surjam naturalmente no ponto focal de consciência. Embora isso não pareça complicado quando descrito desta forma, é na verdade, um processo extremamente complexo. Teoricamente, as letras e as palavras devem vir à superfície livres da interferência das diretivas subconscientes preocupadas com puro autointeresse e desejos pessoais. Estamos muito suscetíveis a distorcer e traduzir as nossas fontes profundas de inteligências informativas no que queremos ouvir em vez do que elas realmente significam. Além disso, somos virtualmente empurrados para fazer isto por uma questão de autoproteção, e muito frequentemente, a fim de manter o equilíbrio de sanidade contra as completas adversidades da vida neste mundo. Poucos realmente podem suportar a pressão de ser expostos à Verdade nua todo o tempo. Então, nós temos que nos adaptar e comprometermo-nos com a nossa consciência-Vida de tal forma, que nos possamos relacionar com a Verdade obliquamente através de ecrãs cuidadosamente construídos, em vez de enfrentar as suas forças brutas nos nossos estados indefesos de exposição Interior. Portanto, nós podemos esperar que os nossos contactos com "Os Deuses" da nossa Vida Interior sejam coloridos e apresentados de acordo com os nossos padrões pessoais de perceção, e a devida permissão deve ser dada para este fator.

Por tais razões, é de longe o melhor curso, antes de começar a "Thotolizar" a sério, fazer um pacto solene com as próprias fontes de consciência interior, de modo a que as questões principais da Vida além da própria capacidade real de lidar com elas independentemente, nunca sejam perguntadas. Por exemplo, seria tolo perguntar algo como: "Quando e como vou morrer?", "Quantos planetas existem em todo o Universo?", "Há um Deus, e se assim é qual é o Seu Nome?", "O que eu irei ser na minha próxima encarnação?". Tais questões nunca serão respondidas factualmente, em qualquer caso, mas apenas através das próprias preconceções do seu significado que geralmente estão muito longe de mesmo uma boa adivinhação. Em geral, não é uma boa ideia tratar a Árvore apenas como uma máquina de leitura da sorte ou de satisfazer a curiosidade. O melhor e mais natural uso da árvore é para orientação da Vida na direção certa para a Perfeição. Isso é, afinal de contas, o seu propósito primordial e função normal, por isso pode muito bem ser empregada de acordo com intenções do seu *designer* e especificações. Se for tratada de outra forma, de alguma forma contrária às instruções do seu fabricante, nós só nos poderemos culpar a nós mesmos por quaisquer falhas ou avarias.

Portanto, a maneira mais sábia para trabalhar com o sistema-Árvore é começar com sessões curtas, de preferência em horários do dia determinados. Obviamente de manhã cedo, depois de levantar seria um bom momento, devido ao repouso recente em contacto com os estados de subconsciência. Antes de dormir é uma outra ocasião óbvia, por causa da intenção de se aproximar aos mesmos níveis. Um período a meio caminho entre os dois por alguns momentos deve ser outra "pausa-Thotol", se possível. Esta liga a mente ativa preocupada com detalhes de ocupação mundana, com uma consciência subjacente de autosignificância espiritual. De três a cinco minutos é o bastante para começar, e no início uma caneta e papel, ou, possivelmente, um gravador de bolso, é útil como um mecanismo de focagem-pensamento. Com a prática, o cérebro-mente irá fazer tudo por si perfeitamente bem, embora seja um ideia sensata fazer anotações sobre o que "vem através de", para a manutenção de registos e para dar algum tipo de continuidade ao processo.

Uma maneira útil de trabalhar é começar por fazer de toda a Árvore uma espécie de fundo ocupando a área do nosso próprio corpo. Não há necessidade de se concentrar em detalhes definidos, contanto que na consciência do seu ambiente exista, algo como uma consciência de tudo o que está por trás das nossas costas. As letras dos Caminhos são, então, convocadas individualmente em velocidade para fazer palavras. Se uma pergunta é feita, a interrogação é indicada varrendo a consciência rapidamente pela Árvore acima, em seguida empurrando-a para o Zero e para além, com um golpe de libertação, após o qual relaxe e aguarde qualquer resposta. É melhor durante as sessões iniciais manter os contactos em níveis muito amplos e gerais, estando disposto a levar o que chega de forma acrítica e pouco exigente, simplesmente observando que existe uma sensação de contacto com outra que não só a nossa própria inteligência, e se assim for, quaisquer impressões gerais em relação a elas. Por exemplo, se o contacto parece sexuado ou apenas neutro, é próximo ou distante, tem conteúdo emocional, ou é desinteressado, pode ser identificado, ou é totalmente anónimo? Qualquer coisa para estabelecer alguma relação reconhecível. Não faz sentido qualquer tentativa de forçar ou inventar uma resposta fictícia. Se não chega nenhuma até ao final de um tempo de sessões estabelecido, então anote S / C (Sem Contacto) na folha de registo e deixe-a assim até à próxima vez. É importante não se sentir aborrecido, posto de lado, ou de alguma forma incomodado por uma parede em branco a confrontar a consciência, que esperamos tenha sido prorrogada por alguns comentários amigáveis de íntimos Interiores. É melhor ver uma superfície não comprometedora simples, do que ler um monte de lixo atirado lá, para nada mais do que loucura. Uma palavra simples de sentido vale mais que um milhão de palavras de estupidez.

A forma exata das respostas recebidas através do sistema Thotol a partir de fontes Internas varia muito, dependendo da composição mental dos recetores. Alguns tendem a ver palavras como se escritas quase imediatamente em frente dos seus olhos em vários estilos. Outros ouvem-nas faladas em diferentes vozes ou dialetos. Outros ainda apenas o sentido das respostas, ou obtêm a essência delas mais ou menos instintivamente. Tudo depende de como nós traduzimos subconscientemente a inteligência recebida, em termos compreensíveis pelas nossas habilidades comuns de consciência. Este é realmente o caso da conversação humana normal. Os nossos ouvidos não ouvem realmente as outras pessoas a falar palavras. Eles ouvem ruídos específicos que as nossas mentes transformam em palavras, porque elas já estão no nosso *stock* mental de compreensão, organizadas em categorias, prontas para serem comparadas com tudo o que os nossos ouvidos receberem. A compreensão de palavras é feita pelas nossas mentes apenas através de acordo entre si, sobre a significância atribuída aos sons que também são representados por símbolos visuais, ou no caso de pessoas cegas, tácteis. Os nossos sentidos recebem sinais que as nossas mentes fazem corresponder aos dos seus arquivos. Aqui, temos que receber sinais de fontes completamente fora da origem humana, e fazê-las corresponder com o nosso *stock* mental de palavras por meio do sistema Thotol, de modo a que elas façam sentido e tenham significados racionais.

Tem que ser percebido, logo desde o início que a qualidade e o conteúdo da comunicação, depende inteiramente de ligações individuais com inteligências Interiores vivas. Algumas pessoas são suscetíveis de obter quilómetros de "mensagens" que poderiam parecer muito notáveis ou mesmo fantásticas, contudo têm muito pouco significado sólido por trás delas, sendo puramente fictícias nas suas características. Outros podem ter somente poucas palavras ou frases lacónicas que guardam chaves de vital importância para as suas vidas. Em geral, vale a pena manter um controlo de censura firme sobre a inteligência que chega, e permanecer em contacto apenas com fontes razoáveis e confiáveis de fornecimento. Isso pode levar talvez muitos meses de verificação cuidadosa e avaliação, mas nem um só momento gasto em tal trabalho alguma vez será um desperdício. A mente tem que ser repetidamente treinada para que traduza os impulsos recebidos interiormente em termos de pensamento compreensível pela consciência normal. Isso significa estabelecer disciplinas firmes de procedimento que se devem sugerir por si mesmas a qualquer pessoa com consciência clara.

Por exemplo, a inteligência que chega deve ser levada a observar as regras simples de clareza, precisão e construção coerente. Desde o início um comunicador deve recusar firmemente aceitar receções desconexas, vagas, pouco claras, ou duvidosas. Repetidamente tais divagações têm que ser paradas e atiradas de volta ao subconsciente com o curto comando em Thotolês: "Reformule". Eventualmente, isto irá ter o efeito de trazer comunicações numa forma mais satisfatória. A última coisa que um operador deve fazer é permitir-se que se torne negativo e indiferente, permitindo a qualquer coisa que seja que se insinue aleatoriamente e ao acaso. Como um operador de rádio a receber Morse, a sua atenção deve estar agudamente focalizada e alerta o tempo todo, supervisionando os sinais que chegam com escrupuloso cuidado e preocupação. Só depois de os escrever na sua forma final é que ele pode dar-se ao luxo de relaxar e os analisar criticamente.

À medida que uma sensação de contacto aumenta, é necessário tornar-se mais e mais seletivamente crítico sobre o que é recebido. Especialmente no que diz respeito a comunicações preditivas ou especificamente informativas. Absolutamente nada deve ser tomado como preciso até que seja ou comprovado por eventos ou fortemente apoiado pelo pensamento racional. Se uma comunicação estiver obviamente errada, deve ser procurado o motivo. Digamos que uma declaração preditiva foi feita de que algo vai acontecer e que na verdade não ocorre. A imprecisão aqui é mais frequentemente devida a erro de tradução pela mente do recetor que formula uma possibilidade ou temida ou desejada. A única coisa sensata a fazer é efetuar memorandos do que é recebido, avaliá-lo mais tarde para a verificar a exatidão ou não, em seguida, decidir se a percentagem de acerto dá motivos para a confiabilidade ou não. Pelo menos cinquenta por cento de precisão é necessária antes que o senso comum se dê ao luxo de arriscar em agir com base em "informações Interiores recebidas." Mesmo assim, será necessária cautela e verificação contínua durante um longo período antes que seja posta confiança real em comunicações obtidas de fontes Interiores por este, ou quaisquer outros meios.

Uma vez que tenham sido feitos e desenvolvidos contactos fiáveis com inteligências Interiores através deste sistema Thotol, elas próprias devem instruir cada indivíduo a como proceder a partir desse ponto. Com toda a probabilidade, a cada operador será dado algum "Código de chamada" definido, que pode consistir num nome ou um número de série. Não há qualquer utilidade em tentar inventar um destes códigos para si mesmo. Eles têm que vir através de canais internos diretamente, e, tal como os "nomes mágicos" eles nunca devem ser escritos ou utilizados para qualquer outro propósito que não a comunicação com o seu ponto de origem Interna. Os números, é claro, são assinalados pela concentração em Esferas apropriadas da Árvore. Assim, a combinação correta de números e letras adequadamente assinaladas podem ser as chaves para os canais de comunicação que ligam a consciência humana com níveis Internos de inteligência viva. Isto foi certamente descoberto pelos antigos trabalhadores da Qabalah durante as suas experiências com letras-números, mas se eles perceberam ou não a necessidade prévia de simbolismo subconscientemente associativo antes do sistema funcionar de todo, é incerto.

Estes antigos assumiram que a magia estava nas letras e números por si só. Colocando-as juntas corretamente, todos os segredos do Universo poderiam ser revelados. Não parecem ter percebido, esses primeiros místicos, que a magia estava nas cadeias de consciência categorizada formadas pelos seus próprios esforços para vincular estas com símbolos literados para unidades de conhecimento inteligente. Os segredos do nosso Universo e Conhecimento dos Deuses, estão realmente em algum lugar além do alcance fácil das mentes humanas, mas não além do nosso alcance eventual pela extensão evolutiva. Isso é o que cada galho da árvore nos tenta dizer através da linguagem das suas folhas se nós nos dermos ao trabalho de a aprender.

Qualquer pessoa supondo que a familiaridade com a linguagem da Árvore pode resultar em respostas instantâneas a tudo e consequentes vantagens sobre todos os outros, não encontrará senão a deceção. Operadores fiáveis do sistema "no lado interno" não estão a trabalhar para a causa da satisfação da curiosidade e cupidez humana, mas apenas a fim de ajudar os seres humanos a evoluir completamente para tipos mais elevados de Vida. Portanto, um pouco como as agências de segurança na Terra, eles trabalham numa base de "necessidade de saber", o que também parece aplicar-se dentro dos seus círculos de consciência. A linguagem-árvore não nos vai colocar em contacto direto com a Omnisciência Divina, mas vai ligar-nos com aqueles que medeiam essa toda-consciência segundo os seus graus de habilidade, e os nossos graus de contacto com a sua consciência. Quer nós chamemos estas entidades Anjos, Guias Espirituais, ou qualquer outra coisa, não faz qualquer diferença para as suas naturezas intrínsecas. Nós e eles somos igualmente espécies distintivas de Vida inteligente, coexistindo no mesmo Cosmos Criativo em níveis separativos de expressão.

Só neste mundo, por exemplo, nós temos muitas ordens de vida a existir totalmente à parte da consciência umas das outras, contudo ligadas entre si pela "Ordem Global" da existência na Terra como um todo. Considere os mundos dos peixes e das aves, tão semelhantes em alguns aspetos, contudo diferentes noutros. Ambas as criaturas giram em torno dos seus ambientes, põem ovos, caçam espécies de apoio, e têm muitos hábitos em comum, incluindo sons de comunicação. Problema – como poderiam um peixe e um pássaro partilhar inteligência um com o outro? Mais importante, porque é que eles devem fazer isso e quais os benefícios mútuos que podem resultar disso? Poderiam os pássaros avisar peixes de frotas de pesca acessíveis, ou os peixes avisarem as aves contra manchas de óleo? Problemas similares ocorrem no caso dos seres humanos encarnados e aqueles que existem em estados de consciência conectáveis divididos por incompatibilidades dimensionais.

Olhando para a Vida tal como representada pelas suas ordens na nossa Terra, não parece que elas estejam muito ansiosas para se comunicarem umas com as outras, a menos que haja algo a ser ganho com a troca. Quase a mesma coisa pode ser dita também para as "ordens Internas". Os seus estreitos contactos com a humanidade são principalmente regidos por interesses mútuos. Onde estes coincidam, estarão aí os pontos mais prováveis de Contacto a descobrir ou explorar. Daí, o desenvolvimento do sistema Thotol entre as ordens de Vida humana e outras, partilhando semelhantes objetivos espirituais e conceitos de consciência em conexão com o Cosmos.

Até certo ponto, temos vindo a utilizar os princípios de "Thotolismo" desde há muitas eras passadas pelo uso de "Nomes-Deus", que eram realmente códigos-chamada para tornar os seres humanos mais próximos das formas superiores de Vida inteligente, que estão preocupadas com o nosso progresso evolutivo como criaturas potencialmente espirituais. A igreja cristã encorajou os seus membros a se comunicarem em nome de *"JESUS"*, que tinha o significado codificado em grego de *"GE –ZEUS"*, ou Mãe-Terra e Pai-Céu. Pode-se dizer, talvez, que os mortais-Terra estavam a chamar instintivamente os seus progenitores primitivos noutros planetas. Uma espécie de apelo geral para trás, ao longo de linhas de Vida ancestrais. Mais tarde em nome de *"Maria"* (*MARI*) entrou no uso cristão como uma "chamada abrangente"[26] para a grande Mãe do Mar, de cujo ventre misterioso as nossas formas corporais nasceram para a Vida terrena. Assim, o chamamento *"JESUS-MARIA"* era esotericamente uma invocação a três dos nossos elementos de Vida, a Terra, o Ar e a Água. É possível que os Cristãos tivessem medo de invocar o Fogo que lhes sugeria o seu inferno, ou tivessem uma antipatia em fazer isso porque a maioria dos pagãos eram adoradores do Sol.

De uma maneira ou doutra os seres humanos deram-se conta desde há muito tempo, que certas palavras específicas eram "mágicas", porque estas tinham o efeito de colocar os seus pontos focais de consciência em contacto com as suas identidades Internas e despertar graus de consciência normalmente não acessíveis às suas mentes interessadas na matéria. Tais palavras eram raramente universais, mas aplicadas principalmente através de formas étnicas e outras formas de compreensão localizadas. Quanto mais nos tornámos pessoas de pensamentos-palavra, mais especializada foi a nossa "linguagem mágica", contudo, não foi senão relativamente tarde na história humana que o sofisticado sistema do Plano Árvore-Caminho literato se tornou possível. Nem foi senão até ao nosso século que as associações Palavra-chave para destrancar segredos da mente subconsciente, foram transformadas num estudo

---

[26] "blanket call" no original. Aqui William Gray refere-se ao termo "Maria", como uma referência que abrange todas as ideias (conceitos) associadas à Grande Mãe. (N.T.)

científico. Os primeiros estudiosos Qabalísticos acreditavam que estavam a contactar Anjos importantes, que os iriam informar vantajosamente sobre o funcionamento do Universo. Os modernos psicólogos acreditam que eles podem revelar os segredos da mente humana, o que os vai habilitar, ou aos seus financiadores, a controlar e manipular a humanidade por muitas e variadas razões, todas favorecendo os benefícios pessoais. Possivelmente muito poucas almas realmente tentaram aprender com sinceridade a "Linguagem dos Deuses", puramente por uma questão de aprender a viver melhor do que a espécie humana na Vida na Terra e noutros lugares.

    As hipóteses de uma pessoa média descobrir muito sobre os segredos Cósmicos através do uso do Thotolês, são tão remotas como se elas buscassem informações secretas das autoridades humanas terrenas. Provavelmente menos. Eles podem sempre aprender o que quer que a sua consciência seja capaz de compreender no alcance da expansão que vão atingir através do sistema-Árvore, e não mais do que isso. A comunicação interna tem as suas próprias regras de Vida a observar, a sua própria hierarquia a obedecer, e as suas próprias obrigações a cumprir. Elas não são um serviço de espionagem, nem podem interferir com o funcionamento das leis naturais neste mundo numa extensão maior, do que o permitido pelas exigências da Própria Existência como limitada pelo controlo da Consciência Cósmica. Além disso é necessária uma Inteligência interior muito competente e altamente especializada para influenciar até mesmo um pouco que seja, o curso da conduta humana e da vida na Terra. O contacto direto com tais seres raramente é possível para os seres humanos, e apenas por uma razão muito significativa. Afirmações grandiosas, por seres humanos, como tendo contacto direto com, ou autoridade especial de Elevados Deuses ou outros Seres Divinos, são geralmente nascidas de pensamento ávido e engrandecimento do ego. Ou, possivelmente, os seres humanos em questão podem ter sido maliciosamente mal informados por "prisioneiros-internos," que são indiferentes ao bem-estar espiritual humano e, possivelmente, antipáticos à nossa espécie de criaturas.

    Um ponto importante a favor do sistema Thotol é que ele não pode ser mal utilizado por inteligências Interiores seriamente anti-humanas, porque os seus termos de referência são sem sentido para elas. Conceitos tais como Beleza, Disciplina, Misericórdia, etc., são bastante fora do seu normal âmbito de compreensão ou comportamento. Para eles, a ideologia da Árvore parece insana e sem valor, e assim estão para além de se preocuparem com ele como um meio de atividade anti-humana. Sem rodeios, *o sistema da Árvore não encoraja a humanidade a destruir-se a si mesma*, por isso, é de nenhuma ajuda para as pessoas com esse objetivo em vista. O risco do sistema da Árvore ser deliberadamente pervertido por mentes anti-humanas é mais do que remoto. Além de que, eles têm já meios adequados para atingir a nossa consciência através de outros canais. Portanto o Thotolês é provável que se mantenha mais ou menos uma "linha privada" entre os seres humanos ansiosos para desenvolver as suas potencialidades espirituais, e os do "outro lado da Vida" que estão interessados em auxiliar este processo.

Há uma coisa especialmente importante a ter em mente ao fazer estas comunicações. As inteligências Interiores não são entidades encarnadas a olhar para a Vida do nosso nível como um experiência que lhes está a acontecer a eles. Portanto, eles não têm os nossos pontos de vista sobre os eventos-Terra que estão a acontecer connosco como causas de dor-prazer. Eles não iriam ver a morte *per se* como algo muito terrível por exemplo, embora as inflições humanas de crueldade e malícia na nossa própria espécie lhes pareçam chocantes e reprováveis. As nossas vidas e as delas são tão completamente diferentes, que é virtualmente impossível partilhar experiências, exceto nos graus para os quais a mútua simbologia o permite. A dor física não é apreciável para aqueles que não têm corpos humanos, mas os factos de tristeza e infelicidade por causa da doença podem ser apreciados como perturbações do equilíbrio, distribuição desarmónica de energias e assim por diante. Muitas coisas que nos causam ansiedade e problemas, parecem relativamente triviais dos ângulos Interiores de visão, algo como as montanhas da vida no infantário sendo muito pequenos montículos para os funcionários adultos. Por outro lado muitas coisas que ignoramos ou que mal nos podem incomodar, causam uma grande dose de preocupação e reflexão séria entre a consciência dos *Inners* da sua importância como fatores que afetam as nossas mútuas relações cósmicas. Proeminentemente entre estas estão as hostilidades humanas entre os próprios, o tratamento explorador de outras espécies de Vida independentemente dos seus direitos evolutivos, a má gestão de energias naturais, e a irresponsabilidade de comportamento que poderia paralisar parte deste planeta num programa perfeição-Vida até onde o nosso sistema solar está em causa.

    A humanidade como tal, tem uma função a cumprir nesta Terra no esquema da "Ecologia da Existência" aplicável ao nosso canto do Cosmos. Se falharmos nisso, então começamos a perturbar o equilíbrio da Vida noutros níveis além do nosso, o que apela a uma ação Cósmica compensatória em consequência. Há séculos atrás, esta poderia ser normalmente confinada a correções relativamente leves, através de canais individuais e coletivos capazes de as suportar por reajustamentos humanos à Vida na Terra. Na história recente, no entanto, nós temos vindo a crescer perigosamente perto do limite exterior deste procedimento, por causa da nossa capacidade de alterar a estrutura atómica da matéria, e termos invadido o Espaço para além dos limites deste planeta. Nós não estamos apenas a tornar-nos num perigo para nós mesmos, mas uma ameaça para outros mundos, igualmente, incluindo a subestrutura espiritual da nossa própria ordem-Vida.

    Se o pior acontece ao pior, e nós não podemos ser controlados pela consciência, nós poderíamos em vez disso, ser controlados por uma catástrofe, e a nossa espécie reduzida à insignificância ou mesmo extinta. Isso, no entanto, significaria uma perda para a Vida Macrocósmica de tipo muito sério, e um retroceder do Plano de Perfeição, o que seria muito desagradável para aqueles mais preocupados - incluindo os nossos próprios membros mais evoluídos da humanidade. Embora a sobrevivência espiritual certamente continuasse, a sua qualidade seria diminuída pela destruição da humanidade, tal como a nossa seria diminuída pelo desaparecimento de outra vida animal que não a nossa própria neste mundo. Sem os seres humanos, a "vida dos Deuses" seria muito menor. Apesar de que nós não somos senão um pequeno planeta em todo o Cosmos da Criação, ainda assim deve ser sentida a perda, até que possamos ser substituídos por alguma espécie mais avançada, o que dificilmente poderia ser feito sem despesas incalculáveis da energia Criativa.

Então, ordens pro-humanas de inteligência Interna têm razões para estar preocupadas com o nosso futuro, uma vez que este envolve as suas condições de consciência também. Daí as tentativas de comunicação ao longo de linhas literatas, uma vez que os humanos estão a tornar-se cada vez mais resistentes a outras abordagens. Quanto tempo isso vai levar antes que emerja da sua fase experimental em algo aceitável por mais do que um mínimo de mentes humanas, depende inteiramente da extensão da prática e do desempenho humano, que é suscetível de não ser nem rápido, nem sustentado. Mesmo se o impossível acontecesse e o processo fosse aperfeiçoado amanhã, a massa da humanidade continuaria a ignorar a sua importância, como a maioria de nós sempre ignorou tudo fora dos desejos imediatos para uma "criatura-conforto" e da satisfação dos mesmos.

A probabilidade é que o "Thotolês" permaneça o estudo de especialistas dedicados ainda por algum tempo nos tempos vindouros, mas é uma boa ideia que os princípios gerais do sistema sejam apreciados fora desses círculos seletos. Há apenas alguns anos atrás, as ideias de comunicação com outros que não mortais eram confinadas à oração e à meditação pelas Igrejas, e trivialidades espiritualistas pelo menos ortodoxos. Agora o transcendentalismo deu um toque moderno em termos de telepatia com pessoas noutros planetas, e há livros de bolso sobre Qabalah que podem ser encontrados na maioria das livrarias. Portanto o Thotolês não deveria ser uma surpresa para muitos modernos, mas não são muitos os que sejam prováveis de o levar muito longe da página impressa. No entanto, se ele entrar em algum tipo de circulação consciente, especialmente entre as vias do pensamento Ocidental, isso deve servir o propósito por trás dele até que novos desenvolvimentos façam os seus significados mais proeminentes.

Então, por que é alguém com tempo limitado para gastar em atividades esotéricas deve dedicar algum dele para "Thotolizar" a sua consciência, na esperança de entrar em contacto com inteligências que vivem em dimensões-Vida diferentes do seu? Primeiro, pelas mesmas razões que os montanhistas correm riscos incríveis. "Porque ela está *lá*." É uma conquista muito acima de qualquer coisa que as pessoas comuns podem fazer com as suas mentes. Os montanhistas provavelmente adicionaram muito menos ao *stock* de conhecimento e da experiência humana do que outras atividades qualificadas, mas eles têm demonstrado graus da resistência e incrível ingenuidade com equipamento de sobrevivência inventado para atender às suas necessidades. Mais do que qualquer coisa, eles mostraram o desejo humano individualista intenso de se "sobredestacarem" dos seus companheiros mortais, realizando algo muito além de qualquer capacidade média. A emoção de tocar terra em que nenhum ser humano jamais pôs os pés até então, coloca-os num pináculo Interior maior do que a própria montanha. Assim também faz sentido fazer parte de uma irmandade de elite, entre os quais cada vida está nas mãos dos outros. Embora talvez apenas alguns montanhistas iriam admitir isso, o seu exercício dá-lhes um sentimento de virtual "Divindade", que eles não iriam trocar por qualquer outra coisa que a Terra lhes pudesse oferecer.

Possivelmente mais do que tudo, os Thotolizadores podem procurar sinais convincentes de que realmente há outras formas de Vida inteligente além da humanidade, e que muitas delas se preocupam com o nosso desenvolvimento em seres mais interessantes do que as entidades incorporadas em massas de carne em movimento. Assim que eles aprendam a ouvir inteligentemente dentro de si mesmos, eles talvez possam discernir mais significado para as suas vidas do que fazer dinheiro, e algo mais significativo do que o *status* social. Eles podem até ter uma noção sobre onde eles estão ligados como almas que buscam a sua Fonte através do Oceano do Infinito. Qualquer pessoa pode ler as teorias dos outros e as suas opiniões sobre esses temas em livros, mas quantos estão dispostos a trabalhar para encontrar os seus próprios factos Internos, a partir de recursos livremente disponíveis dentro de si ao custo de alguma concentração disciplinada? Isto é tudo o que o Thotolês necessita, no entanto, o preço é muito alto para a maioria dos seres humanos.

É claro que há dificuldades de comunicação com o Thotolês, como ocorre com qualquer forma falada ou escrita. O nosso problema foi bem expresso por Shakespeare nas suas sucintas linhas famosas: "Eu posso chamar os espíritos das imensas profundezas!", vanglória para a qual foi retrucado: "Porque eu também posso, ou também o pode qualquer homem, mas - responderão eles?". Nós podemos realmente chamar longamente em Thotolês, ou em qualquer língua mágica da mente contudo, reconheceremos nós uma resposta se recebermos uma? No caso do Thotolês a resposta mais provável é que sim, embora possivelmente não imediatamente, nem talvez de forma muito clara no início. As hipóteses são de que as respostas tendam a ser obscuramente oraculares, até que os comunicadores em cada extremidade da linha se tornem mais habituados a pensar em termos de cada um dos valores dos outros, em vez de esperarem pontos de vista idênticos sobre a vida nos diferentes níveis em questão.

Então novamente, está fada a ser uma boa prática "ser testado" por operadores do sistema Thotol em níveis internos. Eles naturalmente precisam de saber com que tipo de ser humano estão a lidar, antes de se comprometerem com quaisquer contactos duradouros. O tipo de ser humano que eles parecem estar mais preocupados em evitar, são aqueles que esperam que os seus "amigos espirituais", lhes digam tudo o que é suposto fazerem, que querem instruções e informações detalhadas sobre acontecimentos diários, e ficariam satisfeitos em se deixar controlar como marionetes, desde que nada de desagradável lhes aconteça. Uma das formas mais rápidas de desligar a comunicação pelo sistema Thotol, é manter a exigência de profecias, privilégios e informações desejo-quero através dele. Tudo o que acontece quando o fecho de dentro ocorre, é que as questões da pessoa que pergunta são refletidas de volta a ela, como ecos numa caverna vazia, ou numa parede lisa.

Isto não quer dizer que nenhumas questões pessoais, quaisquer que sejam, possam ser mencionadas através do sistema Thotol. É mais uma questão de como elas são apresentadas e de que ângulo a abordagem é feita. Por exemplo, uma ordem perentória para mudar algumas circunstâncias puramente pessoais, iria mais provavelmente encontrar uma resposta ambígua ou nenhuma. Formulada como: "Eu estou em grandes dificuldades a tentar fazer qualquer progresso Interno, por causa de tal e tal situação. Pode-me ajudar a resolver os meus problemas e ajudar a minha consciência a lidar com elas por favor?", apresenta uma hipótese muito melhor de receber uma resposta razoável. As comunicações Thotol são amplamente reguladas, fazendo relações corretas em primeiro lugar. Assegure-se que isto é resolvido como uma prioridade, e o resto é principalmente uma questão de prática. Se uma relação errada ou desarmoniosa é tentada no início, nada de valor se seguirá até esta ser corrigida.

Então, o que fazer? As comunicações Thotol consistem principalmente em saber se e como é que alguém realmente tem um contacto consciente com a inteligência Interior? Como regra, uma vez que os pensamentos formulados "irradiam para trás" no extremo da ligação humana, há uma estranha qualidade original neles, o que difere dos métodos comuns do operador humano de pensar, e é como se alguém estivesse a falar dentro dele. Talvez a fraseologia seja um pouco diferente do seu estilo habitual de falar e escrever. Ideias ou informações podem-lhe chegar que estão bastante fora da sua faixa normal de conhecimento. Em geral, haverá uma sensação inconfundível de "alteridade" muito difícil de descrever, mas inteiramente reconhecível por qualquer um que a tenha alguma vez experimentado.

É muito pouco provável que os contactos Thotol consistam apenas em profecias, palestras longas em estilo de sermão, revelações surpreendentes, exortações para incitar comportamento extravagante, ou exigências descabidas de qualquer tipo. As palavras podem ser de facto muito poucas, e muitas vezes bastante casuais ou simplesmente lugares comuns. Humor amigável e diversão são muito prováveis. Às vezes, pode parecer que vale pouco o esforço de fazer o contacto, exceto pela sensação de relacionamento com outras ordens de Vida nos estados interligados de consciência dimensional. No entanto, sempre no fundo de si mesmo está um instinto de que o que quer que ajude a realização de uma ligação individual com o Espírito da Vida, por meio de cadeias de consciência que levam a isso, vale muito a pena ter.

Algo que tem de ser tomado em conta com todas as comunicações psíquicas, Thotol ou outras, é a idade física do operador. A idade média no auge da capacidade intelectual é, provavelmente, o período mais fiável. Na juventude, pode haver *flashes* brilhantes, insuperáveis a qualquer momento posterior, e mais tarde na vida, há uma tendência à não reação aos Estímulos internos, que iriam evocar resposta considerável de pessoas mais jovens. É em grande parte uma questão de inspiração, uma palavra que implica a entrada de "Espírito" absorvido pelos organismos humanos, à medida que os seus corpos respiraram o Elemento do Ar. Na juventude, somos inspirados por esperanças de fazer algum tipo de marca neste mundo. Em idade posterior, nada nos pode inspirar, exceto a perspetiva de ser algo melhor em outro estado de ser em outro lugar. Na meia-idade, vemos as nossas principais hipóteses de corrigir os erros da juventude a tempo de realizar o que a idade é improvável que alcance. Isto é, quando os nossos contactos com a Vida Interior são geralmente de máximo valor do ponto de vista do significado e importância. A fim de tirar o máximo proveito dela no entanto, devemos ter que gastar algum tempo da nossa juventude a configurar o mecanismo mental de modo a que nos permita aproveitar ao máximo este período produtivo à frente. Ao mesmo tempo, ele irá iniciar um investimento intelectual calculado para fazer do fim do período de encarnação uma experiência interessante e espiritualmente estimulante.

No entanto cedo ou tarde na vida terrena nós estabelecemos o sistema Thotol, no final cada alma deve fazer os contactos individuais através dele, e ser guiada por aqueles de acordo com as comunicações recebidas. Uma coisa é certa. O sistema não vai funcionar de todo, sem que as quantidades necessárias de exercícios de associação sejam fielmente executadas. Para algumas pessoas isto pode levar bastante tempo, e para outras, pode ser bastante rápido, mas somente a paciência e perseverança produzirão algum resultado, e esses podem não ser espetaculares para começar. Nem poderia ninguém exceto, os profissionais propriamente ditos, formar quaisquer opiniões justas quanto ao alcance e possibilidades do Thotolês, e estes só poderiam comentar sobre os seus próprios casos.

Como uma regra geral, a partir da experiência dura, parece ser muito insensato divulgar o conteúdo das comunicações Thotol a outros, exceto, talvez, quando pequenos grupos íntimos compartilham um contacto comum para algum trabalho específico. Inteligências interiores comunicadas a indivíduos são normalmente destinadas só para eles, e se eles passarem isto para outros seres humanos indiscriminadamente ou irrefletidamente, a linhagem-contacto é suscetível de ser cortada do Interior, por possivelmente, muito tempo. Foi por isso que os praticantes dos tempos antigos fizeram tais regras rígidas de sigilo sobre os seus contactos-rituais. Não foi porque os que seus ritos, *per se*, tivessem nada muito surpreendente neles, mas as ligações com tipos incompatíveis de consciência causavam problemas técnicos que levavam a avarias nos circuitos mentais e espirituais, e perda subsequente de contactos que podiam ter levado anos de dificuldades e esforços a construir. A nossa tecnologia espiritual ainda não chegou a um ponto onde este seja um risco negligenciável, por isso, enquanto nós ainda estamos forçados a usar métodos antigos pendentes de desenvolvimentos para o futuro, seria aconselhável observar os procedimentos que nos serviram tão bem no passado. O conselho arcaico para os escaladores da árvore é bem válido ainda hoje: "Nunca largar um ramo antes de que tenha firmemente agarrado o próximo." Isto certamente aplica-se à Sagrada Árvore da Vida, se quisermos evitar uma queda. Aqui isso significa manter as comunicações Interiores totalmente confidenciais, a menos que haja instruções muito claras e consistentes que pareçam plenamente autorizadas a sugerir um outro curso de ação.

H. Terminais para a "Inteligência Interna"

A psiquiatria ortodoxa, iria sem dúvida afirmar que o sistema Thotol não liga mais do que a mente subconsciente do operador, e aqueles que o utilizam estão simplesmente a falar consigo próprios. Supondo que fosse esse realmente o caso, ainda assim valeria a pena aprender Thotolês, puramente por motivos de comunicação com uma área de conhecimento normalmente indisponível para os nossos campos de consciência normal. Hoje em dia, no entanto, até mesmo os mais tacanhos psiquiatras estão a admitir a contragosto que o subconsciente humano pode ter algum tipo de contacto com fontes desconhecidas de inteligência, provavelmente emanando de formas similares de Vida em outros lugares do nosso Universo. Não importa o quanto eles empurram isto para baixo, ou o varrem para baixo de tapetes convenientes, eles não podem negar a possibilidade completamente. Além do mais, seria ridículo afirmar que uma mente consciente não se pode comunicar com qualquer outra na existência, senão através dos sentidos físicos usando meios materiais projetados por seres humanos para tal finalidade. Dizer que cada mente humana é limitada a um cérebro orgânico apenas e não pode trabalhar além dele, além de mecanismos naturais ou inventados, é tão absurdo neste século como esperar que as pessoas acreditem que o sol gira em torno da Terra a cada vinte e quatro horas.

Provavelmente poucos seres humanos percebem completamente o quão dependentes somos da consciência "super-humana" para fazer qualquer progresso evolutivo de todo. Em épocas passadas, os homens primitivos tinham pouco contacto com a mente uns dos outros, além de impulsos e necessidades imediatas. Eles basearam-se principalmente nos seus Conceitos-Deus como um meio de expandir as suas vidas em áreas desconhecidas. Por mais inadequadas que essas imagens-Divindade possam ter sido, elas eram pelo menos algum tipo de veículo para uma consciência mais elevada do que a humana para se concentrar completamente e fazer contacto com os nossos antepassados. Onde quer que o homem foi, ele levou os seus Deuses com ele para encontrar outros seres humanos e os seus Deuses, quer em conflito quer em concórdia. Cada experiência acrescentou-se fracionariamente à soma total do nosso progresso, até que começámos a crescer para além do âmbito da imagem-Deus para o fornecimento da nossa inteligência Interna e, consequentemente, começaram a procurar isto em níveis cada vez mais abstratos. As filosofias surgiram para substituir a religião, e em seguida a ciência, empurrou a filosofia para o lado, como a mais recente condutora para a iluminação no nosso caminho humano para o "Céu" como quer que interpretemos esse termo para a perfeição da nossa espécie.

Podemos ter superado os nossos mais crus conceitos-Deus que serviram a infância da nossa civilização muito fielmente, mas nunca iremos superar a nossa necessidade essencial de contacto com a Supraconsciência por trás deles, que nos chegam neste mundo de origens Cósmicas ainda desconhecidas. Talvez pensemos que nos tornámos tão inteligentes que não há necessidade do que quer que seja fora das nossas mentes. Sozinhos e sem ajuda, seremos capazes de avançar constantemente em todas as linhas de consciência, fazendo com que mais e mais das nossas habilidades técnicas até - sim, até *o quê*? Exatamente o que é que a ciência tem para nos oferecer como Derradeiro a que possamos chegar pelos nossos próprios recursos? Absolutamente nada, exceto a extinção para apoiar uma teoria puramente física do Universo. Uma proposição escassamente provável de satisfazer o espírito questionador dentro da humanidade como um todo, que tem procurado consistentemente sobrevivência acima e além de toda a forma física de Vida. Apenas uma consciência operando nessas condições exaltadas poderia possivelmente assegurar, ou informar-nos sobre um estado de Vida pelo qual realmente vale a pena viver e trabalhar, como almas humanas com a esperança de algo melhor do que essas barganhas do mundo. Então, se a ciência não tem sugestões úteis sobre como entrar em contacto com uma consciência desse tipo, quem é que pode ser culpado por ir pedir a outro lugar?

Religião, magia, misticismo, todas as vias de abordagem pouco ortodoxas à Vida Interior, têm algumas sugestões experimentais ou práticas padrão para oferecer aos buscadores sinceros. Apesar dos seus métodos variarem através de quase toda a gama do comportamento humano, todos eles dependem exatamente dos mesmos procedimentos básicos. A projeção intencional da consciência através de algum tipo de foco associado, acompanhada por esperanças de invocar correntes de resposta da consciência de agentes Internos inteligentes, capazes de traduzir tal telepatia em termos comuns de compreensão. De certa forma isso é semelhante ao que os pesquisadores de rádio que emitem códigos matemáticos no Espaço Exterior em várias frequências, com a esperança de receber respostas de alguém que esteja a operar um equipamento compatível em qualquer outra parte do Universo. Até ao momento, a comunicação em todas as frentes parece mais subjetiva do que o contrário, embora ninguém consciente do que está a acontecer possa, com justiça negar os efeitos disto para a humanidade.

Nenhuma mente humana pode aumentar a sua capacidade ou aptidão inteiramente a partir dos seus próprios conteúdos. Isso seria como levantar-se a si próprio pelo seu próprio esforço. Uma mente só irá desenvolver os seus potenciais ou ampliar as suas habilidades por causa do contacto adequado com suplementos de consciência de outras fontes. Neste mundo, uma grande percentagem destas, são atribuíveis a armazéns de informações de companheiros-humanos disponibilizadas por todo tipo de meios inventados. Ao mesmo tempo, há uma quantidade muito importante de perceção convertida em consciência, através do fechar dos seus circuitos abertos, por contacto direto com a inteligência não humana. É este tipo de pensamento em particular que faz evoluir constantemente a nossa consciência e eleva as nossas vidas um pouco mais perto em direção ao que quer que de verdade estejamos a tentar tocar.

Digamos, por exemplo, que alguém se está a esforçar para chegar à compreensão de um qualquer ponto. Talvez um inventor esteja a levar as suas faculdades percetivas ao longo de uma linha específica, tanto quanto ele pode ir, contudo não consegue chegar aos resultados pretendidos. Ele tem uma grande quantidade de informações associadas para utilizar, mas nada disso é suficiente para lhe fornecer a resposta que procura. Eventualmente, ele começa a projetar um fluxo polarizado de consciência no qual não há um real fluxo de força, porque os seus extremos não ligados estão a chegar para além dos limites do seu alcance total de consciência. Se um agente complacente e capaz, de inteligência interna fecha esse circuito aberto com exatamente o tipo certo de conexão, irá seguir-se uma onda de energia através dela e, em seguida, o mecanismo mental cumpre a sua função adequadamente. O ser humano em questão será "inspirado" por uma visão do seu objetivo e perceberá como o alcançar. Se ele age ou não, sobre isso, ou o transforma em algo útil, é outro assunto. Esta é uma simplificação considerável do processo, mas deve ilustrar como as mentes humanas podem ser enriquecidas por contactos exteriores que completem os seus circuitos abertos de indagação, se estes são efetivamente estabelecidos.

O "mecanismo metafísico" do sistema Thotol a trabalhar segundo estas linhas não deve ser muito difícil de entender. Do nosso lado, nós "puxamos para fora" um fluxo duplo de consciência, no qual cada canal, representa um tipo distinto de qualidade-Vida. Nós podemos pensar nestes como os dois fios num condutor elétrico, ou as faixas gémeas de uma gravação estéreo se isso ajudar. Se pudermos, apenas estender isto dentro do alcance de alguma inteligência Interior disposta a contactar-nos, isso vai corresponder a algo reconhecível nessas esferas de consciência, e portanto, fazer sentido dentro dos seus termos de referência. Eles, por outro lado, podem emitir um sinal de volta com outra corrente polarizada que se traduz em sinais alfabéticos no nosso extremo, porque nós temos que preparar a maquinaria mental para esse propósito. É apenas uma questão de ajuste através de um meio mútuo.

Tudo o que estamos realmente a fazer, é construir terminais de inteligência Interna para alcançar as nossas mentes normais, através de unidades da nossa linguagem-Terra. Isto é, estamos a tornar os cérebros em máquinas de descodificação capazes de descodificar mensagens de outras mentes que não humanas. As máquinas de descodificação são baseadas exatamente neste princípio. Elas recebem um emaranhado incompreensível de sinais que são alimentados através de um dispositivo especial que "os combina" num padrão que faça completo sentido em Inglês, ou qualquer outra língua, em que a máquina tenha sido programada. Máquinas sofisticadas têm uma grande variedade de dispositivos, para que possam ser predefinidas para qualquer código de sistema necessário. Até agora, o sistema Thotol tem apenas o seu único programa-padrão.

Um protótipo inicial de Thotolês usando o alfabeto hebraico, ligava as suas letras a fenómenos naturais por um lado e as funções corporais, por outro. Isto ligava o Macrocosmos, ou Corpo de Deus, com uma correspondência no microcosmos ou Corpo do Homem. Uma vez que foi dito que o homem foi feito à imagem e semelhança do seu Criador Divino, uma relação entre os dois tipos de Vida por meio de um símbolo-consciência, na forma de uma letra do alfabeto, deve, teoricamente, fazer um estado-Vida ciente do outro. Por exemplo, era necessário concentrar-se simultaneamente no palato, no oeste, em riqueza, no sol, na quarta-feira, e na orelha esquerda, a fim de isolar a letra K. Uma parte interna da cabeça, uma direção (Espaço), um *status* humano (Evento), um poder Cósmico, um dia da semana (Tempo), e uma parte externa da cabeça. Assim, os conceitos de Interior e Exterior, Céu e Terra, Tempo e Lugar, foram todos ligados pela letra K. Isso foi o seu código-combinação de acordo com o Livro da Formação (*Sepher Yetzirah*).

Isto pode parecer uma ligação bastante estranha, mas o real propósito era incentivar as mentes humanas a pensar um pouco mais como os Seres Internos, e um pouco menos como comuns mortais. Não é fácil, mesmo agora para os seres humanos lidarem com conceitos múltiplos *en bloc*, e há séculos atrás, isto era muito mais difícil. De uma forma ou de outra a consciência humana teve que ser expandida por exercícios nesta arte, porque este será o pensamento normal em tempos futuros. Isso descreve muito bem o uso do Thotolês. Exercícios em multiconsciência prática, ou um curso passo a passo de sobrepensamento. Se nós tivermos esperança de falar com os Deuses, teremos que começar a pensar como Eles em algum momento, e o sistema Thotol é uma boa maneira de começar isto.

Por meio do contraste pode ser feita menção à "língua Enoquiana" inventada como uma "Linguagem Divina" pelo Dr. John Dee, astrólogo particular da rainha Elizabeth I e agente secreto. Ele era um criptógrafo perito, e com a ajuda do seu médium, Edward Kelly, criou um código privado para se comunicar com seus "guias espirituais". Este sistema ainda fascina alguns estudantes ocultistas que tentam usá-lo em rituais de invocação, para o qual ele não foi concebido inicialmente. Do que os registos de Dee deixaram, os seus "espíritos" não parecem ser mais brilhantes, ou mais confiáveis que as suas contrapartes modernas, mas não há dúvida de que Dee encontrou muito conforto no sentido de contacto pessoal que sentiu com eles.

O Enoquiano que sobreviveu, mostra uma linguagem muito limitada rondando um vocabulário de apenas entre seiscentas a setecentas palavras escritas com um alfabeto de vinte e uma letras. Se nós podermos acreditar nas suas traduções, cada palavra estava conectada com o misticismo corrente no tempo de Dee, e não há nenhuma referência fora desse campo. A linguagem não parece lidar com as relações humanas neste mundo, ou circunstâncias comuns experimentadas pela maioria dos mortais. Ou seja, ele era apenas capaz de expressar o que Dee parecia pensar que eram tópicos de conversação dos próprios círculos angélicos. Não existiam palavras para "Diabo" ou até mesmo "perverso" em Enoquiano. O termo mais abusivo era "*BABALON*", que foi traduzido como "prostituta perversa." Naquele tempo esta palavra significava o papado Romano entre protestantes Ingleses. Deus é "*IAD*" da primeira inicial de Yahweh. "Misericórdia dos Deuses" é *YEHUSOZ* (Jesus), o brilho é *LUCIFTIAS* (Lucia = luz), e "Mais poderoso" é *MICALP*, do arcanjo Michael, cujo nome significa "semelhante a Deus". O Enoquiano pode ter funcionado suficientemente bem para o Dr. Dee, mas é dificilmente um sistema prático para os nossos tempos. No entanto, não há razão para que alguém determinado a construir o seu sistema de estenografia espiritual não deva fazê-lo, desde que já esteja em contacto com uma inteligência Interna preparada para o compartilhar com eles.

Temos que nos lembrar que o sistema Thotol, desenvolvido entre Judeus-Cristãos Europeus associados com Muçulmanos instruídos, que estavam à procura de métodos não ortodoxos de fazer relações inteligentes com uma Vida Interior que eles acreditavam ligava-os a todos na sua busca comum por segredos cósmicos. Este esforço foi fortemente desencorajado pelas suas respetivas religiões, e, no caso dos Cristãos poderia custar-lhes as suas vidas sob as leis de heresia. Num tal clima político e social tão opressivo, a sua única esperança era associarem-se por meio de sociedades secretas com todas as suas precauções de segurança e salvaguarda elaboradas. Pensar e trabalhar com outros temas além dos estabelecidos e permitidos, é sempre um processo perigoso em muitos grupos humanos na Terra. Uma vez que a maioria destes pioneiros eram graduados universitários com o latim como uma língua comum, pareceu-lhes que o hebraico seria um excelente meio de comunicação com os companheiros Cósmicos, especialmente uma vez que as escrituras hebraicas eram consideradas como santas pelas suas diferentes culturas. Assim, a disposição da Árvore da Vida foi lentamente montada entre estes círculos secretos, permanecendo desconhecida fora deles até há relativamente pouco tempo. Isso significou que muito poucas mentes humanas estavam engajadas em trabalhar com ela, e uma boa proporção de pessoas sem um propósito particularmente bom.

A razão lamentável para isto é que muitas pessoas são atraídas para as sociedades secretas por motivos de superioridade. Em tempos passados, um número de estudantes envolvidos com a Qabalah estavam firmemente convencidos de que o seu tema escondia um código especial em que podiam ser encontradas palavras, que davam poder imediato sobre os demónios ou espíritos, que eram em seguida, obrigados a trabalhar para os seus novos mestres e trazer-lhes tudo o que estes exigiam no caminho da fama, dinheiro, e toda a vantagem material. Só o céu sabe quanto tempo e trabalho foi desperdiçado em busca dessas palavras inexistentes. Talvez uma minoria de pessoas que procuravam, descobriu depois de muitos anos que eles na realidade estavam a contactar ordens superiores de inteligência viva que não estavam preocupadas em gratificar a cupidez humana, mas estavam verdadeiramente interessados em fazer avançar a nossa evolução através dos canais naturais. Se isto os consolou para vidas indigentes passadas em estudo contemplativo é incerto.

Curiosamente, há um fundo de verdade por trás da teoria de que as palavras mágicas podem habilitar a humanidade a fazer trabalho com "Espíritos" para aqueles que sabem tais segredos maravilhosos. "Falar com os Deuses e Anjos" significa colocar-se em algum tipo de contacto com uma ordem consideravelmente superior à nossa em inteligência e cultura. Mais cedo ou mais tarde, somos obrigados a absorver o suficiente desse nível-Vida para elevar os nossos padrões de vida, porque nós somos inspirados por "informações recebidas" do que parece para nós ser o Céu. Esses são os Deuses que nos ajudam a ajudarmo-nos, encorajando-nos a desenvolver potenciais dentro das nossas profundidades, que eles estão conscientes e nós não nos demos conta. Talvez eles tenham tido que fazer as mesmas coisas no seu passado distante, e agora estão a lembrar-nos do nosso futuro remoto. Sejam eles quem forem, nós precisamos deles. Eles não são nem nossos servidores nem mestres, mas simplesmente os nossos Dirigentes na luz.

Os "Deuses" conectados com o sistema Thotol estão, evidentemente, extremamente interessados nos recursos e atividades humanas, quase como se eles nos estivessem a estudar de perto por alguma razão Cósmica própria. Eles tendem a se comunicar sobre as nossas habilidades especializadas sempre que as concentrações de consciência estão envolvidas além dos nossos limites normais. Isto é, eles entrarão em contacto com um artista sobre a sua pintura, um compositor sobre a sua música, ou um artesão sobre a sua obra. Esta é a principal razão pela qual as escolas de formação ocultas que sabiam o que estavam a fazer, sempre encorajaram os seus iniciados a fazer artesanato, especialmente a fazer o seu próprio equipamento mágico. As correntes de consciência envolvidas com a maioria dos procedimentos de artesanato, especialmente ao aprendê-los, tornam os padrões de energia suscetíveis de atrair a atenção de entidades Interiores inteligentes e simpáticas. Quando este está acoplado ao pensamento Thotolizado, a atração é, naturalmente, muito aumentada. Os monges dos tempos antigos que adotaram o lema: "Trabalhar e Orar", tinha descoberto a conexão muito próxima entre essas duas atividades, e como combiná-las de uma forma que relacionava o trabalhador com as Esferas Interiores às que as suas orações eram dirigidas. É provavelmente por isso que o Rosário se tornou uma devoção popular, uma vez que ligava a oração contemplativa com o exercício manual numa escala muito pequena.

Esta preocupação próxima dos nossos *Inners* com ocupações humanas é especialmente visível quando se tenta resolver algum problema de artesanato, que precisa de um pensamento original ou ideias novas para encontrar uma solução. Não é raro que uma "voz Interior" sugira algo como: "Você já pensou sobre isto e aquilo?", ou "Porque não tentar isto e aquilo?" ou ainda, "Pergunte assim e assim." Muitas vezes alguma maneira extremamente simples e prática de sair da dificuldade, que talvez pudesse não ter sido percebida de outra forma. Algumas de tais ideias não vêm mais longe do que da nossa própria subsciência, mas continua a haver uma percentagem muito significativa que não pode ser contabilizada, exceto por estímulos mentais que chegam de uma fonte desconhecida alheia a nós. Isso raramente acontece até que alguém chegue ao fim absoluto dos seus próprios recursos, e esteja a fazer uma concentração de consciência que passa esses limites numa tentativa de ir para além de tais limites. Talvez seja significativo que chamemos os grandes incidentes deste tipo "avanços" em linguagem moderna. Há muitos anos atrás, quando as conexões entre trabalhos manuais e consciência interior, foram inicialmente estabelecidas, o culto semirreligioso da Maçonaria surgiu. Esta utilizou ferramentas artesanais e procedimentos comuns como símbolos para comunicar com os instrutores Internos do artesanato Cósmico. Os iniciados foram ensinados a como empregar os instrumentos normais da sua arte, a fim de adivinhar o que o Espírito de Vida queria que eles fizessem com eles próprios neste mundo. Isto era apenas um passo sofisticado dos costumes antecedentes de usar paus, pedras, cordas, peneiras e artigos humildes do equipamento de casa, para descobrir o que os deuses estavam a pensar sobre as situações humanas.

A adivinhação como uma prática, remonta às profundezas da antiguidade e permanece connosco hoje num grande número de formas. Ela ainda depende muito da mesma motivação que na sua maioria se resume a curiosidade e vantagem pessoal. Como quer que seja descrita, equivale a este único movimento na natureza humana, que não é necessariamente mau, mas é muito limitado de um ponto de vista Cósmico. Pode ser um obstáculo bastante grande para os metafísicos sinceros que tentam estudar o Universo interior da experiência em primeira mão. A diferença não é diferente de um interesse comercial em figuras meramente a partir de um ângulo de lucros e perdas, bem como o estudo da matemática para compreender o significado das relações entre os valores-Vida *per se*. O comerciante só está interessado em enriquecer a sua personalidade externa por uma única encarnação, enquanto o matemático genuíno está preocupado com a valorização da sua Identidade Interior, que se estende em direção ao infinito.

Ambos têm a sua própria "linguagem" especial com base em figuras, que podem ser incompreensíveis para a outra parte.

O significado original do termo "adivinhar" no seu sentido exato, não tinha nada a ver com predizer apenas o futuro. Significa especificamente discernir as intenções dos Deuses em quaisquer circunstâncias humanas. Ou seja, descobrir o que é que a Vontade Divina, a agir através dos seres humanos, queria que eles fizessem em condições específicas. A situação em si era já conhecida para os seres humanos que inquiriam, mas a "Vontade dos Deuses" sobre isso não era. Daí a tentativa de "adivinhar" este fator vital por quase todos os meios que se sugerissem a si mesmos. Não era um caso de: "Diga-me o que vai acontecer para que eu possa fazer o que quero com isso", mas: "Diga-me o que você faria se fosse eu nesta situação e dificuldade terrena." Um cristão pode descrever isso como dizendo seja feita a Vontade do Senhor na terra tal como no céu. Essa era a adivinhação no sentido sério da palavra. Predição, ou previsão de eventos era apenas uma questão decorrente secundária, que assumiu que, se a Vontade dos Deuses fosse devidamente feita pelos seres humanos, então tal e tal iria ocorrer, muito provavelmente, mas se não, então isto e aquilo era provável que acontecesse no seu lugar. Sendo a natureza humana o que ela é, as pessoas prefeririam muito mais ouvir previsões favoráveis, em vez de direções intransigentes das Divindades. Então os adivinhos profissionais previam o que os seus ouvintes mais pagariam, enquanto os profetas proclamavam o que nenhum público gostava de ouvir sobre si. Resultado? Cartomantes ricos e profetas pobres.

Desde o lançamento de uma moeda ao lançamento completo de um baralho de Tarot, a maioria de nós depende de adivinhação para decidir questões em algum momento das nossas vidas, mas quantos de nós o fazemos a partir de motivações de necessidade de saber conscientemente o que a Divindade pretende que nós façamos em circunstâncias específicas? Quase toda a gente quer saber os eventos com antecedência, sem qualquer referência à Divindade. É tempo de começarmos a redescobrir o verdadeiro significado da arte divinatória, e ouvir a Linguagem dos Deuses falada através dos nossos símbolos, sejam eles moedas, cartas, pedras, palavras ou qualquer outra coisa. Somente desta maneira estamos propensos a aprender, um significado por trás das nossas vidas que não só as torna mais dignas de serem vividas, mas também faz com que elas valham continuar para além dos limites corporais em melhores condições de consciência completa.

Pode ser uma experiência nova para muitos, fazer uma tiragem do Tarot do ponto de vista de pedir orientação Divina sobre os nossos problemas humanos, mas esta seria uma prática valiosa e válida. Quem, senão a mais estreita mente iria dogmatizar que a consciência Divina só pode ser contactada através de escrituras e ensinamentos oficiais? Não é a Voz de Deus que é ouvida em todos os ruídos da natureza? Não importa o quão notáveis ou veneradas as escrituras de qualquer religião possam ser, todas elas foram recebidas e processadas em forma literária através das mentes dos homens. Nenhuma delas registada por quaisquer outros meios mágicos. Certamente os mesmos canais de comunicação permanecem abertos hoje, e ainda estão disponíveis para quem as aplica segundo as linhas certas. O Thotolês é uma tal linha adequada para os trabalhadores da Tradição Interior Ocidental, assim como o I Ching vem mais naturalmente para aqueles que seguem a abordagem Oriental. Ambos têm em comum o serem linhas legítimas, desenvolvidas principalmente para o uso por pessoas intelectuais e educadas que procuram uma comunhão profunda com companheiros Cósmicos através de mútuos contactos mentais.

Eventualmente alguém é obrigado a perguntar-se porque é que o sistema Thotol foi desenvolvido de todo, quando tantos médiuns e intérpretes de "mensagens espirituais" já estão a derramar uma quase interminável série de palavras em quantidades nunca acumuladas. Se for possível a entidades não humanas contactar-nos através das mentes de pessoas sensíveis, porque é que alguém se iria preocupar com algo que elaboramos como o Thotolês? Uma pergunta muito sensata e pertinente de facto. Há uma boa resposta embora algo desconcertante. O Thotolês é um método especializado de comunicação, originalmente projetado para as mentes que se aproximam da Inteligência Interior naqueles que poderiam ser chamados níveis académicos. Em outras palavras, este destinava-se a tornar-se uma linguagem escolar e técnica, lidando principalmente com condições de consciência, em vez de com assuntos muito afastados de outros puramente pessoais da vida terrena. Algo parecido a um "fala especial" ou terminologia usada por especialistas em assuntos altamente especializados, apenas entre eles.

Isto poderia explicar porque é que tantas expressões cabalísticas pareciam impronunciáveis e obscuras. Elas não eram de todo palavras no sentido comum, mas combinações de conceitos inteiros baseados em energias da Vida que tinham que ser invocados pela consciência, em vez de cacofonia. Estritamente falando, estas assim chamadas "palavras" eram mais como fórmulas matemáticas representadas por símbolos literários. O seu significado reside na apreciação dos seus valores em vez de descrições dos seus conteúdos. Devem ter existido muitos magos medievais, e talvez alguns modernos, que ficaram bastante cansados de rugir e sibilar, embora estes afónicos não tivessem resultados maiores do que gargantas relaxadas ou laringites. Tivessem eles usado as suas mentes em vez das suas bocas, eles poderiam ter chegado a conclusões mais felizes. Existia um antigo aviso, que era dado aos cerimonialistas, de que eles nunca deviam usar palavras nos seus rituais que não entendessem. Uma injunção valiosa, ignorada com demasiada frequência. Isso não significa que não haja nenhum valor na sonoridade como tal, quando projetada para ocasiões cerimoniais específicas onde estas são aplicáveis. Sons muito antigos e primitivos são muitas vezes acusticamente evocativos de profundos conteúdos Internos. Combinações Thotolísticas feitas para a compreensão mental são de derivação muito mais tardia.

Provavelmente iremos precisar de todo o sistema Interno de comunicação, que há para nos apoiar durante a crise de consciência que se aproxima do nosso mundo. As nossas crenças, visões, ideias e quase tudo, vão ter que mudar muito consideravelmente, a fim de lidar com os avanços da consciência diante de nós. Tal como a Rainha Branca em *Alice*, teremos que nos mover à nossa maior velocidade, de modo a ficarmos no mesmo lugar. Isto significa que as nossas mentes se devem mover a velocidades extremamente elevadas, de modo a que o fundo desfocado contra o qual estamos a viver pareça permanecer estável. Adaptável como a mente humana é, ela vai ser esticada à sua máxima capacidade pelo impacto da inteligência que nos atinge a partir de faixas remotas do Cosmos, que estão a chegar muito mais perto de nós do que nós percebemos.

Provavelmente por esta razão, muitos modernos estão instintivamente a tentar todas as várias técnicas que pretendem estender ou expandir a consciência em quase toda a direção Interior. Drogas e disciplinas de todos os tipos estão a ser empregadas para este propósito. Também o estão a ser, métodos simples e diretos como a comunhão com a própria natureza, ao simplesmente se estabelecerem em ambientes selvagens, e tentar fazer contacto consciente com animais, plantas, insetos, e todos os elementos acessíveis. Aqueles que tentam trabalhar essa forma são suscetíveis de sentir uma pequena autoconsciência no início, talvez. Pode parecer muito tolo ou infantil para um adulto urbano tentar fazer amizade com uma árvore, ou ouvir o que a erva está a sussurrar. No entanto, às vezes as abordagens mais humildes para a Verdade podem obter resultados que são inalcançáveis por métodos extremamente complicados. Nunca é sábio subestimar ou ignorar o poder de penetração da pura simplicidade.

Talvez se pudesse supor que são necessárias consideráveis capacidades psíquicas para trabalhar o Sistema Thotol. Pelo contrário, não há mais faculdades psíquicas envolvidas do que aquelas possuídas por pessoas bastante comuns. De facto, ele foi principalmente desenvolvido por pessoas com consideráveis dotes intelectuais, contudo sem nenhuma aptidão particular para performances espirituais espetaculares. É algo que tem de ser construído tijolo a tijolo por assim dizer, até que se transforme num edifício em que valha a pena entrar. Para citar o *Livro da Formação*:

> Duas pedras constroem duas casas,
> Três pedras de constroem seis casas.
> Quatro pedras constroem vinte e quatro casas,
> Cinco pedras constroem cento e vinte casas,
> Seis pedras constroem setecentas e vinte casas,

Sete pedras constroem cinco mil e quarenta casas.
De agora em diante sai e pensa no que a boca é incapaz de falar e o ouvido é incapaz de ouvir.

O que a boca não pode dizer nem o ouvido detetar é o lugar de onde todo o material extra vem a fim de tornar possível uma tal velocidade de multiplicação. A implicação é que, se quisermos apenas assentar uma pedra mental noutra pelos nossos próprios esforços, o Grande Arquiteto, irá certamente projetar algo que valha a pena viver com elas, e fornecer-nos-á uma fonte para a nossa pedreira de novos silhares.

De modo geral, o sistema Thotol é para aqueles que pensam com palavras, e constroem os castelos da sua consciência a partir de materiais formados pela mente. No entanto, as palavras são apenas conveniências humanas para as mentalidades lidarem umas com as outras e se adaptarem a viver neste mundo. Elas são focos para as nossas forças aqui, e não têm validade noutras condições de vida. Nós começamos as nossas encarnações num útero sem palavras, e finalizamo-las na mudez da morte. Antes do nascimento e depois da libertação, temos que nos comunicar com os outros, por meios não verbais. Para seres humanos encarnados isto pode parecer um processo muito insatisfatório, mas é realmente muito superior ao nosso modo lento, pesado, e limitado de troca de consciência com a nossa espécie neste planeta. Ao aprender a pensar através do sistema Thotol aqui, nós estaremos a reconverter as nossas palavras de volta para a linguagem que usávamos quando ainda não estávamos encarnados. Isso faz muito mais sentido espiritual do que o maior livro de filosofias alguma vez escrito.

Tudo o que aprendemos em cada vida separada na terra, tem que ser especialmente empacotado numa compactação de consciência que nós possamos transportar através das portas da morte. Se e quando retornarmos a este mundo, esse "sentido-semente" fica embutido na nossa genética, a partir da qual cresce de forma constante connosco como um guia para a Vida sob outra persona. Ao praticar a arte da "compressão-consciência" como devemos ao abordar o Thotolês, nós ganhamos vantagens consideráveis de forma a "acumular tesouros no Céu", que nos vão colocar num lugar muito bom quando se tratar da negociação de melhores condições de renascimento. Um valioso legado pré-natal para nós mesmos de uma vida passada, vale muito mais do que qualquer legado de dinheiro da morte de alguém depois de encarnar aqui novamente. Por quê preocupar-se excessivamente com o que temos na terra para deixar aos outros quando morremos? É muito mais importante o que nós nos deixamos para começar os nossos próximos nascimentos. Os estudos internacionais mais recentes têm mostrado que a inteligência humana é 80 por cento herdada. Qualquer herança futura deve vir do que nós legámos anteriormente aos nossos eus renascidos no agora, que é o nosso passado-a-ser. Quando este é adequadamente realizado, nós podemos verdadeiramente começar a nos tornarmos O QUE NÓS QUEREMOS.

O que somos nós? O valor central de qualquer sistema religioso ou metafísico não é mais do que as garantias que ele pode fornecer aos seus seguidores da sua importância individual. As pessoas pertencem a credos, cultos, ou arranjos alternativos de consciência puramente interior, na esperança de encontrar os seus Verdadeiros Seres, algures no outro extremo da aventura. Se eles chamam esta unidade com Deus o Nirvana, ou qualquer outra coisa, isto equivale ao mesmo objetivo final.

Os cristãos acreditam que se Jesus pôde sobreviver à crucificação e depois viver imortalmente, então eles também o podem. Os Espiritualistas modernos acreditam que se eles se podem comunicar com amigos e parentes defuntos através de um médium humano, há esperanças para a sua sobrevivência espiritual também. Todos os sistemas têm os seus próprios métodos de abordagem para o Infinito. A questão toda gira em torno de um único ponto. É possível uma identidade imortal para os seres humanos, ou não? Se a resposta é sim, então toda a forma de fé tem algo de valioso em si. Se não, então todo o conjunto é a maior e a mais cruel mentira e desperdício de tempo, que alguma vez se acreditou na Terra. A conclusão é tão simples como isto.

Não é realmente muito difícil encontrar e colocar uma fé impensada, irracional, inquestionável, e absolutamente não inteligente na própria Vida. Os povos primitivos fazem isto muito facilmente e não têm um medo particular da morte, porque nunca lhes ocorre que pode ser o fim das suas vidas. A mudança significa alguma coisa para eles, mas a extinção não tem nenhum significado de todo. O instinto de sobrevivência de que eles dependem tanto, diz-lhes que eles vão continuar a viver de uma forma ou de outra, não importa o que aconteça, a menos que eles fiquem realmente cansados de existir e simplesmente "se deixem ir" completamente. A Vida deixa-lhes a escolha inteiramente a eles. Um exemplo interessante a respeito era o caso, há alguns anos, de um aborígene condenado a ser enforcado por assassinato. Ele estava tão encantado e alegre no cadafalso, que o capelão chocado realizou o processo, enquanto ele tentou fazer o homem ver a gravidade e o significado da sua situação. O indígena sorriu à solenidade afastando-a alegremente, dizendo ao capelão que ele sabia muito bem o que estava a acontecer. Ele iria cair morto no fim da corda como um homem pobre e infeliz, depois que ele acabaria por se levantar novamente como um homem branco com muito dinheiro no bolso. Ele mal podia esperar que a armadilha caísse. A sua fé na Vida derrotou o capelão por muito tempo. Um intelecto educado faz uma barreira considerável contra a crença cega.

A prática Qabalística e o sistema Thotol, ambos pertencem ao intelecto e à educação dentro da Tradição Interior Ocidental, sendo mais um produto de mentes questionadoras, do que de almas elevadas. A mente é mais ou menos o Pilar do Meio entre o corpo e a alma em busca do Espírito, e é um desenvolvimento de experiência evolutiva dentro da Existência. O seu objetivo, na parte superior do referido Pilar não é a Cúpula ou Coroa, mas a eterna questão do *"En na?"* ("E agora" ou "Então o quê"), acima e além de tudo. A sua mensagem para o homem é: "Não aceite qualquer coisa, sem questionar. Questione o todo da Vida, e especialmente questione a Divindade, a única que sabe as respostas. Torne-se a si mesmo um Ponto de Interrogação Vivo". Não há garantia de que as nossas questões receberão respostas satisfatórias por qualquer resposta imediata, mas apenas uma indicação de que, se formos inteligentes o suficiente para lhes perguntar adequadamente, devemos, no mínimo ter a oportunidade de eventualmente as descobrirmos por nós mesmos. Um antigo provérbio diz que o que quer que a mente do homem possa conceber deve existir em algum lugar do Universo, ou nós não poderíamos, em primeiro lugar ter pensado nisso. Só podemos imaginar o que é possível para nós alcançarmos de uma forma ou de outra, se continuarmos a procurá-lo o suficiente em todos os níveis da Vida.

Os praticantes têm razão para acreditar que o sistema Thotol detém as Chaves da sua continuidade em formas de consciência muito convenientes. Certamente nenhum outro sistema na Terra liga uma conceção decanata da Divindade com um alfabeto de discurso humano, de modo a fazer sentido literato com a combinação. A alternativa mais próxima é o *I Ching*, que não tem conexões alfabéticas, sendo puramente um arranjo matemático em que símbolos pré-codificados são selecionados ao acaso pelo lançamento de conjuntos de caules de milefólio. Há claro, o costume Nórdico de lançar pedras rúnicas para decidir o que pretendem os Deuses, e as formações de letras por lançamento de sortes, são de facto uma antiga prática que persiste ainda nestes dias. O jogo de Halloween, de descascar uma maçã numa única e longa faixa, e depois atirá-la por cima do ombro esquerdo na esperança de que forme a inicial do nome do futuro amor, é um exemplo disso. Cintos de corda também são enroladas durante encantamentos, e em seguida libertados para formar linhas tipo letras, onde eles caem. Todos estes comportamentos e similares podem ser classificados como apelos aos Deuses para orientação através de letras, mas nada mais chegou sequer perto do sistema Thotol para interpretações literárias das comunicações espirituais por mediação mental direta.

A prática da escrita automática ou da Xenoglossia não seria uma comparação justa com Thotolismo, de todo. Nesses casos a escrita e a fala têm que ser produzidas pela ação da mente subconsciente influenciando as atividades musculares da mão ou da garganta. O subconsciente assume ter aceitado a direção por outra inteligência em vez do seu habitual operador. Se isto é assim ou não, não há acordo claro entre a mente do médium e a do comunicador, relativamente ao valor e significado de não apenas cada palavra, mas cada letra simples de todas as palavras usadas. O resultado depende inteiramente do que um nível de mente pode obter do outro. Isso pode ser qualquer coisa de todo, desde Assombroso até Zanyistico[27]. No caso do Thotolismo, há um padrão de significados espirituais pré-acordado e praticado, através do qual ambos os comunicantes devem trabalhar de forma a se entenderem um ao outro. O código da Árvore-Vida é em si mesmo o meio de comunicação entre as mentalidades em causa. Os resultados dependem de quanto a mente humana é capaz de interpretar a consciência que lhe é dirigida a partir de níveis mais elevados, através deste instrumento comum de inteligência. Isto, de novo, depende de fatores como individualidade, prática, aplicação, e de muitas variáveis similares. O produto final é suscetível de se assemelhar a lugares comuns ou medianos, em comparação com sensacionais e talvez surpreendentes "mensagens" recebidas por outros meios, mas anos de experiência não deixam dúvida de que é definitivamente o fluxo estável e constante da iluminação "passo-a-passo", que nos leva melhor de uma fase da vida para outra com o mínimo de casualidades pelo caminho.

Portanto, aqueles que querem ser satisfeitos com nada menos do que revelações fantásticas do "Grande Além", e garantias pessoais do Próprio Deus (de preferência por escrito, é claro) e de importância única na Sua estima, poderiam igualmente poupar-se ao trabalho e problemas envolvidos com o sistema Thotol, e contentarem-se com algo muito mais vistoso e menos fiável. Para aqueles contentes em viver e aprender as lições da Vida calmamente e de forma constante, em companhia de ordens mais elevadas de consciência que falam com "tranquilas, pequenas vozes" de senso comum espiritual, há muito a ser ganho com o estudo do Thotolês. Se apenas uma única palavra de significado real fosse compreendida a cada dia, isso iria fazer mais num ano do que muitos aprendem numa encarnação inteira. Uma pergunta respondida muito lentamente com a verdade, é de maior valor do que uma imediatamente respondida com uma mentira. Isto não significa que todas as comunicações Thotol devam ser tediosas ou ambíguas. Elas são

---

[27] Esta palavra na realidade não existe na linguagem inglesa. É um termo cunhado por William Gray que queria chegar a uma declaração referindo-se ao mais "estupendo" de A a Z, daí a afirmação "Isso pode ser qualquer coisa de todo, desde Assombroso até Zanyistico". O último termo deriva da palavra "zaniest", ou seja, o mais absurdo, grotesco. (N.T.)

com muito mais frequência bastante concisas e inequívocas, ou então, é feita com clareza suficiente uma recusa de resposta. Costumava ser dito que havia apenas três respostas para a oração. Sim, Não e Espere. Com o Thotolês isso poderia soar como "Nós falaremos", "Nós não falaremos", e "Nós falaremos mais tarde." Todas são comunicações em si mesmas.

Nunca deve ser perdido de vista que o ato de comunhão com a Divindade é, *per se* sempre sem palavras. Palavras, especialmente do nosso lado, podem acompanhar o ato ou envolverem-se com ele em qualquer extensão, mas o contacto real em si é independente de qualquer verbalização humana. Na verdade, nenhum ser humano jamais poderia estar completamente fora do contacto com a Divindade e continuar a existir. O que temos vindo a chamar de "comunhão", é um reconhecimento mútuo de nós mesmos em cada identidade dos outros através de algum fluxo compartilhado de consciência. Divindade e Humanidade reunindo-se num ato mútuo de aceitação. Os cristãos afirmam que isso acontece através da simbologia Eucarística, mas nenhum deles esperaria que depois o pão e o vinho pregassem um sermão no púlpito. Se eles são conscientes de qualquer comunicação verbalizada durante as suas meditações-contacto geralmente consideram-na como um assunto privado entre eles e a sua Deidade, e mantêm a confiança próxima sobre isso, subsequentemente. Isso faz muito sentido espiritual, e é recomendável para aqueles que procuraram contactos da mesma natureza através de meios Thotolísticos.

Assim como os elementos Eucarísticos são símbolos físicos com que os cristãos esperam contacto consciente com a Deidade através do seu Conceito-Cristo, assim é a Árvore da Vida um símbolo mental destinado a realizar um resultado-fim paralelo para os Thotolistas. O seu símbolo destina-se a ser recebido pelas suas mentes, em grande parte no mesmo espírito com que um cristão recebe o sacramento corporal. O que deve importar mais, em qualquer caso, é uma experiência real de relação próxima entre o ser humano e a ordem de Vida superior abordada. Isso em si *é* a comunhão. Qualquer acompanhamento de inteligência verbal deve ser considerado como um complemento para ser levado à luz do seu conteúdo consciente.

Assim, o contacto deve ser sempre o principal objetivo dos Thotolistas e a linguística literária uma questão secundária, não importa o quanto esperada. Teoricamente não há nada que pare Thotolistas sinceros, desde a conceção de cerimónias sobre as suas práticas-contacto, ou tratando-os sacramentalmente com psicodramas formalizados muito no estilo de uma Missa.

Portanto, a maneira mais sensata de criar um sistema Thotol trabalhável, é a de considerar o seu símbolo-árvore central como um meio mediador de fazer contacto com a Divindade, pelo menos, em algum grau, e agir em conformidade. A principal coisa é não estar preocupado ou inquieto se as palavras não começarem imediatamente a fluir em cada ocasião. De facto, se o fazem, talvez seja bom suspeitar do seu próprio subconsciente, e verificar isso com cuidado. Há, normalmente, uma pausa antes de qualquer resposta ser recebida por meio da Árvore, durante a qual o sentido de "Presença" deve de alguma maneira intensificar-se. É muito melhor experimentar esta "Presença" sem nenhumas palavras a seguir, do que uma inundação de palavras a partir do subconsciente, que corta ou interfere com o sentido original do contacto. Uma boa maneira de autenticar um Contacto interno, é estimar se qualquer verbalismo que o acompanha, aumenta ou diminui a nossa consciência disso. Se for o primeiro, então o contacto é mais provavelmente de um tipo genuíno, mas se for o último, a maior parte das palavras são provavelmente evocadas puramente do próprio subconsciente.

Mesmo assim, eles devem servir para alguma coisa útil. É preciso uma grande dose de prática disciplinada para evitar a interferência, enquanto ao mesmo tempo concedendo à mente que permita a passagem de quaisquer palavras que sejam selecionadas pela influência espiritual em questão.

Há algum tempo atrás, entre as escolas mais rigorosas de disciplinas esotéricas, os únicos "ensinamentos" permitidos eram aqueles que podiam instruir uma mente inteligente a como fazer os seus próprios contactos Interiores através de métodos que os membros dessas escolas tinham achado práticos para as suas experiências combinadas. Os Iniciados foram ensinados a *como* aprender a partir de fontes espirituais, depois deixados totalmente sozinhos para decidir por si mesmos *o que* aprender, onde aprender, e o que fazer se e quando eles alguma vez aprendessem alguma coisa. Uma vez tendo sido dadas as chaves, esperava-se deles que destrancassem todas as portas Interiores pelos seus esforços individuais. Ninguém mais lhes iria abrir nada. Daí em diante era totalmente um caso de autosserviço. Em certa medida, isto era como ensinar uma criança inteligente a ler e escrever, e então deixá-la solta numa biblioteca para aprender tudo o mais por si mesmo, guiada apenas pela inspiração. Tais escolas eram de facto difíceis e intransigentes, oferecendo nada mais, senão trabalho duro, a partir do qual os estudantes teriam que ganhar as recompensas o melhor que podiam. Como seria de esperar, eles não foram sobrecarregados por pedidos de admissão, nem eram mesmo acessíveis a pessoas comuns. Nenhuns candidatos eram aceites, a menos que mostrassem uma grande promessa de continuidade por pelo menos uma grande parte do treino. Escolas Ocidentais desta natureza, geralmente vieram a adotar o sistema Thotol como base do currículo.

Este tipo de escola "afundar ou nadar" pode parecer um pouco rigorosa, mas certamente teve resultados dos seus graduados. Eles trabalharam bastante sobre as linhas de "quintas de saúde" nas quais os pacientes mereciam uma saúde melhor ao aceitar disciplinas com as quais nunca iriam concordar, se não tivessem medo de possíveis consequências. Como qualquer um pode perceber, não há nada de especial nas quintas de saúde que os pacientes não possam fazer por si mesmos na sua própria casa por uma fração do custo, se tivessem suficiente força de vontade. O que eles realmente pagam é a atenção individual de especialistas, que veem que eles realizam os regimes recomendados para regenerar os seus tecidos corporais. Eles estão realmente a comprar coação beneficente. É semelhante, no caso de algumas preocupações esotéricas que cultivam esquemas de treino espiritual baseado no Thotol. Os administradores não fazem mais do que ver que os alunos ou realizam as suas disciplinas ou vão para outro lugar para orientação. A opção é inteiramente deles.

Todos esses alunos são ensinados, a como escutar a Linguagem dos Deuses em si mesmos por meio do sistema Thotol. Nada mais. Qualquer outra coisa que eles tivessem que ter de quaisquer Deuses que eles cultuassem devia ser encontrada por si. De um ponto de vista isto pode parecer hostil, indiferente, talvez até um pouco não-humano. A consideração cuidadosa deve mostrar que isto é não mais do que uma admissão honesta das limitações humanas. Nenhuma alma viva na Terra tinha o direito, ou lhe deveria ser permitido o poder, de infligir as suas opiniões e encontros com a Divindade aos outros, como um ato autoritário. Nós temos bastante direito de partilhar os nossos resultados com os outros, e combinar de qualquer maneira que nos agrade o reconhecer a Divindade através de todas as formas de consciência, mas ninguém tem o direito de Insistir: "Apenas isto é autêntico, e o resto são apenas imitações inferiores". Não importa que reivindicações sejam feitas, no final, todos os que buscam a Divindade, devem chegar a isso pelas suas próprias conclusões individuais como quer que elas sejam atingidas.

As massas da Humanidade não procuram contacto consciente com Divindades em quaisquer níveis. Elas contentam-se em viver dentro dos seus limites inferiores, e talvez compartilhar ocasionalmente em generalizados conceitos-Deus amplamente aceites por um grande número de seres humanos. Além disso, eles podem passar por muitas encarnações neste mundo bem o suficiente por esse método, até que comecem a fazer a pergunta fatal: "Quem sou eu, e para onde vou?" O *Ain,* ou *Eh na* da Árvore da Vida. Daí em diante nada irá satisfazê-los, exceto questionarem-se pela vida por essa Não-Coisa. De uma encarnação para outra, eles vão continuar a pesquisar com crescente desilusão e, finalmente, devem admitir como Fausto:

> "Eu estudei agora, Filosofia
> Medicina e Jurisprudência, também,
> E para o meu custo, Teologia,
> Com trabalho árduo por completo.
> No entanto, aqui estou eu com toda a minha sabedoria,
> Pobre tolo! Não mais sábio do que antes."

Talvez nesse ponto vital, a perceção de ser um Tolo Divino, ou Absoluto Inocente no pé da Árvore-Vida, vai dar a uma alma desperta a coragem de olhar-se através dos ramos e tentar adivinhar como eles podem ser escalados. Também pode acontecer que sejam ouvidas chamadas encorajadoras, numa linguagem de algum lugar elevado estranhamente familiar ainda que incompreensível. Naquele instante uma única folha da Árvore Sagrada pode vibrar em direção à terra em mãos abertas com admiração suplicante. Nela encontra-se um Símbolo que explica como os candidatos a escaladores podem começar a subir, até que mãos de níveis mais elevados os alcancem para os ajudar, acompanhados por vozes a falar palavras claras de boas-vindas. Segurando apenas uma tal folha em cada um, muitos podem enfrentar a Árvore-Vida com interesse aumentado e uma nova perceção da sua finalidade. Se as orações sinceras estão sempre a ser respondidas, então deixe este trabalho lhe forneça uma folha dessa natureza, para o benefício de todos os que buscam compartilhá-la.

www.ingramcontent.com/pod-product-compliance
Lightning Source LLC
Chambersburg PA
CBHW031704230426
43668CB00006B/98